国家自然科学基金青年科学基金项目"考虑动态环境效应的退化型产品剩余寿命预测方法"（72001210）资助
湖南省科技创新计划（2022RC1243）资助

基于复杂性能退化模型的产品寿命预测方法

刘天宇　潘正强　褚骁庚　著

電子工業出版社·
Publishing House of Electronics Industry
北京·BEIJING

内 容 简 介

性能退化理论是开展高可靠、长寿命产品寿命预测的基础。传统寿命预测方法，包括可靠性评估与剩余寿命预测，多基于简单性能退化模型展开，较适用于实验室条件下获取的理想规律退化数据。然而，产品在实际工况下，退化过程往往存在应力时变、退化特征多元、退化趋势非线性等复杂特征，须结合工程实际对简单退化模型做出适当改进。本书以工程中常见的几类复杂退化现象为例，在其基础上探讨退化建模与寿命预测中涉及的关键技术，包括退化模型构建与参数估计、产品总体可靠性评估与寿命分布估计、产品个体在线模型更新与剩余寿命预测等，旨在为产品设计研发、改进升级、运维管理等提供决策支持。

本书可为从事可靠性工程、预测与健康管理等方面理论研究或应用研究的科研人员提供参考。

未经许可，不得以任何方式复制或抄袭本书之部分或全部内容。
版权所有，侵权必究。

图书在版编目（CIP）数据

基于复杂性能退化模型的产品寿命预测方法 / 刘天宇，潘正强，褚骁庚著. —北京：电子工业出版社，2024.5
ISBN 978-7-121-47878-9

Ⅰ．①基… Ⅱ．①刘… ②潘… ③褚… Ⅲ．①产品寿命－预测技术 Ⅳ．①F273.2

中国国家版本馆CIP数据核字（2024）第100997号

责任编辑：刘小琳　　特约编辑：张思博
印　　刷：三河市鑫金马印装有限公司
装　　订：三河市鑫金马印装有限公司
出版发行：电子工业出版社
　　　　　北京市海淀区万寿路173信箱　邮编 100036
开　　本：720×1 000　1/16　印张：13.25　字数：224千字
版　　次：2024年5月第1版
印　　次：2024年5月第1次印刷
定　　价：80.00元

凡所购买电子工业出版社图书有缺损问题，请向购买书店调换。若书店售缺，请与本社发行部联系，联系及邮购电话：（010）88254888，88258888。
质量投诉请发邮件至 zlts@phei.com.cn，盗版侵权举报请发邮件至 dbqq@phei.com.cn。
本书咨询联系方式：liuxl@phei.com.cn，（010）88254538。

前 言

性能退化理论诞生于 20 世纪 70 年代,自 20 世纪 90 年代末引入我国以来,在长寿命、高可靠、小子样产品寿命预测、可靠性评估、预测与健康管理等领域发挥了重要作用。寿命预测技术是提高产品运行可靠性、安全性、可维修性的关键技术。现代高技术装备结构复杂、任务关键,长寿命和高可靠性是保证其作战效能和作战适用性的基础。然而,复杂产品寿命预测在理论建模、试验验证、数据分析等方面面临技术挑战,主要体现在:①所假设的性能退化模型较简单,有时无法刻画产品性能参数真实退化规律;②建模数据多以实验室条件下的理想试验数据为基础,未充分考虑现场环境中的复杂工况变动及其对性能退化过程的潜在影响;③导致产品失效的关键性能参数呈现多元化特征;等等。为此,作者所在团队在国家级项目支持下,对复杂退化过程建模及产品寿命预测技术展开了探索性研究,以期在一定程度上填补现有性能退化理论方法与工程实践应用之间的鸿沟和空白,为从事可靠性工程、预测与健康管理等方面理论研究或应用研究的科研人员提供有益参考。

本书主要内容安排如下:性能退化理论及寿命预测技术基础知识、复杂应力剖面下的退化轨道建模及寿命预测、考虑应力加速的 Wiener 过程建模及寿命预测、考虑应力加速-补偿的 Wiener 过程建模及寿命预测、基于二元 Wiener 过程的退化建模及寿命预测、基于 Copula 函数的二元退化建模及寿命预测。本书重点阐述相关理论方法、公式推导与适用场景,并利用实验或仿真数据对方法进行实施流程示例说明和有效性验证。

全书共 7 章,由刘天宇博士策划、定稿。其中,第 1、2 章由潘正强、褚骁庚梳理,第 3~7 章由刘天宇执笔,由潘正强提供技术指导。本书系统梳理了作者所在团队近年来的主要研究成果,孙权、金光、冯静等教授对本书内容提供了宝贵的意见和建议，姚磊博士为部分章节内容提供了素材，张然博士为本书定稿做了大量文字整理和校对工作。此外，本书在撰写过程中还借鉴了国内外同行公开文献中的一些技术和思想，在此一并感谢！

本书得到了国家自然科学基金青年科学基金项目（考虑动态环境效应的退化型产品剩余寿命预测方法，批准号 72001210）和湖南省科技创新计划（2022RC1243）的资助，并得到了湖南银杏数据科技有限公司和多能源系统智慧互联技术湖南省重点实验室的实验环境支持。

性能退化是可靠性领域的重要研究方向，也是一门涉及数学建模、数理统计、算法设计、失效物理等专业的交叉学科。实际应用过程中，很少有哪类模型和方法可以不加修改地直接套用，具体应用时还需结合产品工作原理、失效机理、任务剖面等具体问题具体分析。因此，本书作者仅希望可以起到抛砖引玉的作用。鉴于作者知识和能力水平有限，本书内容难免有疏漏和不当之处，恳请各位读者批评指正。

作者
2024 年 1 月
于长沙

目 录

第1章 绪论 ·································· 001
1.1 引言 ·································· 002
1.2 国内外研究现状 ·································· 009
1.2.1 性能退化建模与可靠性评估方法综述 ·································· 010
1.2.2 数据驱动的剩余寿命预测方法综述 ·································· 016
1.3 本书内容安排 ·································· 024
1.3.1 存在的问题 ·································· 024
1.3.2 本书章节安排 ·································· 026

第2章 基础知识 ·································· 029
2.1 引言 ·································· 030
2.2 寿命预测概述 ·································· 030
2.2.1 寿命与剩余寿命 ·································· 031
2.2.2 寿命与可靠度 ·································· 032
2.2.3 寿命预测、可靠性评估与剩余寿命预测 ·································· 033
2.3 常见退化模型 ·································· 034
2.3.1 退化轨道模型 ·································· 037
2.3.2 退化量分布模型 ·································· 039
2.3.3 失效物理模型 ·································· 040
2.3.4 随机过程模型 ·································· 041
2.4 加速试验理论 ·································· 043
2.4.1 加速试验介绍 ·································· 043
2.4.2 加速应力类型 ·································· 043
2.4.3 加速模型 ·································· 044

第 3 章　复杂应力剖面下退化轨道建模及寿命预测 049

3.1　引言 050
3.2　退化轨道模型 052
- 3.2.1　研究动机 052
- 3.2.2　传统退化轨道模型 053
- 3.2.3　改进的退化轨道模型 055

3.3　可靠性评估 058
- 3.3.1　寿命分布估计 058
- 3.3.2　可靠性指标估计 060

3.4　案例分析 061
- 3.4.1　基础知识 061
- 3.4.2　试验介绍 063
- 3.4.3　退化建模 066
- 3.4.4　可靠性评估 069

3.5　本章小结 072

第 4 章　考虑应力加速的 Wiener 过程建模及寿命预测 075

4.1　引言 076
4.2　考虑应力加速效应的 Wiener 过程模型 077
4.3　模型初始参数估计 079
4.4　基于贝叶斯公式的模型参数在线更新 080
4.5　剩余寿命预测 084
- 4.5.1　未来恒定应力剖面下剩余寿命预测 084
- 4.5.2　未来时变应力剖面下剩余寿命预测 086

4.6　案例分析 088
- 4.6.1　背景介绍 088
- 4.6.2　仿真设计 093
- 4.6.3　结果与讨论 096

4.7　本章小结 107

第 5 章 考虑应力加速-补偿的 Wiener 过程建模及寿命预测 … 109

5.1 引言 … 110
5.2 考虑应力加速-补偿效应的 Wiener 过程建模 … 110
- 5.2.1 改进 Wiener 过程模型 … 110
- 5.2.2 考虑复合应力的锂离子电池容量退化建模与可靠性评估 … 112
5.3 退化模型初始参数估计 … 115
5.4 基于贝叶斯公式的模型参数在线更新 … 117
5.5 剩余寿命预测 … 119
- 5.5.1 未来恒定应力剖面下剩余寿命预测 … 119
- 5.5.2 未来时变应力剖面下剩余寿命预测 … 123
5.6 案例分析 … 124
- 5.6.1 背景介绍 … 124
- 5.6.2 初始参数估计与模型验证 … 125
- 5.6.3 结果与讨论 … 126
5.7 本章小结 … 130

第 6 章 基于二元 Wiener 过程的退化建模及寿命预测 … 133

6.1 引言 … 134
6.2 基于二元 Wiener 过程的退化建模 … 136
- 6.2.1 二元 Wiener 过程基本性质 … 136
- 6.2.2 二元 Wiener 过程首达时分布 … 137
6.3 二元 Wiener 过程模型初始参数估计 … 138
6.4 基于贝叶斯公式的模型参数在线更新 … 141
6.5 剩余寿命预测 … 143
6.6 案例分析 … 145
- 6.6.1 仿真设计 … 145
- 6.6.2 参数更新 … 147
- 6.6.3 剩余寿命预测 … 150
6.7 应用实例 … 153
6.8 本章小结 … 161

第 7 章　基于 Copula 函数的多元退化建模及寿命预测 ········ 163

7.1　引言 ········ 164
7.2　基于 Copula 函数的多元退化建模 ········ 165
7.2.1　一元 Wiener 过程退化建模 ········ 165
7.2.2　Copula 函数介绍 ········ 166
7.2.3　多元退化建模 ········ 168
7.3　初始参数估计 ········ 169
7.4　可靠性评估 ········ 170
7.5　剩余寿命预测 ········ 171
7.5.1　粒子滤波算法介绍 ········ 171
7.5.2　在线参数更新与剩余寿命预测 ········ 173
7.6　案例分析 ········ 174
7.6.1　案例 1 ········ 174
7.6.2　案例 2 ········ 176
7.6.3　案例 3 ········ 178
7.7　本章小结 ········ 180

参考文献 ········ 182

表目录

表 2.1　常见退化轨道模型函数 ··· 037

表 3.1　常见加速退化模型 ··· 056

表 3.2　锂离子电池容量退化轨道模型参数估计 ··························· 068

表 3.3　不同温度下锂离子电池伪寿命 ··································· 069

表 3.4　锂离子电池可靠性指标点估计结果与80%置信区间估计结果 ········· 071

表 4.1　锂离子电池容量退化模型初始参数估计结果 ······················· 093

表 4.2　4种应力剖面下锂离子电池剩余寿命预测结果 ····················· 101

表 5.1　各单体电池的退化模型参数估计值 ······························· 125

表 6.1　固定效应参数敏感性分析结果 ··································· 152

表 7.1　α 与 τ 对应关系表 ····································· 175

图目录

图 1.1　基于性能退化的可靠性评估方法示意图 ················ 004

图 1.2　基于性能退化的剩余寿命预测方法示意图 ············· 005

图 1.3　应力对产品退化过程影响示意图 ······················· 008

图 1.4　双性能参数退化过程示意图 ···························· 009

图 1.5　本书各章节关系图 ·· 028

图 2.1　不同类型产品的寿命单位 ······························· 031

图 2.2　寿命与剩余寿命的关系 ·································· 031

图 2.3　剩余寿命预测方法体系及研究思路 ··················· 034

图 2.4　基于失效数据的寿命分布估计与可靠性评估 ········ 035

图 2.5　基于退化数据的寿命分布估计与可靠性评估 ········ 036

图 2.6　两种定义下的失效时间 ·································· 036

图 2.7　伪寿命法示意图 ·· 038

图 2.8　解析法示意图 ··· 039

图 2.9　退化量分布模型 ·· 040

图 2.10　Gamma 过程示意图 ···································· 042

图 2.11　Gamma 分布示意图 ···································· 042

图 2.12　典型加速应力剖面 ······································ 044

图 3.1　复杂温度应力剖面下锂离子电池容量退化曲线 ····· 053

图 3.2　利用伪寿命法推断产品寿命分布示意图⋯⋯⋯⋯⋯⋯⋯⋯⋯⋯055

图 3.3　锂离子电池充放电原理图⋯⋯⋯⋯⋯⋯⋯⋯⋯⋯⋯⋯⋯⋯⋯⋯062

图 3.4　复杂温度应力剖面下 5 个电池单体的容量退化曲线⋯⋯⋯⋯⋯064

图 3.5　锂离子电池通用退化轨道模型拟合效果图⋯⋯⋯⋯⋯⋯⋯⋯⋯065

图 3.6　复杂温度应力剖面下通用退化轨道模型拟合误差与温度对比图⋯⋯⋯⋯066

图 3.7　改进的退化轨道模型拟合效果图⋯⋯⋯⋯⋯⋯⋯⋯⋯⋯⋯⋯⋯068

图 3.8　Cell 1 在各温度应力等级下的伪寿命外推示意图⋯⋯⋯⋯⋯⋯070

图 3.9　不同温度应力等级下锂离子电池可靠度曲线⋯⋯⋯⋯⋯⋯⋯⋯070

图 3.10　寿命分布位置参数 μ 与温度拟合图⋯⋯⋯⋯⋯⋯⋯⋯⋯⋯⋯071

图 3.11　锂离子电池可靠度随循环次数和温度变化图⋯⋯⋯⋯⋯⋯⋯072

图 4.1　三种充放电倍率下锂离子电池容量退化曲线⋯⋯⋯⋯⋯⋯⋯⋯090

图 4.2　漂移系数与应力线性拟合结果⋯⋯⋯⋯⋯⋯⋯⋯⋯⋯⋯⋯⋯⋯091

图 4.3　参数 a 的先验分布⋯⋯⋯⋯⋯⋯⋯⋯⋯⋯⋯⋯⋯⋯⋯⋯⋯⋯092

图 4.4　参数 b 的先验分布⋯⋯⋯⋯⋯⋯⋯⋯⋯⋯⋯⋯⋯⋯⋯⋯⋯⋯092

图 4.5　仿真过程中用到的 4 种应力剖面⋯⋯⋯⋯⋯⋯⋯⋯⋯⋯⋯⋯⋯094

图 4.6　应力剖面 1 下容量退化仿真结果⋯⋯⋯⋯⋯⋯⋯⋯⋯⋯⋯⋯⋯095

图 4.7　应力剖面 2 下容量退化仿真结果⋯⋯⋯⋯⋯⋯⋯⋯⋯⋯⋯⋯⋯095

图 4.8　应力剖面 3 下容量退化仿真结果⋯⋯⋯⋯⋯⋯⋯⋯⋯⋯⋯⋯⋯096

图 4.9　应力剖面 4 下容量退化仿真结果⋯⋯⋯⋯⋯⋯⋯⋯⋯⋯⋯⋯⋯096

图 4.10　应力剖面 1 下电池 RL 概率密度曲线随循环次数变化图⋯⋯097

图 4.11　应力剖面 2 下电池 RL 概率密度曲线随循环次数变化图⋯⋯098

图 4.12　应力剖面 3 下电池 RL 概率密度曲线随循环次数变化图⋯⋯098

图 4.13　应力剖面 1 下电池 RL 特征量 ………………………………………… 098

图 4.14　应力剖面 2 下电池 RL 特征量 ………………………………………… 099

图 4.15　应力剖面 3 下电池 RL 特征量 ………………………………………… 099

图 4.16　应力剖面 4 下电池 RL 特征量 ………………………………………… 100

图 4.17　应力剖面 4 下基于仿真得到的剩余寿命直方图 ……………………… 100

图 4.18　本章方法与传统方法得到的剩余寿命预测结果对比图（应力剖面 1）… 103

图 4.19　本章方法与传统方法得到的剩余寿命预测结果对比图（应力剖面 2）… 103

图 4.20　本章方法与传统方法得到的剩余寿命预测结果对比图（应力剖面 3）… 104

图 4.21　本章方法与传统方法得到的剩余寿命预测结果对比图（应力剖面 4）… 104

图 4.22　本章方法与传统方法相对预测误差对比图（应力剖面 1）…………… 105

图 4.23　本章方法与传统方法相对预测误差对比图（应力剖面 2）…………… 105

图 4.24　本章方法与传统方法相对预测误差对比图（应力剖面 3）…………… 106

图 4.25　本章方法与传统方法相对预测误差对比图（应力剖面 4）…………… 106

图 5.1　$LiFePO_4$ 锂离子电池容量随温度变化曲线 ……………………………… 112

图 5.2　锂离子电池容量及温度变化曲线 ………………………………………… 124

图 5.3　Cell 3 电池退化模型结果 ………………………………………………… 126

图 5.4　22℃下电池容量退化轨迹仿真结果（第 50 次循环之后）……………… 127

图 5.5　常应力下的电池 RL 预测结果 …………………………………………… 128

图 5.6　不同方法电池 RL 预测误差对比 ………………………………………… 128

图 5.7　非恒定应力下剩余寿命预测结果 ………………………………………… 129

图 5.8　非恒定应力下不同方法电池 RL 预测误差对比 ………………………… 130

图 6.1　二元退化型产品剩余寿命预测总体思路 ………………………………… 135

图 6.2　基于二元 Wiener 过程仿真得到的双参数退化轨道样本 ……………… 146

图 6.3　某个体样本退化轨道预测结果 ……………………………………… 147

图 6.4　仿真案例中超参数 μ_{ak} 逐步更新曲线 ……………………………… 148

图 6.5　仿真案例中超参数 μ_{ck} 逐步更新曲线 ……………………………… 149

图 6.6　仿真案例中超参数 σ_{ak} 逐步更新曲线 ……………………………… 149

图 6.7　仿真案例中超参数 σ_{ck} 逐步更新曲线 ……………………………… 150

图 6.8　仿真案例中超参数 ρ_k 逐步更新曲线 ……………………………… 150

图 6.9　仿真案例样本的剩余寿命预测结果 ………………………………… 151

图 6.10　本章方法与 Gebraeel 方法剩余寿命平均预测误差对比图 ………… 153

图 6.11　锂离子电池容量-能量二元退化过程 ……………………………… 155

图 6.12　锂离子电池退化模型超参数 μ_{ak} 逐步更新曲线 …………………… 155

图 6.13　锂离子电池退化模型超参数 μ_{ck} 逐步更新曲线 …………………… 156

图 6.14　锂离子电池退化模型超参数 σ_{ak} 逐步更新曲线 …………………… 156

图 6.15　锂离子电池退化模型超参数 σ_{ck} 逐步更新曲线 …………………… 156

图 6.16　锂离子电池退化模型超参数 ρ_k 逐步更新曲线 …………………… 157

图 6.17　基于二元 Wiener 过程的锂离子电池剩余寿命预测结果 …………… 157

图 6.18　$t_k = 0$ 时刻锂离子电池剩余寿命分布 ……………………………… 158

图 6.19　$t_k = 50$ 时刻锂离子电池剩余寿命分布 …………………………… 158

图 6.20　$t_k = 150$ 时刻锂离子电池剩余寿命分布 ………………………… 159

图 6.21　$t_k = 250$ 时刻锂离子电池剩余寿命分布 ………………………… 159

图 6.22　本章方法与传统单一性能参数剩余寿命预测方法预测误差对比图 … 160

图 6.23　本章方法与传统忽略相关性剩余寿命预测方法预测误差对比图 …… 161

图 7.1　考虑/忽略退化性能参数相关性对寿命分布预测结果的影响 ………… 176

图 7.2　存在一定相关性下的二元退化轨迹仿真图（$\alpha=8$） ……………… 177

图 7.3　二元退化模型随机效应参数更新过程（$\mu_1=6,\mu_2=4,\alpha=6$） ……… 177

图 7.4　剩余寿命预测结果（$\mu_1=6,\mu_2=4,\alpha=8$） ……………………… 178

图 7.5　相关性较低情形下的二元退化轨迹仿真图（$\alpha=0.5$） ……………… 179

图 7.6　二元退化模型随机效应参数更新过程（$\mu_1=6,\mu_2=4,\alpha=0.5$） …… 179

图 7.7　剩余寿命预测结果（$\mu_1=6,\mu_2=4,\alpha=0.5$） …………………… 180

第 1 章

绪 论

可靠性评估和剩余寿命预测是产品全寿命周期内质量管理的两项重要内容。可靠性是指一类产品在规定时间内、规定条件下无故障地完成规定功能的概率；剩余寿命是指处于工作状态下的某个体产品从当前时刻到最终失效所经历的时间长度。可靠性评估和剩余寿命预测的主要工作都是对寿命分布进行统计推断，但两者侧重点不同，前者面向的是产品总体，后者面向的则是产品个体。随着科技的发展，工程中出现大量长寿命、高可靠性产品，传统的基于失效数据的寿命预测方法不再适用，基于性能退化理论的寿命预测方法开始走进大家的视线，并获得了蓬勃的发展。退化建模是性能退化理论的基础，退化模型能否准确描述产品性能退化规律，决定了可靠性评估和剩余寿命预测的精度。近年来，工程上广泛采用的性能退化模型大多针对一些特定条件（如实验室理想环境）下的退化过程，建模过程中有意无意地对退化过程进行了简化，忽视了工程实际中可能存在的复杂现象。为此，本书以工程中的实际问题为切入点，研究面向复杂退化模型的产品寿命预测问题，主要涉及性能退化建模、产品总体寿命预测（可靠性评估）及产品个体寿命预测（剩余寿命预测）等。

1.1 引言

随着复杂系统设计、材料科学、生产工艺的进步，在航空航天、电子制造、武器装备等重要领域，一些关键产品逐渐向多功能、长寿命、高可靠方向发展。开展此类产品的寿命预测，对于产品的维修、更换策略制订，以及全寿命周期内其他管理活动有着十分重要的意义。根据分析对象的不同，寿命预测可以分为两个层次：产品总体寿命预测和产品个体寿命预测。产品总体寿命预测是指研究某一类产品总体寿命的分布规律，即通过可靠性试验（又分为可靠性寿命试验和可靠性退化试验）分析该类产品在指定条件下从投入使用到最终失效所经历时间的分布规律，最终得到寿命分布函数、寿命特征量及可靠度曲线等，该过程主要在线下（离线阶段）进行；产品个体寿命预测是指预测某个特定产品工作或存储到某个时刻时还剩余的有效寿命，即通过传感器等手段获取能够表征该产品健康状态的性能参数，并综合历史信息和现场数据预测该产品还能够使用或存储多久，该预测过程主要在线上（在线阶段）进行。概括起来讲，产品总体寿命预测的主要任务是对同一批次同一类型产品的工作或存储寿命分布进行估计，工程上也称为可靠性评估（Reliability Evaluation）；产品个体寿命预测的主要任务是对工作或存储到某时刻的某个特定产品进行剩余寿命分布估计，工程上也称为剩余寿命预测（Residual/Remaining Useful Life Prediction）。

近几十年来，国内外工程界和学术界对产品的可靠性评估已经进行了大量细致的研究，建立了一整套成熟的方法体系。早些年，产品寿命一般较短，工程人员主要借助寿命试验、加速寿命试验收集一定量的产品失效数据，并基于这些失效数据样本对产品开展寿命分布拟合和可靠性评估。但随着时代的进步，人们发现传统基于失效数据的可靠性评估方法在处理长寿命产品时存在很大困难。一方面，该类产品寿命一般较长，对其开展可靠性寿命试验，无法在短时间内获取足够多的失效数据，有时试验结束时甚至出现"零失效"的现象；另一方面，该类产品通常功能结构较复杂，造成其失效的原因往往不止一个，仅凭借失效数据很难进一步探明导致产品失效的深层次机理。20世纪70年代兴起的性能退化理论为解决长寿命产品可靠性评估问题提供了一条崭新路径。该理论认为，产品失效分为偶发失效（也称突发失效）和退化失效（也称渐变失效）两种类型。偶发失效把产品失效的原因归结为偶然因素，即产品因材质、结构、形状等发生突变而瞬间失去功能（如电容击穿瞬间造成电路短路），这种失效模式发生前通常不会出现明显的征兆。退化失效则是指产品在工作或存储过程中存在可以表征其健康状态的性能参数，随着时间的延长该性能参数不断退化，直到超过规定阈值，产品功能不再满足使用需求。据统计，当前退化失效在产品失效中占70%~80%[1]。此外，对于一些功能复杂的产品，甚至可能同时存在多个性能参数，这些性能参数相互影响且共同决定产品失效时间。性能参数的观测值称为（性能）退化数据。退化数据中蕴含了与产品寿命相关的丰富信息，通过对其进行充分挖掘，可有效缓解长寿命产品可靠性评估中信息量不足的问题。目前，基于性能退化理论的可靠性评估方法已发展为解决多功能、长寿命、高可靠、小子样产品可靠性评估的首选方法，其实施过程示意图如图1.1所示。

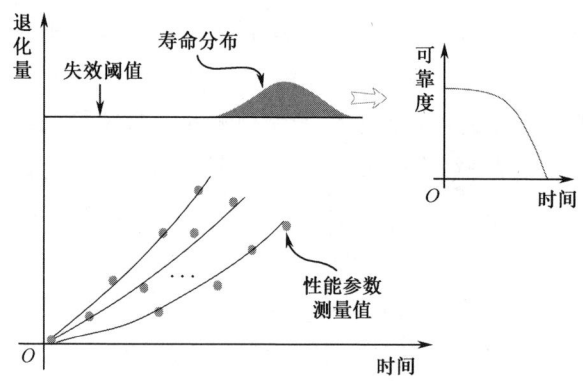

图 1.1 基于性能退化的可靠性评估方法示意图

剩余寿命是指现场条件下处于工作或存储状态的产品从当前时刻到最终失效所经历的时间长度。剩余寿命预测是预测与健康管理（Prognostic and Health Management，PHM）的核心技术之一。大量工程实践表明，剩余寿命预测可以为产品维修决策、备件库存优化等管理活动提供科学的决策依据，从而有助于降低设备故障率、节约维修成本、提高设备利用率等。剩余寿命预测的核心问题是估计剩余寿命分布。剩余寿命预测方法的发展历程与可靠性评估非常类似，最初也是从基于失效数据开始着手的。早期的剩余寿命预测方法从产品寿命分布出发，通过贝叶斯公式推导得到该类产品在某个给定时刻的剩余寿命分布。但是，该方法推导出的剩余寿命分布只适合描述同类型产品的总体剩余寿命分布特性。事实上，产品在实际工作过程中个体之间往往是存在差异性的。因此，该方法得出的预测结果无法准确描述某些与总体偏差较大的个体产品的真实剩余寿命。伴随性能退化理论在可靠性评估中的成功应用，后期基于现场退化数据的剩余寿命预测方法逐渐发展为该领域的主流研究方向。与上述传统方法不同，该方法通过贝叶斯理论将产品总体信息和个体现场监测数据有效融合起来，利用总体的历史数据（包括失效数据、退化数据、专家经验等）建立产品性能退化模型，并根据现场采集到的个体监测数据实时更新模型，然后基于更新后的退化模型对个体产品进行定制化、差异化的剩余寿命预测。相比而言，这种方法综合考虑了产品总体特性与个体特性，可大幅度提升剩余寿命预测精度。基于性能退化的剩余寿命预测方法示意图如图 1.2 所示。

第1章 绪 论

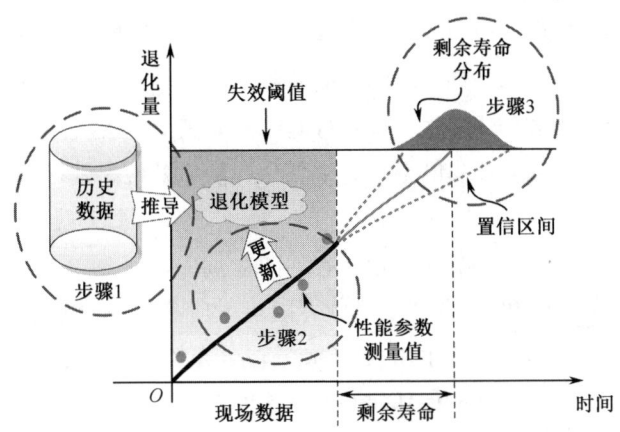

图1.2 基于性能退化的剩余寿命预测方法示意图

如图1.2所示,在性能退化理论框架下,产品剩余寿命预测过程可分为三步。

步骤1:根据同类型产品的历史数据建立性能退化模型,估计模型初始参数,该模型可以大致描述该类型产品的关键性能参数整体退化规律。

步骤2:根据被预测对象的现场监测数据,更新步骤1中的退化模型参数,调整模型使之更适合描述该个体产品关键性能参数的真实退化规律。

步骤3:给定失效阈值,利用更新后的退化模型推导得到被预测对象在该时刻的剩余寿命分布。

具体实施过程如下。

首先,通过历史数据(主要包括同类型或相似产品的历史退化试验数据、寿命试验数据等)建立产品性能参数的退化模型。在剩余寿命预测中,退化模型一般是含随机效应的,即模型参数分为两部分:随机效应参数(记为向量θ)和固定效应参数(记为向量φ)。随机效应参数用来描述材料、工艺、环境的不一致导致的产品个体之间的差异性,通常假设θ服从某种先验分布,记为$p(\theta)$,$p(\theta)$的分布参数γ称为超参数;固定效应参数对所有产品个体都是相同的,用来描述产品总体特性,即φ是一组由常量构成的向量。基于历史数据,建立产品性能参数关于时间t的退化模型$g(t|\theta,\varphi)$,估计模型固定效应参数φ和随机效应参数先验分布中的超参数γ。随机效应参数的存在,使利用传统的极大似然方法估计上述参数较为困难。目前,针对这种含随机效应的退化模型参数估计问题,常采用多阶段方法、EM算法、剖面极大似然估计法等。

然后，针对在线工作中的某个个体产品，通过传感器采集并记录其现场退化数据。记 $t_1, t_2, \cdots, t_k$ 时刻对应的性能参数测量值分别为 $X_{1:k}=(x_1, x_2, \cdots, x_k)$。在获取到现场退化数据 $X_{1:k}$ 后，需要对退化模型进行修正，该过程通过更新随机效应参数分布实现。在贝叶斯理论框架下，随机效应参数后验分布 $p(\boldsymbol{\theta}|X_{1:k})$ 计算如下：

$$p(\boldsymbol{\theta}|X_{1:k}) \propto p(X_{1:k}|\boldsymbol{\theta}) \cdot p(\boldsymbol{\theta})$$

式中，$p(X_{1:k}|\boldsymbol{\theta})$ 为 $X_{1:k}$ 的完全似然函数。随机效应参数后验分布 $p(\boldsymbol{\theta}|X_{1:k})$ 的推导方法较多，大致可分为解析推导（如共轭分布法）和数值仿真（如粒子滤波、基于 Gibbs 或 Metropolis-Hastings 算法的数值方法等）两类。

根据当前时刻退化数据和更新后的退化模型，可以对产品性能参数未来的退化轨迹进行预测，这又包括给定时刻退化估计的点估计和置信区间估计。对于退化型产品，其剩余寿命可以定义为关键性能参数从当前时刻至达到失效阈值所经历的时间。性能参数退化过程具有一定的随机性，因此剩余寿命本身也是一个随机变量，剩余寿命预测工作的核心是对该随机变量的分布进行统计推断。对于一些形式简单的退化模型，如带随机效应的线性漂移 Wiener 过程，其剩余寿命分布（如概率密度函数）存在解析表达式，但对于一些形式复杂的退化模型，剩余寿命分布解析表达式往往较难获取。对于后者，一种简单的做法是通过蒙特卡罗仿真得到剩余寿命的近似分布。得到剩余寿命的近似分布后，可以进一步计算工程上感兴趣的剩余寿命特征量，如剩余寿命期望值、分位点值、置信区间等，并基于这些特征量值对产品的维修、更换策略进行优化。

综上所述，性能退化建模是开展长寿命产品可靠性评估与剩余寿命预测的基础。性能退化建模，顾名思义，就是研究产品性能参数的变化规律，建立其与时间之间的映射模型，并基于该模型对产品失效时间进行统计推断。因此，性能退化模型的质量直接决定寿命预测的精度。近年来，基于性能退化模型的可靠性评估与剩余寿命预测方法在工程上得到了广泛应用并取得了良好效益。但研究发现，工程上广泛采用的性能退化模型对产品退化过程做了很多简化假设，经简化的退化过程呈现如下特点：①忽略应力（环境、负载）变化对退化过程的影响；②假设导致产品退化失效的关键性能参数只有一个。在上述假设下，产品退化过程可以简化为比较简单的一元退化过程，此时可利用回归模型、随机过程模型、退化量分布模型等传统退化模型对其进行退化建模，进而实现产品可靠性评估与剩余寿命预测。简化假设的好处在于，可以降低参数估计、模型更新、寿命分布推断等过程的难度，但缺点是简化后的退化模型有时无法准确描述产品真实退化规律，从而降低寿命预测精度。

近年来，产品功能越来越复杂，寿命越来越长，性能退化规律也随之呈现出复杂化的特点。尤其是产品在实际工作过程中，影响其性能退化的内外部因素较多，其关键性能参数退化规律相比实验室条件下的规律更为复杂。目前，基于复杂退化过程的可靠性评估与剩余寿命预测方法的研究和应用尚不广泛，尤其是针对现场条件下经常出现的复杂时变应力、性能参数多元等现实问题的研究和应用。主要差距体现在以下几个方面。

（1）复杂应力剖面下的退化建模与可靠性评估问题。在实验室条件下开展可靠性试验，可以通过一定的控制措施使产品工作环境、应力始终保持在较稳定的水平。但产品在现场条件下工作时，其经历的应力因受到外界因素（如温度、湿度、压力、负载、使用频率等）影响而随时间不断变化，从而使工作应力剖面更为复杂。对于有些产品，其性能参数退化过程对某些应力变化不敏感，此时可以忽略应力变化对退化过程造成的影响，将退化数据当作实验室条件下的恒定应力下的退化数据处理即可；但对于另外一些产品，其退化规律对应力变化较为敏感，在退化建模时须考虑应力变化给退化过程带来的影响。工程实践中，应力对产品性能参数的影响主要有两方面：第一，应力加速效应，即性能参数退化速率受应力影响，高应力会加速性能退化，如图1.3（a）所示。例如，对于一些电子产品，高温、高电压或高电流会加速其性能参数退化，缩短工作时间。第二，应力补偿效应，即性能参数观测值与应力之间有一定的相关性，应力变化导致性能参数观测值随之发生变化，当应力恢复后性能参数观测值也随之恢复，如图1.3（b）所示。例如，热胀冷缩现象导致金属裂纹宽度在不同温度下的测量结果不同。目前，国内外相关文献在研究性能退化建模时，会较多考虑应力加速效应而忽略应力补偿效应。

（2）时变应力下的剩余寿命预测问题。剩余寿命预测与可靠性评估的最大区别在于，前者多了一个模型在线更新环节，而退化模型的复杂程度决定了该更新过程的难度。因此，传统数据驱动的剩余寿命预测方法在退化建模时追求模型形式简化，导致忽略应力变化给性能退化过程造成的影响。但是，产品在实际工作过程中，应力条件往往不像实验室环境下控制得那么好，外界环境和工作负载通常都是随时间不断变化的，导致产品实际经受的应力也是时变的。目前，加速退化理论在产品可靠性评估中已经取得了广泛应用，通过加速方程可以描述应力与性能退化率之间的关系，建立产品的加速退化模型，进而外推正常应力下的产品寿命分布和可靠度曲线。理论上，利用加速退化模型同样可以解决时变应力下的产品剩余寿命预测问题。但由于剩余寿命预测过程中涉及模型参数在线更新、剩余寿命分布推导等关键步骤，考虑应力加速效应会大大增加上述步骤的难度，因此相关文献中对时变应力下的剩余寿命预测方法研究较少。应力补偿效应在工程中不如应力加速效应常见，它的引入会进一步导致退化模型的复杂化，目前，产品可靠性评估和剩余寿命预测中均较少考虑该问题。

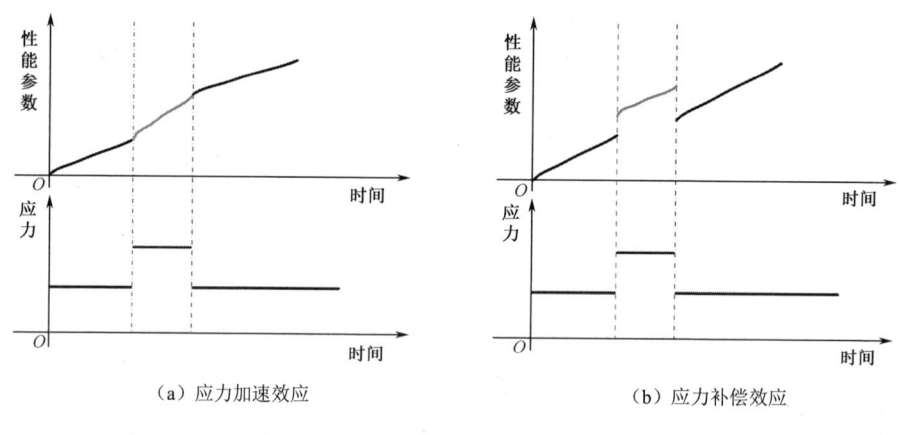

（a）应力加速效应　　　　　　（b）应力补偿效应

图1.3　应力对产品退化过程影响示意图

（3）多参数退化型产品剩余寿命预测问题。传统退化建模方法通常认为产品失效机理单一，假设只存在单个性能参数。很多产品在实际工作过程中可能存在两个甚至多个随时间不断退化的性能参数，共同决定产品失效时间，称之为多元退化现象，如图1.4所示。这些性能参数之间可能彼此独立，但更多时候是相互关联的。目前，国内外一些学者开始关注多元退化过程的建模与可靠性评估问题，并取得了一些成果，但针对多元退化过程的产品剩余寿命预测方法研究还不多。

本书旨在探讨面向上述复杂性能退化模型的产品寿命预测问题，主要涉及时变应力下的可靠性评估与剩余寿命预测方法、双参数退化下的可靠性评估与剩余寿命预测方法两大类问题,并分别针对不同模型假设给出各自的解决方案。本书研究的关键技术包括针对上述复杂退化过程的退化建模与参数估计方法、贝叶斯框架下融合历史数据和现场数据的模型更新方法、剩余寿命分布估计方法等。同时,第 3~7 章配有案例分析对方法实施流程和有效性进行演示验证。

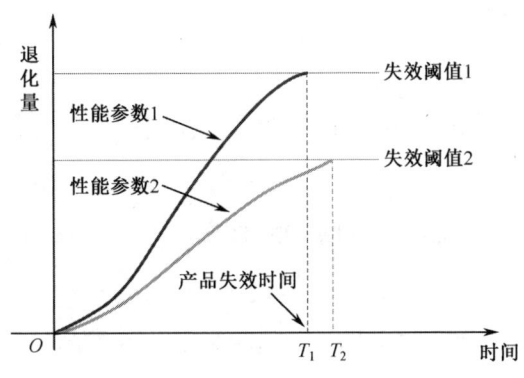

图 1.4　双性能参数退化过程示意图

1.2　国内外研究现状

产品寿命预测在很多年前就受到了科研人员和工程人员的关注,尤其是近年来,随着技术的进步,越来越多的长寿命产品广泛出现在各行各业中,更加激发了人们在寿命预测方法领域的研究热情。科学合理的维修策略对保证长寿命产品安全可靠地工作具有重要意义。传统的维修策略是基于定期维修原则制订的,规定产品使用到预先规定的时间,或在这个时间之前,必须将产品退出使用并对其进行检修[2]。定期维修策略因没有考虑产品真实的健康状态,而经常出现"该修的没有修,不该修的却要修"的问题[3]。对于一些健康状态较差的产品,其故障发生时刻很可能早于预先设定的维修时间,因此导致设备意外停机，造成重大经济损失；与之相反，对于一些性能较好的产品，到了维修时间还非常健康，造成浪费。为弥补上述缺点，美国科学家率先提出视情维修的概念，并取得了广泛应用[4-6]。与被动的定期维修不同，视情维修是一种主动的预防性维修策略，它立足于故障机理分析，借助传感器等监控装置时刻掌握产品的健康状态，预测产品故障发生的时刻，并基于此制订相应的维修计划。基于性能退化数据的可靠性评估与剩余寿命预测属于视情维修的研究范畴，近年来国内外学者对其展开了深入且广泛的研究[7,8]。

1.2.1 性能退化建模与可靠性评估方法综述

1.2.1.1 传统退化建模与可靠性评估方法

性能退化理论兴起于 20 世纪 70 年代，但发展初期并没有得到可靠性工程人员的过多关注。直到 20 世纪 90 年代，长寿命产品越来越多地出现在工程中，性能退化理论才逐渐受到重视并被大量应用到产品寿命预测中[9]。进入 21 世纪以来，工程人员对产品在线健康管理与视情维修越来越重视，性能退化理论也随之发展为剩余寿命预测与视情维修的理论基础。传统寿命评估方法是基于失效数据的，即通过寿命试验获得足够多的失效数据（也称寿命数据），然后通过一些常见分布（如指数分布、Weibull 分布、对数正态分布等）模型或非参数分布模型拟合这些失效数据，从而实现可靠性评估和剩余寿命预测[10-12]。对于长寿命产品，在有限时间内通过寿命试验或者加速寿命试验往往难以获取到足够支撑寿命分布拟合的失效样本。相比而言，性能退化建模分析的对象是性能退化数据，可靠性试验无须做到产品失效也能获得足够多的退化数据，因此可以在一定程度上解决长寿命产品寿命预测时"少失效、零失效"的难题[13]。性能退化建模的对象是退化失效型产品。按照一定设计要求和工艺方案生产出来的产品，在规定条件下应该具备完成规定功能的能力。根据性能退化理论，产品能否完成上述规定功能可以通过其关键性能参数是否在规定范围内变动来判断。随着产品工作或存储时间的增加，其性能参数会逐渐发生趋势性变化（退化现象），产品失效等价于性能参数达到或超过规定阈值。性能参数在不同时刻的测量值称为退化数据，描述退化数据与时间之间函数关系的模型称为（性能）退化模型。即使在没有任何失效数据的情况下，借助退化模型同样可以推断出产品寿命分布。

根据产品关键性能参数数量的不同，性能退化模型可以分为一元退化模型和多元退化模型。目前，相关文献研究的多是一元退化模型，常见的包括失效物理模型、退化量分布模型、退化轨道模型及随机过程模型等[14,15]。

1. 失效物理模型

失效物理模型是指通过分析导致产品失效的内在物理、化学、电化学机理，以及产品失效与使用条件、环境应力等外部因素之间的内在联系，进而建立起来的退化模型。常见的失效物理模型有Paris累积损伤模型、反映论模型、随机斜率-截距模型等。1993年，Meeker等[11]最早采用Paris累积损伤模型对某种金属的一组裂缝增长数据进行退化建模，并基于该模型推导出该金属的寿命分布；Carey和Koenig[16]利用反映论模型对海底电缆组件加速退化数据进行了退化建模；Gertsbackh和Kordonskiy[17]对随机斜率-截距模型进行了研究，假设线性退化模型的斜率和截距均服从正态分布且相互独立，并基于上述假设推导出了一种新的寿命分布——Bernstein分布；Gebraeel等[18]将随机斜率模型用于刹车片厚度的退化建模中。

2. 退化量分布模型

退化量分布模型考虑了退化过程本身的随机性。该模型假设在不同时刻，产品退化量自身或某些特征值服从同一分布族，且该分布族的参数为关于时间变量的函数，工程上最常采用的分布族有Weibull分布、正态分布等。邓爱民等[19]分别假设不同时刻退化量均值和样本标准差分别服从正态分布和Weibull分布，并基于此对某长寿命GaAs激光器进行了可靠性评估；Sun等[20]假设某电容器不同时刻的退化量均服从正态分布，且分布的期望和标准差均是时间的函数，并利用此模型对样本缩减的T型退化试验数据进行退化建模和可靠性评估；Huang等[21]假设不同时刻退化量服从截断Weibull分布，且Weibull分布的形状参数是关于时间的函数，并利用金属裂纹数据对该模型的有效性进行了验证；Sun等[22]在对某型号高功率自愈式金属脉冲电容器失效机理分析的基础上，提出了一种用于描述退化量分布的Gauss-Poisson联合分布模型,并将该模型用于电容器可靠性评估中。与传统的基于 Weibull 分布的退化量分布模型相比,Sun 等[22]提出的 Gauss-Poisson 模型可靠性评估精度更高。退化量分布模型的优点是适用于不同样本退化轨道差异较大的场景[23],缺点是对试验样本量有一定要求,不适用于小样本情形。

上述退化量分布模型属于典型的参数模型,在建模时需要知道退化量分布的具体形式。但是,在实际工程中,并非每个测量点都有足够多的退化数据,因此有时很难确定退化量分布的具体形式。针对上述参数模型的不足,一些学者尝试利用比例风险退化模型进行退化量分布非参数建模。传统比例风险模型的建模对象是寿命数据,通过该模型描述多元协变量对失效风险函数的累积效应。Eghbali[24]在传统比例风险模型的基础上提出一种比例风险退化模型(Proportional Hazard Degradation Model,PHDM),该模型将研究对象从寿命数据的失效风险函数转化为退化量的失效风险函数,并将时间作为协变量,进而对多种类型应力组合下的加速退化数据进行退化量分布建模;Mohammed 等[25]也对上述基于加速退化数据的比例风险退化模型进行了研究,与传统退化量分布模型相比,该方法适用于退化量分布规律未知的预测场景;钟强晖等[26]和 Su 等[27]在其研究中将上述基于加速退化数据的比例风险退化模型推广到非加速退化数据情形,只考虑时间这一单一协变量,建立其与退化量之间的比例风险模型,进而实现非加速应力下的退化建模与可靠性评估。

3. 退化轨道模型

退化轨道模型直接从性能参数变化规律出发,假设不同样本的退化数据均服从某种形式的函数族,并利用不同样本退化模型参数的不同来刻画不同样本之间的差异性。常见的退化轨道函数有线性函数、指数函数、幂函数等。Lu 和 Meeker[28]认为退化轨道模型的参数可以分为随机效应参数和固定效应参数两类,随机效应参数是服从某种分布的多维随机变量,用来描述个体之间的差异,固定效应参数对所有样本是相同的,用来描述产品总体退化特征;在 Lu 和 Meeker 工作的基础上,Oliveira 等[29]以线性退化轨道为例,提出了三种寿命分布估计方法,即解析法、数值法和蒙特卡罗仿真方法;Freitas 等[30]将退化轨道模型应用到火车轮的性能退化建模中,分别运用解析法和数值法得到了火车轮的寿命分布;Weaver 等[31]利用线性退化轨道模型对产品寿命预测方法和费用-精度约束下的试验设计方法进行了详细阐述。

4. 随机过程模型

随机过程模型认为，产品在工作过程中面临包括自然环境变化、工况波动及内部材料异质等在内的多种随机因素，因此性能参数随时间的演变可以看作一种随机过程。利用随机过程进行退化建模时，通常假设性能参数在两时刻之间的变化量（也称退化增量）服从某种随机分布，常见的如正态分布、Gamma 分布、逆高斯分布等，对应的随机过程分别为 Wiener 过程、Gamma 过程和逆高斯过程。

Wiener 过程是一种非单调连续随机过程，起源于描述花粉随机游走的布朗运动。基于 Wiener 过程推导出的寿命（随机过程首次达到失效阈值的时间，简称首达时）分布具有封闭的解析表达式。凭借上述良好的数学性质，Wiener 过程被广泛应用于性能退化建模、可靠性评估和剩余寿命预测中。根据随机过程随时间的变化趋势不同，Wiener 过程又可以分为线性 Wiener 过程和非线性 Wiener 过程。Peng 和 Tseng[32]对线性漂移 Wiener 过程进行了研究，将其应用到线性退化型产品的退化建模中，并利用该退化模型推导出产品的寿命分布——逆高斯分布（Inverse Gaussian）；赵建印等[33]利用线性漂移 Wiener 过程对金属化膜脉冲电容器在线退化数据进行建模，实现了电容器的在线可靠性评估；Wang[34]对含随机效应的线性漂移 Wiener 过程进行了研究，假设漂移系数和扩散系数分别服从高斯分布和逆 Gamma 分布，利用 EM 算法得到模型参数极大似然估计值，并研究了基于 bootstrap 方法的寿命特征量区间估计方法；Li 等[35]将含随机效应的线性漂移 Wiener 过程用于卫星动量轮退化建模与可靠性评估，其在模型参数估计时同样采用了 EM 算法；针对非线性退化过程，Whitmore[36]通过对时间尺度进行变换，将变换后的模型转换为线性漂移 Wiener 过程，从而实现非线性退化型产品退化建模与可靠性评估；Pak 等[37]则提出了另外一种思路，首先对原始退化数据进行适当变换（如对数变换），经过变换的退化数据呈现出线性退化趋势，然后使用线性漂移 Wiener 过程对变换后的退化数据进行建模；Wang 等[38]在 Whitmore 模型的基础上，提出了一种广义 Wiener 过程退化模型，该模型可以对具有线性规律和多种类型非线性规律的退化数据进行建模，扩展了传统 Wiener 过程的使用范围。上述研究都只适用于具有单一规律的退化过程，Feng 等[39]则针对工程中经常出现的多阶段退化现象，提出了一种基于 Wiener 过程的多阶段退化建模方法，假设产品性能参数在不同退化阶段可以用参数不同的 Wiener 过程描述，最后将其模型应用到高能电容器可靠性评估中。

Wiener 过程是一种典型的非单调退化过程。工程中，一些产品性能参数退化是严格单调的（如金属裂纹的增长），此时用 Gamma 过程对其进行建模更为合适[40]。Gamma 过程是一种严格单调非减随机过程，广泛应用于退化建模、可靠性评估和维修决策中。Yuan[41]利用 Gamma 过程对核电站中某些元器件进行了退化建模和可靠性评估；Noortwijk[42]和 Tan 等[43]分别对 Gamma 过程在产品维修决策中的应用进行了研究和总结；Tsai 等[44]对随机过程退化建模中的模型误用问题进行了研究，利用 Wiener 过程对一组实际服从 Gamma 过程的退化数据进行建模，并分析了 Gamma 过程参数变化时模型误用对平均寿命估计精度的影响；Wang 等[45]针对产品退化过程中存在明显拐点的情形，提出了一种多阶段退化建模方法，在拐点前后分别用 Gamma 过程和 Wiener 过程对退化数据进行建模，最后利用所建模型实现了产品在线可靠性评估；Ye 等[46]还在上述研究的基础上对含随机效应的 Gamma 过程参数估计方法进行了研究。

逆高斯分布本来是一种基于线性漂移 Wiener 过程推导出的寿命分布类型，但因其具有非负增量、可叠加性等良好的数据性质，近年来有学者利用其对退化数据增量进行建模，并在其基础上提出一种新的随机过程——逆高斯过程[47]。Wang 等[48]对基于逆高斯过程的性能退化建模方法进行了研究，利用 EM 算法和 bootstrap 方法分别得到模型参数的点估计和区间估计，最后通过激光器退化数据对模型的有效性进行了验证；Peng 等[49]考虑产品个体间的不一致性，建立了三种具有不同随机效应参数的逆高斯随机过程模型，给出了模型参数的贝叶斯估计方法和产品在线可靠性评估方法，并通过仿真案例分析了可靠性评估结果对先验信息和样本数量的敏感性；Ye 等[50]对基于逆高斯过程退化模型的常应力加速退化试验设计方法进行了研究，将最小化分位点寿命渐进方差作为优化目标，给出优化后的应力水平选择方案和各应力水平下的样本分配方案。更多关于逆高斯过程退化建模、可靠性评估与剩余寿命预测的系统性研究成果可参考文献[51]。

1.2.1.2 变应力下退化建模与可靠性评估方法

上述传统退化建模方法研究的多是恒定应力下的退化过程，或者虽然产品工作应力非恒定，但建模时可以忽略应力变化给退化过程带来的影响。事实上，大多数产品的性能退化过程会受到温度、湿度、电压、负载、使用频次等诸多应力变量中一种或几种的影响。因此，当外界应力非恒定时，有必要在退化建模时考虑应力变化给退化过程带来的影响。工程上认为，应力变化给退化过程造成的最主要影响是会改变性能参数退化速率。例如，为了缩短试验时间，提高经济效益，人们在开展可靠性试验时常会提高应力水平以加速产品退化[52,53]，也称加速退化试验。加速退化试验中常见的应力剖面有恒定应力、步进应力、序进应力、周期应力等。目前，针对恒定应力[37,54]和步进应力[55,57]的加速退化建模方法较多，而针对序进应力[58]和周期应力的加速退化建模方法研究较少。

除在实验室条件下开展可靠性试验获取性能退化数据外，产品在现场工作条件下的性能参数监测数据（若有监测条件）同样是性能退化建模的重要信息来源。在现场条件下，受自然环境、工作负载等外界因素影响，产品实际经历的应力条件通常是复杂且随时间变化的，这与实验室条件下的确定性应力施加方式（如恒定应力、步进应力、序进应力等）又存在一定区别[59]。目前，针对复杂时变应力剖面的退化建模与可靠性评估方法相对少见。

1.2.1.3 多元退化建模与可靠性评估方法

对于多元退化型产品，其任何一个性能参数超出失效阈值都会导致产品失效。与一元退化建模相比，多元退化建模往往更为困难。Huang 等[60]假设各性能参数之间相互独立，对每个性能参数分别进行退化建模，最后通过串联模型得到产品整体的可靠性模型；Sari 等[61]考虑多个性能参数之间的相关性，首先用线性回归模型对每个性能参数进行退化建模，然后通过 Copula 函数将各性能参数的边际分布联系起来，得到产品的联合退化模型；Pan 等[62]对二元非线性退化过程进行了研究，首先用带时间变换的线性 Wiener 过程分别对两个性能参数进行退化建模，然后通过 Copula 函数将各性能参数退化增量边际分布联系起来，最终实现产品的可靠性评估；Hao 等[63]在 Pan 等工作的基础上，进一步考虑了模型参数中存在随机效应的情形，利用随机效应描述个体之间的不一致性；Pan 等[64]针对单调性变化二元退化过程，提出了一种二元 Gamma 过程退化模型，经过近似处理，推导出二维 Birnbaum-Saunders 分布及其边际分布，并利用该分布逼近产品真实寿命分布；Pan 等[65]还对两个部件组成的串联和并联系统可靠性评估方法进行了研究，假设每个部件的退化过程都可以用一元 Gamma 过程进行描述，且认为两个 Gamma 过程之间具有相关性，并利用马尔可夫链蒙特卡罗方法（Markov Chain Monte Carlo，MCMC）解决参数估计问题；在上述模型的基础上，Pan 和 Sun[66]还研究了二元退化过程下步进应力加速退化试验设计优化问题；潘正强[67]将其关于多元退化建模的多年研究成果总结在博士论文中，主要内容涉及二元退化过程可靠性评估方法及试验设计方法，并将相应方法扩展到了多元退化情形；Whitmore 等[68]从隐变量的角度研究二元退化问题，认为导致产品失效的关键性能参数是无法直接观测到的，但其与可观测的某些显变量之间存在一定的相关性，并通过二元 Wiener 过程对隐变量和显变量分别进行建模，最后推导出了产品的寿命分布。

1.2.2 数据驱动的剩余寿命预测方法综述

剩余寿命预测一直以来是 PHM 领域研究的热点方向，其研究对象是现场条件下处于工作状态的个体产品。过去受限于落后的数据采集、传输技术，剩余寿命预测研究多以实验室获取的数据为基础建立预测模型，然后直接将该模型应用到外场工作产品上。与稳定可控的实验室环境相比，很多产品实际工作过程中面临的自然环境、工况负载是不断变化的，这些因素可能通过多种方式改变产品性能退化规律，影响其剩余寿命。例如，锂离子电池容量衰减过程由环境温度、负载电流等因素共同决定；风力发电机涡轮故障间隔时间受到风速、转速等的影响。上述因素不仅在不同产品个体间存在差异，即使是同一个体，在其全寿命周期中也不是一成不变的。近年来，随着传感器、物联网、云存储等技术的发展，很多产品工作期间具备实时采集、监测现场数据的条件。"万物互联"为获取产品现场大数据提供了可能，同时也对剩余寿命预测方法提出了新的要求。此外，一些产品全寿命周期中多个反映其健康状态的性能参数均随着工作或存储时间延长而不断退化,共同决定产品的失效时间和给定时刻的剩余寿命,相比单参数退化过程,其剩余寿命预测会更加复杂。

1.2.2.1 传统剩余寿命预测方法现状

Si 等[69]对产品剩余寿命预测方法进行了综述,将其分为失效物理方法、人工智能方法和统计数据驱动方法三类。其中,失效物理方法需要对产品潜在失效机理有深入的理解,并在其基础上建立动力学模型,对大部分产品而言,上述过程需要大量的时间和经济投入,实施起来较为困难。人工智能方法是一种利用机器学习预测剩余寿命的方法,通过训练建立输入(观测量)和输出(剩余寿命)之间的"黑箱"映射模型,常见的有神经网络、高斯过程、支持向量机等模型,以及上述模型的混合优化方法等。这类方法的预测精度依赖大量有标记的训练样本,对长寿命、高可靠这类缺少足够失效数据的产品并不友好。相比而言,统计数据驱动的剩余寿命预测方法实施起来相对容易,工程上应用得也最为广泛。统计数据又分为失效数据和退化数据,目前统计数据驱动的剩余寿命预测方法主要是基于退化数据开展的。早期,人们只关注产品的失效数据,并试图直接通过产品总体寿命分布推导出任意给定时刻的剩余寿命分布。例如,文献[70]在对激光发射器和陀螺仪进行剩余寿命预测时就用到了上述方法。但是,该方法得到的结果描述的是这一类产品总体的剩余寿命分布规律,而没有考虑个体产品之间可能存在的差异。近年来,统计数据驱动的剩余寿命预测方法更倾向于通过融合总体历史信息与个体现场退化数据来实施在线剩余寿命预测[71]。该方法在实施过程中首先需要对产品性能参数进行退化建模,然后结合现场退化数据对模型参数进行实时更新,最后利用更新后的退化模型预测产品剩余寿命。国内外文献中几种常见的统计数据驱动的剩余寿命预测方法包括基于回归模型的剩余寿命预测方法、基于随机过程的剩余寿命预测方法、基于马尔可夫模型的剩余寿命预测方法、基于比例风险模型的剩余寿命预测方法等。

1. 基于回归模型的剩余寿命预测方法

常见回归模型形式有线性模型、指数模型、幂函数模型、多项式模型等。基于回归模型的剩余寿命预测方法在工程上应用非常广泛。利用该方法进行剩余寿命预测时，通常需要假设回归模型的一些参数为随机效应参数，即这些参数是服从某种分布的随机变量，产品在工作过程中，通过实时采集性能参数数据可以不断更新这些参数的分布，进而实现精确追踪性能参数变化趋势和准确预测剩余寿命的目的。Gebraeel 等[72]利用线性回归模型对产品剩余寿命预测方法进行了研究，通过贝叶斯公式实时模型随机效应参数分布更新，从而将产品历史信息与现场采集的退化数据联系起来，并由此分别推导出高斯噪声误差和布朗运动误差下的剩余寿命分布；Gebraeel 等在之前工作的基础上，又分别对性能参数服从指数退化规律[73]及缺少先验信息[18]时的产品剩余寿命预测方法进行了探讨；此外，Chakraborty 等[74]和 Elwany 等[75]也分别对基于回归模型的产品剩余寿命预测问题进行了系统性研究。

2. 基于随机过程的剩余寿命预测方法

近年来，基于随机过程的剩余寿命预测方法得到国内外学者广泛关注，预测时最常用的随机过程是 Wiener 过程和 Gamma 过程。1.2.1.1 节提到，线性漂移 Wiener 过程因首达时分布具有解析表达式这一良好数学性质，被广泛应用于退化建模和可靠性评估中。与基于回归模型的剩余寿命预测思路类似，利用 Wiener 过程进行剩余寿命预测时也需要将模型参数分为随机效应参数和固定效应参数。Si 等[76]使用线性漂移 Wiener 过程描述产品性能参数退化规律，当获取到现场退化数据后，通过贝叶斯公式和 EM 算法实时更新随机效应参数分布，最后推导得到剩余寿命分布解析表达式；Si 等[77]还对基于非线性漂移 Wiener 过程的剩余寿命预测方法进行了研究，结果表明考虑退化过程中的非线性可以显著提高剩余寿命预测精度；Wang 等[78]提出了一种基于广义 Wiener 过程的剩余寿命预测方法，通过强追踪滤波算法更新模型参数，并推导出剩余寿命分布解析表达式，该方法适用性较强，针对线性、非线性退化过程都具有较高的预测精度；Tang 等[79]利用考虑测量误差的线性漂移 Wiener 过程对锂离子电池开展剩余寿命预测，将容量作为关键性能参数进行退化建模，对比了三种模型初始参数估计方法——极大似然估计、贝叶斯估计和 EM 算法，最后利用贝叶斯公式实时更新模型参数。上述提到的剩余寿命预测方法存在一个共同点，即在离线阶段对退化模型初始参数进行估计时，用到的历史信息都是同类型产品退化数据。工程上，历史信息除了退化数据，还可能包括很多同类型产品的寿命数据。彭宝华等[80]针对以历史信息为寿命数据的情形,利用线性漂移 Wiener 过程对产品进行退化建模和剩余寿命预测,并利用 EM 算法开展退化模型初始参数估计。相比 Wiener 过程,Gamma 过程因其模型形式较为复杂,在剩余寿命预测中应用相对偏少,典型的应用有:张英波等[81]研究了基于 Gamma 过程的直升机主减速器行星架剩余寿命预测方法;Lawless 等[40]将退化协变量引入 Gamma 过程退化模型,并基于该模型对产品剩余寿命预测问题进行了研究。

无论是回归模型还是随机过程模型,利用其对产品进行剩余寿命预测时都存在一个共同的关键步骤,即结合历史先验信息和现场退化数据推导模型随机效应参数后验分布。当退化模型形式简单(如线性回归模型、线性漂移 Wiener 过程模型)且随机效应参数先验分布取特定形式(如共轭先验分布)时,可以通过贝叶斯公式推导出具有解析形式的后验分布。但是,对于一些退化模型复杂、随机效应参数较多、参数先验分布形式复杂(或未知)的情形,利用贝叶斯公式很难推导出随机效应参数后验分布解析表达式。当然,利用 MCMC 方法可以给出上述情形下随机效应参数后验分布的数值解,但工程上更普遍的做法是使用粒子滤波方法序贯更新随机效应参数分布。粒子滤波方法的基本思想是用一定数量的随机样本(粒子)来描述概率分布,然后在现场数据的基础上,通过调节各粒子权重的大小来近似估算后验概率分布。原则上,粒子滤波方法可用于任意非线性、非高斯随机系统的状态估计(模型参数也可以看作系统状态之一,因此可以认为参数更新是一种特殊的状态估计)[82,83]。在运用粒子滤波方法进行剩余寿命预测时,模型参数、性能参数都可以看作系统状态,通过建立合理的状态转移模型,可以序贯地得到退化模型参数和关键性能参数后验分布,进而结合失效阈值实现剩余寿命预测。例如,Xing 等[84]提出了用一种复杂组合模型对锂离子电池进行容量退化建模和剩余寿命预测,并利用粒子滤波方法实现模型参数更新;Marine 等[85]在粒子滤波框架下,提出了一种用于 PEM 燃料电池剩余寿命在线预测的方法;Li 等[86]针对粒子滤波算法中粒子多样性随更新次数增加逐渐贫化的问题,提出了一种突变粒子滤波方法,并将其应用到电池状态评估与剩余寿命预测中;Enrico 等[87]利用粒子滤波方法对非线性退化型产品的剩余寿命预测方法进行了研究,并将其成功应用到金属裂纹增长预测中；Jin 等[88]使用带测量误差的线性漂移 Wiener 过程对卫星锂离子电池容量数据进行退化建模，首先利用剖面极大似然估计方法离线估计模型初始参数，然后利用粒子滤波方法在线更新模型参数，最后实现电池剩余寿命预测；Dawn 等[89]给出粒子滤波框架下基于回归模型估计产品剩余寿命分布的 Matlab 算法代码，并分别以锂离子电池容量退化和金属裂纹扩展为例验证了其算法的有效性。

3. 基于马尔可夫模型的剩余寿命预测方法

马尔可夫模型属于一种无记忆模型，在利用其进行剩余寿命预测时，通常将退化过程离散成有限的状态空间 $\phi=\{0,1,2,\cdots,N\}$，并假设表征产品健康水平的状态变量在状态空间中不断转移，其中 0 对应初始状态，N 对应失效状态，产品未来的状态只与当前状态有关（无记忆性）。文献[90,91]对利用马尔可夫模型进行退化建模时的首达时分布进行了研究，并基于首达时分布研究了产品在线更换与维修策略制订问题。Kharoufeh 等[92,93]在马尔可夫模型假设的基础上，对产品可靠性评估和剩余寿命预测等问题进行了一系列研究；Giorgio 等[94]在利用马尔可夫模型进行退化建模时，认为两种状态之间的转移概率不但与当前状态有关，还与系统的老化程度有关。

4. 基于比例风险模型的剩余寿命预测方法

比例风险模型是统计学中一种常见的生存模型，其通过线性回归方程将协变量与产品失效率联系起来，因此可以较容易地描述不同协变量对产品寿命的影响[95]。目前，一些研究人员将比例风险模型应用到产品剩余寿命预测中，并取得了较好的效果。Vlok 等[96]利用比例风险模型对轴承的剩余寿命进行了预测，并在此基础上对轴承预防性维修策略进行了研究；Sun 等[97]在比例风险模型的基础上提出了一种比例协变量模型，利用加速寿命试验数据和现场监测数据进行寿命建模，并基于现场监测数据实现模型的在线更新，最后将该方法用于某机械系统的剩余寿命预测中；李小波等[98]对基于比例风险模型的装备剩余寿命预测问题进行了研究，并以发动机上的某类轴承为例，将剩余寿命预测结果应用到了产品维修决策中。

5. 其他剩余寿命预测方法

除上述经典方法外，一些学者还针对较复杂情形下的剩余寿命预测问题进行了研究。Wang[99]对两阶段退化过程中的剩余寿命预测方法进行了研究，并利用第二阶段的退化数据更新模型参数，进而实现了产品剩余寿命预测；Son 等[100]提出了一种含拐点退化过程的联合预测模型，他们认为拐点出现会增加产品的失效概率，并基于此对产品剩余寿命预测方法进行了研究；Chen 等[101]和 Lin[102]也分别对含拐点退化过程的剩余寿命预测问题进行了研究；Wang 等[103]对考虑维修影响时的剩余寿命预测问题进行了研究，其利用 Wiener 过程描述产品性能退化，并假设每次维修会造成性能参数一定程度的恢复，且恢复值是服从某种分布的随机变量；Wang 等[104]对退化与冲击竞争失效情形下的产品剩余寿命预测问题进行了研究；Cheng 等[105]提出了一种较新的锂离子电池剩余寿命预测方法，利用函数性主成分分析方法建立容量退化模型，基于贝叶斯公式实现模型在线更新，并通过仿真方法实现剩余寿命预测，该模型跟踪能力较强，能在监测到性能参数退化轨道发生突变后很快地调整模型参数。

上述剩余寿命预测方法大多是基于部件级产品的，一些学者还研究了系统级产品的剩余寿命预测方法。系统级产品剩余寿命预测主要分为两部分：一是构成系统的各部件的剩余寿命预测；二是构成系统的各部件之间的关系建模。例如，Van 等[106]就系统级产品剩余寿命预测方法及维修策略制订等问题进行了研究，并取得了一定成果。

1.2.2.2 常见模型更新与失效推断方法

退化模型在线更新是剩余寿命预测区别于可靠性评估的主要地方。由于工艺、材质、环境等因素的随机性，同批次产品不同个体工作期间退化规律会有所差异。为描述这种差异，Lu 和 Meeker[28]将退化模型参数分为固定效应参数和随机效应参数，前者为常量，刻画同类产品的共性特征；后者为随机变量，描述不同个体间的差异性。剩余寿命预测的关键步骤是在贝叶斯理论框架下更新随机效应参数后验分布，使退化模型逼近个体真实退化规律。常用的更新方法有解析法、MCMC 法、贝叶斯滤波法等。解析法需根据退化数据似然函数选择合适的共轭先验分布,在该假设下随机效应参数先验、后验分布均存在解析形式,故可直接推导后验分布解析表达式,计算效率很高,如 Gebraeel[73]、Si 等[76]在其研究中常采用该思路。但是,常见的共轭分布族较少,并不总能找到,故解析法有一定局限性。当退化模型复杂或随机效应参数维数较高导致后验分布不存在解析表达式时,可借助 MCMC(马尔可夫链蒙特卡罗)法近似计算后验分布[107, 108]。但是,MCMC 法作为一种数值算法,计算效率低、耗时长,不适用于对时效性要求高的在线预测场景。滤波法最初用于运动状态追踪,近年来很多学者用其解决剩余寿命预测中的退化模型更新问题。在实施时,一般将模型参数看作状态量,将退化数据看作观测量,通过建立状态方程和观测方程实现状态量递推更新。例如,Wang 等[109]、Duong 等[110]利用卡尔曼滤波(Kalman Filtering,KF)及其扩展方法,Wang 等[78]、Si 等[111]利用强跟踪滤波(Strong Tracking Filtering,STF),Jin 等[88]、Wei 等[112]利用粒子滤波(Particle Filtering,PF)开展剩余寿命预测研究。其中,粒子滤波方法对先验分布、噪声类型均无特别要求,应用范围较广,是近年来剩余寿命预测研究的热点方向,但其在应用中也存在粒子退化、贫化等瓶颈问题。

剩余寿命预测的最终目的是结合失效阈值推断失效时间分布,得到剩余寿命概率密度函数,进而计算其期望值、分位点值及置信区间等指标。上述指标可为产品在线健康管理、视情维修等管理活动提供优化模型的条件输入。估计剩余寿命分布,首选计算效率最高的解析推导法。例如,Wiener 过程首达时定义的剩余寿命服从逆高斯分布或其扩展形式[113]。但由于涉及随机效应参数积分,很多复杂退化模型对应的剩余寿命分布无法得到解析表达式,此时一般借助蒙特卡罗仿真技术进行数值求解[114,115]。

1.2.2.3 动态环境下的剩余寿命预测方法研究现状

剩余寿命预测的主要对象是在线工作产品。产品在实际工作过程中,所经历的应力往往是随时间不断变化的,这与理想的实验室环境有很大差别。目前大部分关于剩余寿命预测的研究均假设产品在理想环境下工作,而没有考虑应力变化可能对性能退化规律造成的影响,这往往导致剩余寿命预测结果与真实值存在一定偏差。因此,时变环境或应力下的剩余寿命预测是工程上一个亟待解决的难题。例如,Khelif 等[116]在研究锂离子电池剩余寿命预测时提出，传统剩余寿命预测方法无法描述工作条件变化对产品性能的影响，因此在很多情况下都难以直接将其应用到工程实践中；Zhang 等[117]在其关于剩余寿命预测的综述性文章中提出，个体退化规律出现不一致性的因素主要有个体差异、自然环境变化和工作负载变化三点，其中后两者都可以归结为时变应力问题。

研究发现，剩余寿命预测相关文献在介绍产品工作环境时经常提到"恶劣""动态""复杂""随机"等修饰词，但真正建模预测时往往较少考虑上述情况。原因在于，开展动态环境下剩余寿命预测，需要在退化建模和在线更新阶段考虑环境变动影响，并在预测阶段考虑未来环境状态变化规律，难度大大增加。传统解决思路是将环境因素看作协变量，利用比例风险模型（也称 Cox 回归模型）建立协变量与寿命分布之间的关系[118]。但该方法需要大量不同环境状态下的失效样本，且无法有效利用性能退化信息。在性能退化框架下，Gebraeel 等[119]利用随机效应回归模型对时变环境下工作的产品进行剩余寿命预测，并假设多个环境因素对随机效应参数的影响是可以线性叠加的。Bian 等[120]研究了动态环境下的剩余寿命预测问题，在线性加速方程假设下给出退化模型参数在线更新公式。Mosallam 等[121]考虑了不同温度和电流对锂离子电池剩余寿命的影响，利用 K 近邻算法和高斯过程回归实现电池剩余寿命预测，该方法与传统方法相比预测精度大大提高；You 等[122]提出了两种时变应力下的退化模型参数更新方法，对环境状态做了离散化处理，以进一步降低参数更新的难度，并分别基于线性回归模型和指数回归模型实现产品剩余寿命预测，但剩余寿命预测阶段仍假设未来环境应力为某个恒定值。Liu 等[114]利用解析推导和蒙特卡罗仿真分别给出未来恒定应力和时变应力两种剖面下的剩余寿命分布估计方法，并结合锂离子电池实例对方法有效性进行了验证。此外，一些学者还对现场环境变化规律进行了建模，并在此基础上开展剩余寿命预测研究。例如，Kharoufeh 等[123]在对产品进行寿命预测和剩余寿命预测时，将环境变化看作一种有限空间里的马尔可夫过程，并假设性能参数退化率是与该过程状态相关的随机变量；Flory 等[124]、Tang 等[125]用马尔可夫过程描述环境状态随时间变化的规律，对环境状态进行离散化处理得到状态转移矩阵，并开展剩余寿命预测研究。Si 等[126]研究了工作状态切换下的剩余存储寿命预测问题，假设设备在存储状态下性能退化缓慢，切换至服役状态后性能退化明显加快，并利用连续时间马尔可夫链对切换时间进行建模。需要指出的是，上述研究大多只考虑了环境变化对产品性能参数退化速率的影响，但实际情况可能更加复杂。例如，Bian 等[127]、Li 等[128]还分别研究了环境状态变动会同时引起退化速率变化和性能参数突变时的剩余寿命预测问题。

1.2.2.4 多元退化过程下剩余寿命预测方法研究现状

上述剩余寿命预测方法适用于只有单个性能参数的产品。当产品存在多个性能参数时，尤其是当多个性能参数间存在相关性时，会给剩余寿命预测增加很多困难。有些学者在进行多参数退化型产品剩余寿命预测时，首先分别对每个性能参数进行剩余寿命预测，然后利用串联模型得到产品整体的剩余寿命分布，但这种方法要求各性能参数之间相互独立。目前，针对多个性能参数相关情形下的剩余寿命预测方法研究还比较少。Wang 等[129]对双参数退化型产品剩余寿命预测方法进行了研究，首先用带时间变换的 Wiener 过程分别对每个性能参数进行退化建模，然后用 Copula 函数将两个性能参数退化增量边际分布联合起来以描述其相关性，在获取到现场数据后，通过强追踪滤波方法更新模型参数，并最终推导出产品剩余寿命分布；在上述工作的基础上，Wang 等[130]又对存在测量误差情形下的双参数退化型产品剩余寿命预测方法进行了探讨；张建勋等[131]研究了基于 Copula 函数的多元退化型产品剩余寿命预测问题，提出了一种方差时变的正态随机过程，用于对每个性能参数单独退化建模，利用现场数据分别更新每个退化模型的参数，并推导出相应的剩余寿命分布，最后利用 Copula 函数将各剩余寿命分布联合起来实现产品整体剩余寿命预测。

1.3 本书内容安排

1.3.1 存在的问题

分析表明，退化建模是产品可靠性评估和剩余寿命预测的基础。国内外文献中对基于简单退化模型的可靠性评估与剩余寿命预测方法的研究已经比较充分，但针对一些典型复杂退化过程的相关方法研究仍存在不足，主要表现为以下几点。

（1）复杂应力剖面下的退化建模与可靠性评估问题。产品在实际工作过程中，尤其是在现场条件下，受外界因素影响，应力剖面通常是较为复杂的。应力对退化过程的影响可以分为两种：一种是常见的加速效应，另一种是文献中较少提及的补偿效应。传统文献在对复杂应力剖面下退化过程建模时，通常会忽略应力对退化过程的影响，或者只考虑应力的加速效应。事实上，对于某些产品，应力的两种效应是同时存在的，因此需要进一步完善复杂应力剖面下的退化建模方法及基于性能退化理论的可靠性评估方法，提高退化模型的精确度和可靠性评估的准确度。

（2）时变应力下的产品剩余寿命预测问题。传统剩余寿命预测方法为降低预测难度，通常选择忽略应力对产品性能退化过程及剩余寿命预测结果造成的影响。事实上，对于大多数产品，应力对退化过程的加速效应是普遍存在的，补偿效应是可能存在的。因此，在对产品做在线剩余寿命预测时，要指明是在哪种应力等级下或应力剖面下预测的，而传统文献往往忽略了这一点。

（3）多元退化型产品剩余寿命预测问题。传统剩余寿命预测方法假设产品只有一个关键性能参数。对于一些功能、结构复杂的产品，其性能退化过程中可能同时存在多个导致产品失效的关键性能参数，且这些参数相互作用、彼此影响。因此，需要研究多元退化过程中的产品剩余寿命预测问题。与只考虑单个性能参数的传统剩余寿命预测方法相比，同时考虑多个相关的性能参数可以提高剩余寿命预测精度。但与此同时，随着性能参数的增加，退化模型复杂度也大大增加，反过来会增加剩余寿命预测的难度。

（4）融合历史信息与现场数据的复杂退化模型参数更新问题。剩余寿命预测的核心环节是退化模型在线更新，目的是将历史信息与现场数据融合起来，实时调整退化模型参数使之能够更准确地描述产品在现场条件下的真实退化规律。对于简单退化模型，只要随机效应参数先验分布类型选取得当，即可通过贝叶斯公式推导出其后验分布解析表达式。但是，对于时变应力或多元退化过程中的复杂退化模型，很难推导出随机效应参数的后验分布解析表达式。

（5）基于复杂退化模型的剩余寿命分布估计问题。剩余寿命预测的核心问题是得到剩余寿命这一随机变量的概率密度函数。传统的剩余寿命预测方法在退化建模时选用的多是简单退化模型，如常见的线性回归模型、线性漂移 Wiener 过程模型等，很容易推导出这类模型剩余寿命分布概率密度函数解析表达式。但对于复杂退化过程，由于描述其性能退化规律的退化模型形式复杂，因此一般很难得到解析形式的剩余寿命分布概率密度函数。

1.3.2　本书章节安排

本书以几种常见的具有复杂退化规律的退化过程为研究对象，对其性能退化建模、可靠性评估、剩余寿命预测等关键技术展开探讨，用 7 章内容对相关问题进行了阐述，具体结构如下。

第 1 章，绪论。本章回顾了性能退化理论及基于该理论的寿命预测方法的国内外研究现状，指出当前方法中存在的问题和不足，并给出了解决思路。

第 2 章，基础知识。本章对本书中涉及的基础理论及基本概念进行了阐述，具体包括常见寿命指标、性能退化理论及模型、加速退化理论及模型等内容。

第 3 章，复杂应力剖面下退化轨道建模及寿命预测。本章提出考虑应力加速效应与补偿效应的改进退化轨道模型，并研究了基于该退化模型的产品可靠性评估方法。首先，对传统通用退化轨道模型及基于该模型的可靠性评估方法进行了回顾；通过引入应力加速函数与应力补偿函数对传统通用退化轨道模型进行了改进；然后，基于伪寿命法进行产品可靠性评估，推导出产品考虑应力影响的寿命分布模型和可靠度函数。最后，将所提模型和方法应用在复杂温度应力剖面下的锂离子电池容量退化建模与可靠性评估中。

第 4 章，考虑应力加速的 Wiener 过程建模及寿命预测。本章构建了基于 Wiener 过程和线性加速方程的时变应力下性能退化模型，并研究了基于此模型的时变应力下产品寿命预测方法。首先，研究了考虑应力加速效应的

Wiener 过程退化建模和模型初始参数估计方法,给出其可靠性评估模型;其次,研究了贝叶斯理论框架下的退化模型在线更新方法;然后,分别研究了未来恒定应力剖面和时变应力剖面下的剩余寿命分布估计方法;最后,将所提模型和方法应用到锂离子电池时变充放电倍率下的剩余循环寿命预测中,通过与传统不考虑应力效应的剩余寿命预测结果进行对比,验证了本章所提方法的有效性。

第 5 章,考虑应力加速-补偿的 Wiener 过程建模及寿命预测。本章构建了考虑应力加速-补偿复合效应的 Wiener 过程退化模型,并在此模型基础上给出了时变应力下的产品可靠性评估和剩余寿命预测方法;作为第 4 章方法的扩展,本章通过引入应力补偿效应,进一步修正了应力变化对性能参数测量值可能带来的影响,并分别推导出退化模型随机效应参数更新、可靠性评估及剩余寿命分布的解析表达式;最后,利用时变温度下的锂离子电池容量退化数据验证了所提方法的有效性。

第 6 章,基于二元 Wiener 过程的退化建模及寿命预测。本章通过建立基于二元线性漂移 Wiener 过程的性能退化模型,探讨了二元退化型产品寿命预测中的一些关键问题。首先,给出基于历史二元退化数据的模型初始参数估计及可靠性评估方法;其次,研究了贝叶斯理论框架下的二元线性漂移 Wiener 过程模型在线更新方法;再次,研究了基于蒙特卡罗仿真的二元退化过程下剩余寿命分布近似估计方法;最后,利用锂离子电池容量-能量双参数退化情形下的剩余寿命预测案例验证了本章所提方法的有效性和优越性。此外,还结合数值仿真案例对模型更新能力对初始参数估计值的敏感性进行了分析和讨论。

第 7 章,基于 Copula 函数的多元退化建模及寿命预测。本章在第 6 章基础上,研究给出了一种适用范围更广、可扩展性更强的多元退化模型——基于 Copula 函数的多元退化模型。首先,给出了模型初始参数估计及可靠性评估方法;然后,在粒子滤波框架下,给出了模型关键参数的在线更新方法;最后,依托数值仿真案例和锂离子电池容量-能量双参数退化案例,对方法的有效性和适用性展开验证。

本书各章节关系如图 1.5 所示。

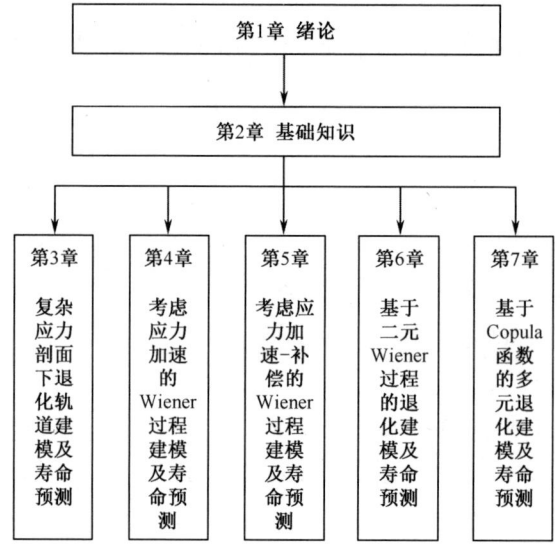

图 1.5　本书各章节关系图

第 2 章

基础知识

2.1 引言

寿命预测、可靠性评估、剩余寿命预测、预测与健康管理,这些概念经常出现在工程领域和学术著作中,彼此既有联系又有区别。很多文献中未对上述概念做详细区分,有些甚至混用了部分概念,导致在实际工程应用时出现概念、定义混淆,使用户、设计方等在交流时产生不必要的误解。什么人关注产品总体寿命?什么人又关注产品个体寿命?可靠度公式和寿命分布之间是什么关系?对于缺乏足够失效样本的长寿命产品如何开展可靠性评估和寿命预测?加速寿命试验和加速退化试验之间有什么区别和联系?加速试验如何开展,加速应力剖面如何设置?为了帮助读者厘清上述问题,本章从基础理论和基本概念出发,对本书内容涉及的知识点——寿命相关定义及区别联系,不同类型寿命预测关注的内容、常见性能退化模型、加速退化理论等进行系统梳理和简要介绍。

本章对本书用到的基础理论、相关概念等进行了介绍和梳理,包括常见寿命预测内容及关注指标、常见退化模型和加速试验理论三部分。

2.2 寿命预测概述

寿命是指产品从诞生到失效所经历的时间长度。根据产品工作用途不同,这里的"时间"既可以是狭义上的日历时间(如年、月、日),也可以是里程、循环数等具有其他物理量纲的广义时间。

以图2.1中的四类产品为例,其用于定义寿命的时间单位分别为年、千米数、周期数、发射次数。事实上,即使是对于同一类产品,其定义寿命的"时间"也可能不止一种。例如,同样是蓄电池,当其用作电动汽车、便携式电子产品电源时,人们更关注其充放电循环寿命,而当其用作不间断电源

（Uninterruptible Power Supply，UPS）时，人们更关注其存储/日历寿命。

（a）化学药剂（年）

（b）轮胎（行驶里程）

（c）风力发电机（周期数）

（d）手枪（发射次数）

图 2.1　不同类型产品的寿命单位

工程上，由产品寿命延伸出的相关指标很多，常见的如平均寿命、分位点寿命、可靠度、剩余寿命等。实施上，这些指标之间或多或少存在一些内在关联。

2.2.1　寿命与剩余寿命

同生物体寿命一样，产品寿命亦是指其从"出生"到"死亡"所经历的时间长度。显然，对于同一类产品，不同个体的自身质量或工作环境均存在差异，因而其寿命往往不同。因此，给定类型产品的寿命往往可以看作一个服从某种分布的随机变量，记为 T。寿命预测的核心工作即是利用统计推断方法估计 T 的分布，进而对其统计特征展开分析。也就是说，如果不做特别说明，寿命是针对某一类产品而言的，它反映的是这类产品整体的质量情况。

剩余寿命是指工作到某个时刻 τ 的产品，其距离失效还能继续工作的时间长度。通常，剩余寿命是针对工作中的某个具体产品进行定义的（当然也有针对产品总体的剩余寿命概念，但本书不涉及）。由于未来情况未知，因此给定时刻 τ，某产品剩余寿命理论上也是一个随机变量，记为 l。同寿命预测一样，剩余寿命预测的核心工作也是利用统计推断方法估计随机变量 l 的分布，进而对其统计特征展开分析的。

寿命与剩余寿命的关系如图 2.2 所示。

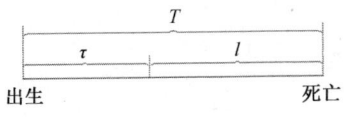

图 2.2　寿命与剩余寿命的关系

2.2.2 寿命与可靠度

寿命 T 是一个随机变量,其统计特征可由概率密度函数(Probability Density Function,PDF)或累积分布函数(Cumulative Distribution Function,CDF)描述,分别记为 $f(t)$ 和 $F(t)$。显然,有

$$F(t)=P(T<t)=\int_0^t f(t)\mathrm{d}t \tag{2.1}$$

那么,结合 PDF,即可进一步定义产品的平均寿命。对于可修产品,平均寿命也称平均故障间隔时间(Mean Time between Failure,MTBF),对于不可修产品,平均寿命又称平均失效前时间(Mean Time to Failure,MTTF)。本书不考虑产品修复情况,故记平均寿命为 MTTF,其计算公式为

$$\mathrm{MTTF}=\int_0^\infty t\cdot f(t)\mathrm{d}t \tag{2.2}$$

可靠性是指产品在规定条件下、规定时间内完成规定功能的能力,可靠度是可靠性的概率度量。通俗来说,给定时刻 t,可靠度 $R(t)$ 是指产品在 t 时刻可以正常工作的概率,即

$$R(t)=P(T>t)=1-\int_0^t f(t)\mathrm{d}t \tag{2.3}$$

显然,$R(t)=1-F(t)$。也就是说,不管是产品寿命的概率密度函数、累积分布函数还是可靠度函数,其都是对寿命 T 这一随机变量统计特征的刻画和描述,只不过出发视角有所不同而已。因此,可以认为,产品可靠性评估和寿命预测/评估(这里指总体寿命)本质上属于同一类工作。

需要说明的是,除式(2.2)外,平均寿命 MTTF 还可以用式(2.4)计算得到,即

$$\mathrm{MTTF}=\int_0^\infty R(t)\mathrm{d}t \tag{2.4}$$

其推导过程如下:

$$[tR(t)]'=R(t)+tR'(t)=R(t)-tf(t)$$

于是有

$$\begin{aligned}\mathrm{MTTF}&=\int_0^\infty R(t)\mathrm{d}t-\int_0^\infty [tR(t)]'\mathrm{d}t\\&=\int_0^\infty R(t)\mathrm{d}t-tR(t)\Big|_0^\infty\\&=\int_0^\infty R(t)\mathrm{d}t\end{aligned}$$

失效率 $\lambda(t)$ 是可靠性工程人员关注的一项指标，其指工作到时刻 t 尚未失效的产品，在该时刻之后单位时间内发生失效的概率。于是有

$$\lambda(t) = \frac{P(T \leq t+\Delta t \mid T \geq t)}{\Delta t} = \frac{P(t \leq T \leq t+\Delta t)}{\Delta t \cdot P(T \geq t)} = \frac{F(t+\Delta t) - F(t)}{\Delta t \cdot R(t)} \quad (2.5)$$

当 $\Delta t \to 0$ 时，得到

$$\lambda(t) = \frac{f(t)}{R(t)} \quad (2.6)$$

除平均寿命外，工程上有时还会对产品的可靠寿命（也称分位点寿命）感兴趣，其定义如下：

若

$$R(T_q) = q \quad (2.7)$$

则 $T_q = R^{-1}(q)$ 称为产品的 $100q^{th}$ 分位点寿命。

2.2.3 寿命预测、可靠性评估与剩余寿命预测

经过上述分析可知，寿命和可靠度通常是针对某一类产品总体而言的，寿命分布估计和可靠性评估本质上都是对产品总体寿命统计特征的刻画，只不过其关注的统计量有所差异而已，如 CDF、PDF、$R(t)$、$\lambda(t)$、MTTF、T_q 等，这些统计量最终都是由寿命这一随机变量的分布决定的。

剩余寿命通常是针对某类产品总体中的某个个体产品而言的，剩余寿命预测是对个体在给定时刻剩余寿命这一随机变量分布的估计，工程上常用其 PDF、平均值、中位值、置信区间等统计量进行刻画。剩余寿命预测方法包括数据驱动方法、失效物理方法、融合方法等。数据驱动方法又可分为机器学习方法和性能退化方法，本书主要关注后者。虽然近年来以机器学习为代表的"黑箱模型"在剩余寿命预测中取得了一些成果，但由于其物理可解释性差，需要一定数量失效数据作为训练样本，且难以对剩余寿命的不确定性进行度量，应用范围受到一定限制[132]。在性能退化方法框架下，剩余寿命预测主要包括三方面工作[69]：一是建立描述产品性能参数随时间变化的退化模型；二是结合现场监测数据实时更新模型参数，修正模型精度；三是根据失效阈

值推断剩余寿命分布。剩余寿命预测方法体系及研究思路如图 2.3 所示。

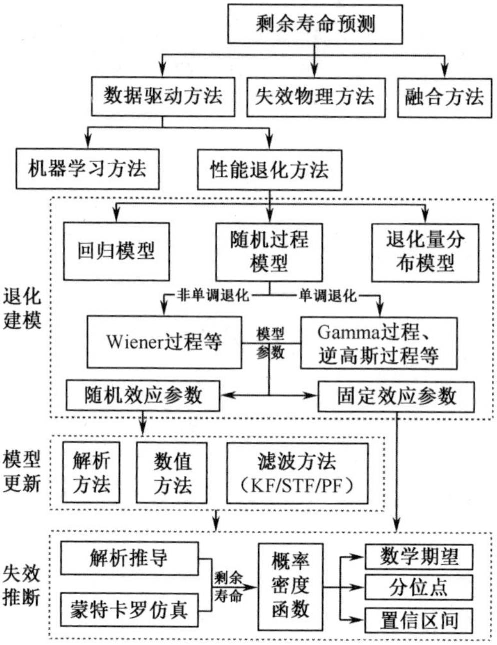

图 2.3 剩余寿命预测方法体系及研究思路

总结发现，寿命和可靠性多是针对某一类产品总体而言的，剩余寿命多是针对某个产品个体而言的。也就是说，可以将产品寿命预测分为总体寿命预测和个体寿命预测两大类，前者主要解决总体寿命分布估计或可靠性评估问题（本质上为一类问题），后者重点解决剩余寿命预测问题。

2.3 常见退化模型

性能退化理论近年来在长寿命、高可靠产品寿命预测中占据了主导地位。研究表明，70%～80%的产品失效是性能退化导致的。对于退化失效型产品，其寿命可定义为从出厂到性能参数首次到达失效阈值的时间，剩余寿命可定义为当前时刻至性能参数首次到达失效阈值的时间。性能退化理论起源于 20 世纪 70 年代，20 世纪 80 年代末以 Lu、Meeker、Nelson 等为代表的国际可靠性专家将性能退化理论引入可靠性评估领域，2000 年左右我国学者逐步开始研究该理论。

传统寿命预测方法主要基于寿命数据（也称失效数据），其过程如图 2.4 所示。首先，利用可靠性寿命试验获取一定量的失效数据；其次，选择合适的随机分布对失效数据样本进行拟合，估计分布模型参数；最后，利用随机分布推导出寿命的概率密度函数、累积分布函数、可靠度函数、失效率函数等，并计算寿命期望值、分位点值、置信区间等统计特征量。需要说明的是，该方法对失效数据样本有一定要求，在小样本或极小样本下较难开展，评估的可信度不高，对样本变化较为敏感。

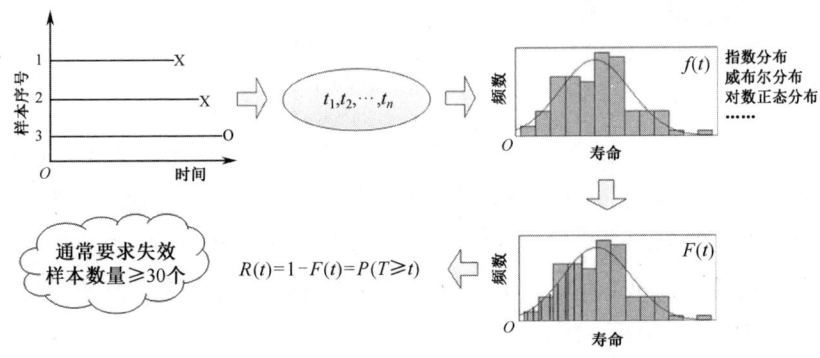

图 2.4 基于失效数据的寿命分布估计与可靠性评估

基于性能退化的寿命预测方法主要依托产品退化数据，其过程如图 2.5 所示。首先，结合失效机理确定表征产品健康状态的性能参数，利用可靠性退化试验获取一定量的性能参数监测值，也称退化数据；其次，选择合适的退化模型描述性能参数随时间变化的规律，估计退化模型参数；最后，利用退化模型和失效阈值，获取产品寿命累积分布函数、概率密度函数、可靠度函数、失效率函数等，并计算寿命期望值、分位点值、置信区间等统计特征量。相比传统基于失效数据的寿命预测方法，其主要优势是对试验产品样本数量要求低，试验时间短，允许试验中出现少失效、零失效情况。

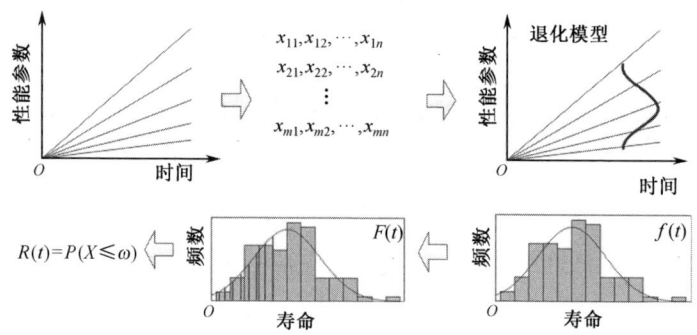

图 2.5 基于退化数据的寿命分布估计与可靠性评估

需要说明的是，在性能退化理论下，产品失效时间的定义仍存在不同形式。以产品性能参数具有上升趋势的退化过程为例，给定失效阈值 ω，其失效时间 T 常见定义有以下两种。

定义 1：$T = \inf\{t : X(t) \leqslant \omega\}$。

定义 2：$T = \{t : X(t) \leqslant \omega\}$。

两种定义下的失效时间如图 2.6 所示。显然，对于单调退化过程，两种失效时间定义对应的寿命随机变量完全相同；对于非单调退化过程，定义 1 中的 T 又称首达时（First Passage/Hitting Time，FPT/FHT），是指性能参数首次到达失效阈值的时间（T_1），而定义 2 中的 T 是性能参数到达失效阈值的平均时间（T_1、T_2、T_3…对应的平均意义上的随机变量）。显然，相比之下首达时是一种更为保守的失效时间定义。

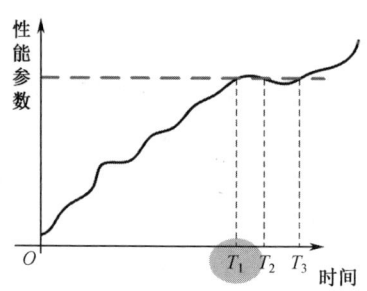

图 2.6 两种定义下的失效时间

2.3.1 退化轨道模型

退化轨道模型,也称通用退化轨道模型或退化轨迹模型,其基于两点假设:①不同样本的退化数据均服从某种形式的函数族;②不同样本个体差异通过退化模型参数的不同来进行刻画。退化轨道模型常采用的函数形式有线性模型、指数模型、幂律模型、Lloyd-Lipow 模型、对数线性模型、多项式模型等,如表 2.1 所示。

表 2.1 常见退化轨道模型函数

函数名称	表达式
线性模型	$X(t) = \alpha + \beta t + \varepsilon$
指数模型	$X(t) = \beta \cdot e^{\alpha t} + \varepsilon$
幂律模型	$X(t) = \beta \cdot t^{\alpha} + \varepsilon$
Lloyd-Lipow 模型	$X(t) = \alpha - \dfrac{\beta}{t} + \varepsilon$
对数线性模型	$X(t) = \alpha + \beta \ln(t) + \varepsilon$
多项式模型	$X(t) = \alpha_0 + \alpha_1 t + \alpha_2 t^2 + \cdots + \alpha_m t^m + \varepsilon$

工程上,对于非线性退化数据,一般有两种处理方法。一是选择非线性形式的函数作为其退化轨道函数,二是将原始退化数据做线性化处理,如求对数。

在退化轨道模型基础上,有三种常见寿命分布估计方法,分别是伪寿命法、解析法和仿真法。

1. 伪寿命法

对于长寿命产品,很难直接在试验中观察到足够多的失效数据,而退化数据中包含了大量可以反映产品失效时间的有效信息。其思路是利用性能参数与时间的关系曲线建立退化轨道模型,进而外推出不同样本性能参数到达失效阈值的时间,即外推寿命。由于这些外推寿命并非产品的实际失效时间,故称之为伪寿命。得到不同样本的伪寿命之后,即可将其视作真实失效数据,借助统计分析方法找到合适的寿命分布,进而对产品进行可靠性评估。基于伪寿命的寿命分布估计方法步骤如下。

首先,收集各样本退化数据,确定关键性能参数,依据退化曲线趋势,选择适当的退化轨道模型,并通过回归分析、非线性最小二乘法等方法得到模型参数估计值。

其次,结合产品工作原理,确定关键性能参数对应的失效阈值,根据退化轨道模型,外推出各样本的伪寿命。

再次,将伪寿命作为真实失效数据,选择合适的寿命分布进行拟合。

最后,根据寿命分布计算寿命的统计特征量,或推导可靠度函数。

上述过程如图2.7所示。

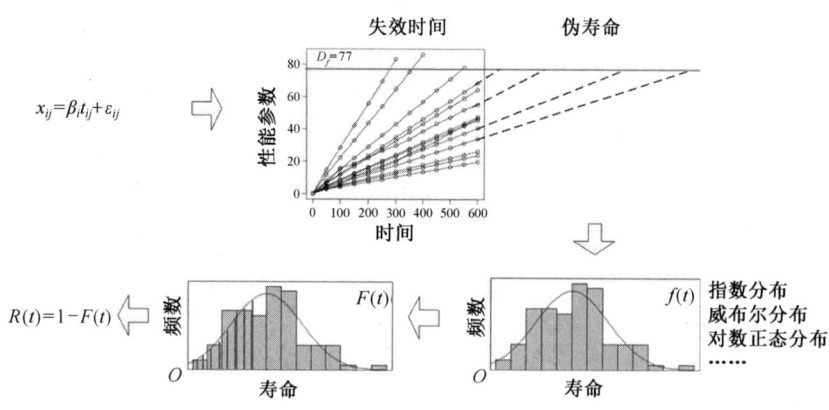

图 2.7　伪寿命法示意图

2. 解析法

首先,选择合适的退化轨道模型,分别对不同样本的退化数据进行拟合,得到各样本退化轨道模型参数估计值。

其次,假设各样本退化轨道模型参数服从某种形式的联合随机分布,估计出分布参数。

最后,结合退化轨道模型及模型参数分布,经解析推导得到产品寿命分布,进而计算寿命的统计特征量,或推导可靠度函数。

上述过程如图 2.8 所示。

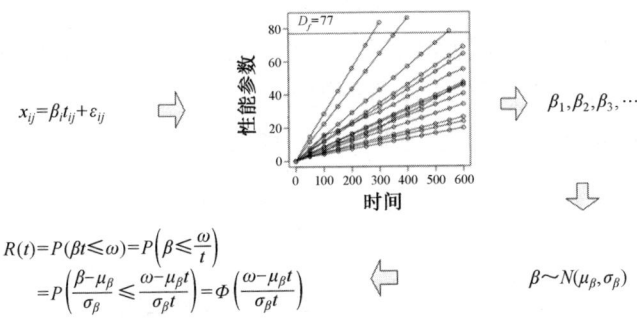

图 2.8　解析法示意图

3. 仿真法

仿真法前面过程与解析法相似，首先确定退化轨道函数，得到各样本模型参数分布；然后，根据模型参数分布，生成大量随机样本，并代入退化轨道模型模拟出大量退化曲线；最后，利用式（2.8）获得失效时间累积分布近似估计值。

$$\hat{F}(t) = \frac{n(t)}{N} \tag{2.8}$$

式中，N 为随机样本量，$n(t)$ 为截至 t 时刻样本中发生失效的数量。

2.3.2　退化量分布模型

退化量分布模型考虑了退化过程本身的随机性。该模型假设：
(1) 任意时刻 t，产品性能参数服从同一分布族，如 $G(x; \theta_1(t), \theta_2(t), \cdots, \theta_r(t))$；
(2) 对于不同样本，分布族参数 $\theta_1(t), \theta_2(t), \cdots, \theta_r(t)$ 为关于时间 t 的函数。

上述假设下的退化量分布模型如图 2.9 所示。

基于退化量分布模型的寿命预测思路如下。

首先，使用合适的随机分布去拟合给定时刻 t 各样本退化数据，并计算其统计量，如样本均值、样本方差、k 阶矩等。

其次，根据上述统计量，或利用极大似然估计等方法得到参数 $\theta_i(t)$ 的估计值。

再次，根据不同时刻的参数估计值 $\theta_i(t_1),\theta_i(t_2),\cdots$，找到合适的函数对其进行拟合，建立 $\theta_i(\cdot)$ 与时间 t 的关系模型。

最后，推导得到任意时刻 t 性能参数的随机分布，并基于此开展寿命分布估计或可靠性评估。

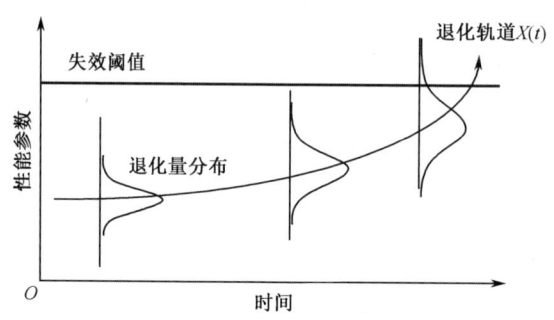

图 2.9　退化量分布模型

2.3.3　失效物理模型

失效物理模型是指通过分析导致产品失效的内在物理、化学、电化学机理，以及产品失效与使用条件、环境应力等外部因素之间的联系，进而建立起来的退化模型。常见的失效物理模型有 Paris 累积损伤模型、反映论模型、随机斜率-截距模型等。失效物理模型对建模者领域知识要求较高，属于一类可信度较高的退化模型。

累积损伤模型假设产品损伤量随工作或存储时间不断累积，并体现在可观测的性能参数变化上。通常，根据损伤机理，还可以将上述变化过程与工作环境关联起来。例如，1993 年 Lu 和 Meeker 建立了著名的 Pairs 累积损伤模型，用来描述轴承金属裂纹随循环次数增加而不断扩展的过程，即

$$\dot{\alpha} = C[\Delta K(\alpha)]^m \tag{2.9}$$

式中，α 为裂纹宽度，$C>0$ 和 $m>0$，且其值由产品材料特性决定。

1994 年，Chun Kin Chan 使用一种幂律模型描述薄膜电阻阻值 R 随时间

的增长过程，其形式为

$$\frac{\Delta R}{R} = \left(\frac{t}{\tau}\right)^m \tag{2.10}$$

$$\tau = \tau_0 \exp\left(\frac{E_\alpha}{kT}\right) \tag{2.11}$$

式中，时间常数 τ 与温度 T 有关，且假设服从 Arrhenius 加速模型。

2.3.4 随机过程模型

产品在工作过程中，受内外部随机因素影响，其性能参数随时间变化可视作某种形式的随机过程，如 Wiener 过程、Gamma 过程、逆高斯过程、高斯-泊松过程等，其中尤以前两种较为常见。

1. Wiener 过程

Wiener 过程是一类广泛使用的独立增量过程。在数学中，Wiener 过程是一种连续时间随机过程，得名于控制论创始人诺伯特·维纳。由于 Wiener 过程与物理学中的布朗运动有密切关系，因此也被称为"布朗运动过程"。Wiener 过程是莱维过程（指左极限右连续的平稳独立增量随机过程）中最有名的一类，在应用数学、经济学、物理学等学科中都得到了广泛应用。

基于 Wiener 过程的退化模型通常具有如下形式：

$$X(t) = g(t) + \sigma B(t) \tag{2.12}$$

式中，$g(t)$ 为关于时间的函数，反映性能参数的平均退化轨迹；σ 称为扩散系数；$B(t)$ 为标准布朗运动，满足如下性质：

（1）$B(0) = 0$，$B(t) \in (-\infty, +\infty)$；
（2）$B(t + \Delta t) - B(t) \sim N(0, \Delta t)$；
（3）$B(t) \sim N(0, t)$。

一类最常见的 Wiener 过程是线性漂移 Wiener 过程，即 $g(t) = \mu t$，μ 也称为漂移系数。对于线性漂移 Wiener 过程，给定失效阈值，其首达时服从逆高斯分布，具有解析表达形式。

2. Gamma 过程

Gamma 过程也称伽马过程,是一类严格单调的随机过程,如图 2.10 所示。其假设任意两时刻间的独立增量服从 Gamma 分布,由于服从 Gamma 分布的随机变量非负,因此可确保其具有单调非减性质。

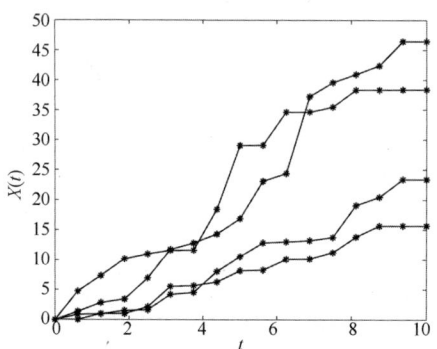

图 2.10 Gamma 过程示意图

Gamma 分布概率密度函数如下:

$$f(x) = \frac{\beta^{\alpha}}{\Gamma(\alpha)} x^{\alpha-1} \exp(-\beta x), x > 0 \tag{2.13}$$

$$\Gamma(\alpha) = \int_0^{+\infty} t^{\alpha-1} \exp(-t) \mathrm{d}t \tag{2.14}$$

服从 Gamma 分布的随机变量期望和方差分别为

$$E(X) = \alpha / \beta$$

$$\mathrm{Var}(X) = \alpha / \beta^2$$

当参数 $\alpha = \beta = 1$ 时,Gamma 分布退化为指数分布,如图 2.11 所示。

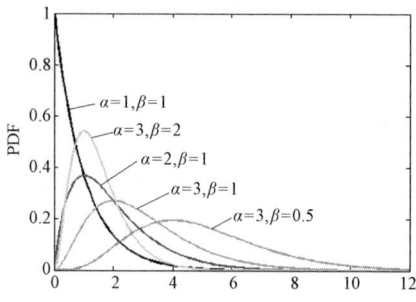

图 2.11 Gamma 分布示意图

2.4 加速试验理论

2.4.1 加速试验介绍

产品寿命预测的主要信息来自试验数据或运行数据。对于有些产品，由于其寿命较长，在常规条件下老化速度非常缓慢，短时间内难以获取足够多寿命或退化数据。此时，工程上会采用加速技术，即通过提高试验应力的方式加快产品失效。

加速试验是指在确保不改变产品失效机理的前提下，通过强化试验条件，使受试产品加速失效，以便在较短时间内获得足够的必要信息，来评估产品在正常条件下的可靠性或寿命指标。

根据试验获取的数据类型，加速试验又分为加速寿命试验和加速退化试验。加速寿命试验只记录产品失效时间，而不管产品如何失效及失效的具体过程，且某些场合难以在合理的时间范围内获取产品的寿命信息。而加速退化试验除了能获取产品的寿命数据，还能获取产品的性能退化数据，利用两种数据给出产品的可靠性水平和寿命估计也更合理。

加速试验中可单独或者综合使用加速应力，主要包括更高的振动水平、更高的湿度、更严酷的温度循环、更高的温度、更高的电应力、更频繁的使用频次等。

2.4.2 加速应力类型

加速试验中常见的应力剖面有常应力、步进应力、序进应力、周期应力等[133,134]，后三种剖面具有动态特性。

常应力加速试验也称恒定应力加速试验，是将所有试验产品分成若干组后，分别置于几个不同的应力水平下（均高于其额定工作条件下承受的应力）

同时进行试验，在整个试验过程中，对产品施加的应力水平保持不变，当达到规定条件时（如试验时间达到规定时间或失效/退化数据达到规定阈值时）停止试验。

步进应力加速试验是将所有试验样本先置于较低（但高于其额定工作条件下承受的应力）且恒定的应力下工作一段时间后，逐级提高应力，当达到规定条件时停止试验。相对恒定应力加速退化试验，它能够进一步减少试验时间，节省试验费用。

序进应力加速试验与步进应力加速试验较为相似，区别在于其加载的应力水平随时间连续上升，是为了解决步进应力加速试验中应力水平数量难以事先确定的问题而提出的一种新的试验方法。因此，序进应力加速试验可以视为步进应力加速试验的极限情形。

周期应力加速试验是指采用一定形式的周期应力函数，如三角函数、矩形波、正/余弦函数等，以实现加快产品老化的目的。周期应力加速试验多应用于一些工作环境具有周期性特征的产品，如轴承、机械转子等。

工程中几种典型加速应力剖面如图 2.12 所示。

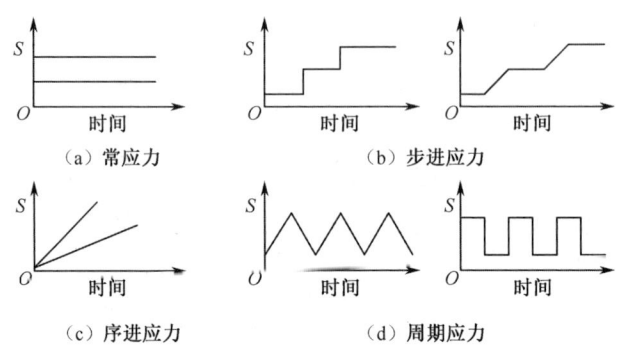

图 2.12 典型加速应力剖面

2.4.3 加速模型

加速试验的目的是更快获取产品的寿命信息，而将产品置于比额定工作应力水平更高的环境中进行试验,然后对试验数据进行建模、分析,通过合适的加速模型进行外推得到产品在额定工作应力下的寿命分布[133]。加速模型(或加速方程)用于描述产品寿命或退化特征量与应力水平之间的关系。应力不同则产品性能参数的退化轨道也会随之变化,退化轨道的形式与应力参数是相关的,在高应力下确定退化轨道的表达式后,通过加速模型可以得到额定工作应力水平下产品性能参数的退化轨道。因此,加速模型在加速退化建模中扮演着十分重要的角色,是联系高应力和额定应力下产品寿命的纽带。

加速模型可分为物理加速模型和经验加速模型[135],前者是在分析产品的失效机理基础上得出的,后者则是在对同类产品进行大量试验的基础上归纳总结得到的。

根据加速应力数量的不同,加速模型还可分为单应力加速模型和多应力加速模型。常见的单应力加速模型有 Arrhenius 加速模型、Eyring 加速模型、逆幂律加速模型、广义线性加速模型等,多应力加速模型有双 Arrhenius 加速模型、广义 Eyring 加速模型、逆幂律-指数复合加速模型、对数线性加速模型等。

1. Arrhenius 加速模型

1889 年,瑞典物理化学家、诺贝尔奖获得者 Arrhenius 在研究温度对酸催化蔗糖水解转化反应的基础上提出了该模型。他发现,某产品的性能退化速率与激活能的指数成反比,与温度倒数的指数成正比。此后,Arrhenius 加速模型被广泛用于描述温度对化学反应率的影响,现已逐步推广至描述温度对各种产品寿命或退化的影响。Arrhenius 加速模型的具体形式为

$$\xi = \gamma_0 \times \exp\left(-\frac{E_a}{k \times \mathrm{Temp}K}\right) \quad (2.15)$$

式中,ξ 为与产品退化速率或寿命相关的特征参数;γ_0 为常数;E_a 为激活能,单位为 eV,由产品物理化学性质决定;$k = 8.6171 \times 10^{-5}\,\mathrm{eV/K}$,为玻尔兹曼常数或通用气体常数;$\mathrm{Temp}K = \mathrm{Temp} + 273.15$,为绝对温度,$\mathrm{Temp}$ 为摄氏温度。

2. Eyring 加速模型

Eyring 加速模型也称艾林加速模型,其是在 Arrhenius 加速模型基础上经

适当改进得到的，具体形式为

$$\xi = \gamma_0 \times A(\text{Temp}) \times \exp\left(-\frac{E_a}{k \times \text{Temp}K}\right) \qquad (2.16)$$

式中，$A(\text{Temp})$ 为关于摄氏温度 Temp 的函数，其他参数的含义同 Arrhenius 加速模型。

3. 逆幂律加速模型

逆幂律加速模型通常用来描述电应力、压力等对产品退化率的影响，是一类经验加速模型。假设产品退化率为 ξ，应力为 V，则有

$$\xi = aV^{-b} \qquad (2.17)$$

式中，a、b 为模型参数。

4. 广义线性加速模型

对于某些不明加速机理的应力类型，可以完全从数据拟合角度出发建立加速模型，其中较常见的一类为广义线性加速模型，有以下两种形式：

$$\xi = \beta_0 + \beta_1 S \qquad (2.18)$$
$$\ln \xi = \beta_0 + \beta_1 S \qquad (2.19)$$

显然，式（2.19）与逆幂律加速模型描述的加速规律相同。

5. 双 Arrhenius 加速模型

双 Arrhenius 加速模型是一种多应力加速模型，常用于描述摄氏温度 Temp 和湿度 RH 共同作用对产品的加速效果，形式如下：

$$\xi = \gamma_0 \times \exp\left(\frac{\gamma_1}{k \times \text{Temp}} + \frac{\gamma_2}{k \times \text{RH}}\right) \qquad (2.20)$$

式中，γ_0、γ_1、γ_2 为模型参数。

6. 广义 Eyring 加速模型

假设存在温度和另一个非热力学应力，如湿度、电压等，广义 Eyring 加速模型可表示为

$$\xi = \gamma_0 \times (\text{Temp}K)^m \times \exp\left(-\frac{\gamma_1}{k \times \text{Temp}K}\right) \times \exp\left(\gamma_2 X + \frac{\gamma_3 X}{k \times \text{Temp}K}\right) \quad (2.21)$$

其中，X是非热力学应力或由其决定的函数，$\gamma_1 = E_a$为激活能，γ_0、γ_2、γ_3为由产品物理化学特性决定的常量，简化处理时可考虑令$m = 0$。

7. 逆幂律-指数复合加速模型

逆幂律-指数复合加速模型常用于描述两种应力，如温度（绝对温度记为Temp$K$）和非热应力（记为U）的共同加速作用，具体形式为

$$\xi = \frac{A}{U^m \exp\left(\dfrac{E_a}{k \times \text{Temp}K}\right)} \quad (2.22)$$

8. 对数线性加速模型

记存在m种加速应力，如$m > 3$，分别记为$X_1, X_2, \cdots, X_m$，则对数线性加速模型可表示为

$$\xi = \exp\left(\beta_0 + \sum_{i=1}^{m} \beta_i X_i\right) \quad (2.23)$$

第 3 章

复杂应力剖面下退化轨道建模及寿命预测

3.1 引言

可靠性评估是产品寿命预测的重要内容之一，其关注的是产品总体寿命分布情况，该工作对于持续改进产品设计、提高产品质量水平至关重要。可靠性试验是获取评估数据的重要手段。可靠性试验分为寿命试验和退化试验，后者因试验时间短、试验信息更加丰富，近年来越来越受到工程人员的青睐。按照对试验应力控制方式的不同，退化试验可以分为非加速退化试验和加速退化试验两类。非加速退化试验模拟产品实际工作过程中的应力条件，对产品的真实退化过程描述更为精准。但是，产品在实际工作过程中的某些应力（如负载、温度等）随时间不断变化，其应力剖面非常复杂，在实验室条件下往往很难将上述真实应力剖面模拟再现。因此，工程人员有时也会用恒定应力或准恒定应力代替实际工作应力，称为常应力退化试验[11]。此外，若产品寿命较长，退化过程十分缓慢，可通过提高应力水平的方式加速产品性能退化，称为加速退化试验。加速退化试验中常见的加速应力形式有恒定应力、步进应力、序进应力、周期应力等。

目前，常见性能退化建模方法大多是针对实验室条件下的常应力退化试验和加速退化试验数据的。上述退化试验有一个共同特点，即在实验室环境下，通过一些应力施加装置（如恒温箱）将事先设计好的应力剖面施加到产品上，无论是恒定应力、步进应力、序进应力还是周期应力，应力随试验时间的变化规律都是比较确定的。相比实验室环境，产品在现场工作条件下所经历的应力剖面往往更为复杂，且其随时间的变化规律呈现出不确定性的特点。例如，锂离子电池在工作过程中，受到外界环境、自身内部电化学反应等多种因素共同影响，电池表面温度随时间不断变化，且这种温度变化无法用某种确定性函数描述和建模。本章将这种随时间不断变化且无确定性规律的应力剖面定义为复杂应力剖面。如果产品性能退化过程对应力变化非常敏感，在对复杂应力剖面下的退化数据建模时就必须考虑应力变化给退化过程带来的影响。研究复杂应力剖面下的性能退化建模方法优点如下。

（1）传统常应力退化试验和加速退化试验需要在实验室条件下开展，相应的高精度应力控制设备必不可少，因此试验费用较高。相比之下，在现场条件下开展退化试验无须严格控制应力，只需要一些传感器实时记录应力变化即可，故试验费用相对较低。

（2）产品在使用过程中经历的应力剖面大多是时变的，现场条件下积累了大量的复杂应力剖面下性能退化数据，这些现场数据可以为产品可靠性评估提供更为丰富的数据来源。

复杂应力剖面广泛存在于现场工作环境中。但是，建模过程较为困难，目前针对复杂应力剖面下退化数据的性能退化建模和可靠性评估方法的研究还比较少。在工程上，人们在处理复杂应力剖面下退化数据时，通常将复杂应力简化为恒定应力，用应力均值代替真实应力，而忽略其变动性。这种方法虽然可以简化建模过程，但有时会降低模型精度，造成可靠性评估结果不够精确。为了弥补上述方法的不足，一些学者针对复杂应力剖面下的退化数据提出了一些新的退化模型。例如，Liao 等[136]提出了一种适用于现场随机应力下退化数据的产品可靠性评估方法，该方法假设应力均值和方差都会影响退化速率；Ozekici[137]认为复杂应力剖面下的每次应力变化可以看作一次随机冲击，首先使用半马尔可夫过程对应力变化进行建模，进而实现性能退化建模；Rafiee 等[138]将一次应力变化看作一次外部冲击，认为一次冲击既会造成性能参数突变，又会改变性能参数退化速率，并基于此建立了一种冲击-退化竞争失效模型；王越等[139]对非恒定应力下的产品加速寿命试验数据处理方法进行了研究，其思想可以引入复杂应力剖面下的退化数据建模中；Yang[140]提出了一种现场条件下的产品可靠性评估方法，其在建模过程中假设应力是服从某种随机分布的。

上述方法在退化建模时有一个共同的假设，即认为产品性能退化速率会受到应力影响，高应力会加速产品退化。然而，对于一些产品，应力除了会影响退化速率，还与性能参数测量值之间存在很强的相关性，即应力突变不但会改变退化速率，还会造成性能参数值突变。因此，在对复杂应力剖面下退化数据进行建模时，既要考虑应力对退化率的影响（称为应力加速效应），同时还要考虑应力与性能参数之间的相关性（称为应力补偿效应）。

3.2 退化轨道模型

3.2.1 研究动机

退化数据中包含与产品寿命相关的丰富信息，因此，可以利用合理的退化模型及性能退化与产品失效之间的关系来推断产品寿命分布。在实验室条件下，退化试验通常在确定性应力下开展，即应力在一段时间内是保持恒定的（如常应力、步进应力等）或按照某种确定性规律变化的（如序进应力、周期应力等）。在上述应力剖面下，产品性能参数变化曲线通常是比较平滑的。但是，产品在实际使用过程中，其所经历的应力剖面往往不像实验室条件下那样理想，尤其是对于一些在室外工作的产品，其工作应力受到周围环境、自身工况等多种因素综合影响，应力剖面呈现出复杂、随机、无规律性等特点。为了研究这种复杂应力剖面下的性能退化过程和寿命分布估计方法，本章设计了如下退化试验。

一批商用 18650 型锂离子电池在室温条件下开展充放电循环测试，一次完整的充放电循环包括恒流充电、恒压充电、静置和恒流放电 4 个阶段。

首先以 2A 电流对电池进行恒流充电，直至电池端电压达到规定的充电终止电压(4.2V)；然后在 4.2V 端电压下进行恒压充电，直至电池电流降至 0.02A，此时电池处于充满电状态；静置 30 分钟；以 2A 电流恒流放电直至端电压降至规定的放电截止电压（2.75V）；将电池静置 30 分钟，然后转入下一个循环。在每次充放电过程中，电池测试仪会实时测量并记录电流、电压等数据，在每个电池单体表面安装一个温度传感器，实时测量各电池单体表面的温度。

容量是表征锂离子电池性能退化的关键特征量。在一次充放电循环中，可以同时测得电池的充电容量和放电容量，理论上二者应该非常接近。工程上通常将放电容量作为锂离子电池关键性能参数以判断其是否失效。受到昼夜温差（南方冬季）、空调启关（白天工作时间开启、夜晚关闭）、电池自身电化学反应等因素影响，电池温度随时间不断变化，且波动较大。图 3.1 为试验中一个单体电池放电容量和温度随循环次数的变化曲线，即复杂温度应力剖面下锂离子电池容量退化曲线。

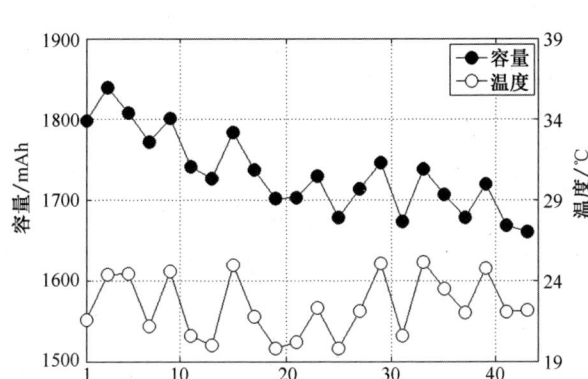

图 3.1 复杂温度应力剖面下锂离子电池容量退化曲线

锂离子电池是一种可以多次充放电的二次电池,该类电池之所以可以循环使用,是因为充放电过程中电池内部的活性锂离子可以与正负电极发生物理化学反应,锂离子在正负电极上不断地嵌入和脱出并往返游走于两电极之间。因此,一次充放电过程中往返的锂离子数量决定电池在该循环的充/放电容量。锂离子的上述反应过程对温度较为敏感,因此电池容量会受到温度应力的影响。根据文献[141, 142]中的介绍,温度对锂离子电池容量的影响主要有以下两个方面。

一方面,温度升高会加快电池内部多种副反应发生,从而加速电池老化,导致电池容量退化速率加快,缩短电池循环寿命;另一方面,温度升高会提高电池内部锂离子的活性,从而让电池在一次充放电循环中释放出更多电量(放电容量)。如图 3.1 所示,在上述两种温度效应的综合作用下,锂离子电池容量随循环次数增加和温度变化呈现出明显的波动下降趋势。本书后续研究将复杂温度应力剖面下的锂离子电池作为分析对象,充分考虑温度应力对电池容量造成的两种影响,研究复杂应力剖面下的性能退化建模与寿命分布估计(可靠性评估)方法。

3.2.2 传统退化轨道模型

传统退化轨道模型(General Degradation-Path Model)是一种常见的性能

退化模型，很多文献中都对其进行了研究，工程上常在该模型基础上对产品开展寿命分布估计和可靠性评估工作。通用退化轨道模型假设产品关键性能参数与时间之间服从某种函数关系，而不同个体退化轨道之间的差异集中反映在模型参数的差异上。

伪寿命法是一种利用传统退化轨道模型推断产品寿命分布的近似方法，由于该方法实施起来比较简单，因此在工程中应用较为普遍[19, 30]。该方法首先利用每个样本的退化数据分别估计出各样本的退化轨道模型参数，并结合失效阈值外推出每个样本的失效时间。由于这些失效时间是通过模型外推得到的，而非产品真实的失效时间，故称为伪寿命。最后，将这些伪寿命当作产品真实寿命进行统计分析，选择合适的分布模型对其进行拟合，从而得到产品寿命分布，进而开展可靠性评估。

传统退化轨道模型形式如下：

$$y(t) = D(t|\boldsymbol{\beta}) + \varepsilon(t) \tag{3.1}$$

式中，$y(t)$ 是 t 时刻产品的性能参数测量值，$D(t|\boldsymbol{\beta})$ 是描述产品性能参数真实退化过程的函数，$\varepsilon(t)$ 是测量误差。

一次退化试验中通常会有多个样本，假设样本数为 n，则式（3.1）可以进一步改写为

$$y_{ij} = D(t_{ij}|\boldsymbol{\beta}_i) + \varepsilon_{ij}, i = 1,2,3,\cdots,n; \quad j = 1,2,3,\cdots,m_i \tag{3.2}$$

式中，$\boldsymbol{\beta}_i = (\beta_{1i}, \beta_{2i},\cdots,\beta_{ki})^{\mathrm{T}}$ 是由第 i 个样本退化轨道模型中所有参数组成的向量；m_i 是第 i 个样本在退化试验中总的测量次数；ε_{ij} 为第 i 个样本在第 j 次测量时的测量误差，通常假设 ε_{ij} 独立同分布于期望为零的正态分布。需要注意的是，这里不同样本的测量次数 m_i 不必完全相同。

表 2.1 给出了几种常见退化轨道模型的表达式。以线性退化轨道模型为例，其表达式为 $D(t|\boldsymbol{\beta}) = \beta_0 + \beta_1 \cdot t, \boldsymbol{\beta} = [\beta_0, \beta_1]$。

利用传统退化轨道模型和伪寿命法对产品进行可靠性评估的具体流程如下。

步骤 1：对于样本 i，利用其退化数据 $y_{i1}, y_{i2},\cdots,y_{im_i}$ 得到模型参数估计值 $\hat{\boldsymbol{\beta}}_i$，参数估计通常可以通过线性（非线性）最小二乘法实现。

步骤 2：将样本 i 的参数估计值代入退化轨道模型中，结合失效阈值外推得到其伪寿命，即 $D(t|\hat{\boldsymbol{\beta}}_i)$ 到达失效阈值 D_f 的时间，记为 L_i，即

$$L_i = \{t \mid D(t|\hat{\boldsymbol{\beta}}_i) = D_f, t \geq 0\}$$

步骤 3：重复步骤 2 直至得到全部 n 个样本的伪寿命 $L_1, L_2, \cdots, L_n$。

步骤 4：对上述伪寿命数据进行分布拟合优度检验，找到合适的分布类型并估计出分布模型的参数。

步骤 5：利用上述寿命分布模型进行可靠性评估。

利用伪寿命法推断产品寿命分布示意图如图 3.2 所示。

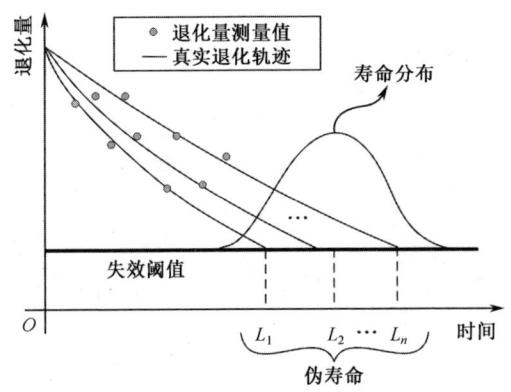

图 3.2　利用伪寿命法推断产品寿命分布示意图

很明显，传统退化轨道建模方法忽略了应力变化对退化轨道可能造成的影响。这种建模方法在处理恒定应力下的退化数据时非常有效，但如果直接利用其对复杂应力剖面下的退化数据建模，可能会引入较大的模型误差。

为了解决复杂应力剖面下的退化建模问题，本章尝试对传统退化轨道模型进行改进，主要考虑应力的两种效应：首先，根据加速退化理论，应力变化会改变退化速率[122]，即应力加速效应；其次，从图 3.1 中可以看出，电池容量和温度之间有很强的相关性，所以认为应力与性能参数之间具有一定的相关性，应力变化会造成性能参数测量值的变化，即应力补偿效应。综合应力对退化轨道的上述两种影响，本章将在下一节提出一种改进的退化轨道模型。

3.2.3　改进的退化轨道模型

为了建立更为准确的复杂应力剖面下的退化模型，首先假设应力对性能退化过程有以下两种效应。

假设 3.1：应力加速效应，即提高应力水平会加快性能参数退化。

假设 3.2：应力补偿效应，即应力改变会影响性能参数测量值。

假设 3.1 的依据源自加速退化理论。由于高可靠性产品性能退化非常缓慢，在正常工作应力下开展退化试验往往需要较长时间才能获取到一定量的退化数据。为了在短时间内得到足够多用于建模的退化数据，工程人员常采用提高应力的方式来加速产品退化。在一定范围内，适当提高应力水平（如温度、电压、电流、压力、湿度、振动、使用频率等），可以在不改变产品失效机理的前提下加快其退化速率。如果利用合理的统计模型将产品性能退化速率与应力水平联系起来，即可利用加速应力下的退化数据外推正常应力下的产品寿命分布。这种描述性能退化速率与应力水平关系的模型称为加速退化模型。两种常见的加速退化模型如表 3.1 所示，其中，β_1 是与产品退化速率相关的退化轨道模型参数，E_0 是激活能，S 是应力，R 是气体常数，A 和 B 是待估参数。

表 3.1 常见加速退化模型

名 称	表达式	应力类型
Arrhenius 加速模型	$\beta_1 = A \cdot \exp\left[\dfrac{-E_0}{R(S+273.15)}\right]$	温度
逆幂律加速模型	$\beta_1 = AS^{-B}$	电应力（电压、电流等）

假设 3.2 描述的是退化试验中另外一种经常出现的现象。产品的关键性能参数通常是产品工作或存储过程中内部某些物理、化学、电化学反应的产物（如电池容量、铷灯亮度等），由于这些反应很容易受到外界应力的影响，因此性能参数测量值与应力之间很可能存在某种相关性。3.2.1 节中提到的锂离子电池就是一个典型案例。电池中有很多参数都可以反映其健康状态，如容量、电压、内阻、功率密度等，试验发现这些参数对温度都非常敏感，在不同温度下测量这些参数往往会得到不同的结果。3.2.2 节中在利用通用退化轨道模型进行退化建模时，一个重要假设是性能参数测量值与模型拟合值之间残差是由测量误差造成的，因此这些残差应该独立同分布于期望为零的随机分布（通常认为是正态分布）。但是，当性能参数与应力之间存在某种相关性时，如果仍利用通用退化轨道模型对退化数据进行建模，会导致模型残差与

应力之间存在相关性。这样就无法用随机测量误差对残差进行解释，残差服从期望为零的随机分布的前提假设也就不再成立。

为了描述性能参数自身与应力之间的相关性，在通用退化轨道模型中引入一个应力补偿函数 $H(S|\varphi)$。此时，应力 S 下的退化轨道模型被重新定义为

$$y(t,S) = D(t|\beta(S)) + H(S|\varphi) + \varepsilon(t) \tag{3.3}$$

式中，$y(t,S)$ 代表应力 S 下 t 时刻产品性能参数测量值，$D(\cdot)$ 是退化轨道函数，与式（3.1）中的定义相同，$H(\cdot)$ 是应力补偿函数，β 和 φ 分别是 $D(\cdot)$ 和 $H(\cdot)$ 中的参数向量。

退化轨道函数 $D(t|\beta(S))$ 可以解释产品性能参数随时间增加不断退化的现象，其函数形式决定了性能参数退化轨道的基本形状，并通过加速方程 $\beta(S)$ 将应力加速效应引入退化模型中，以描述提高应力对退化过程的加速作用。

应力补偿函数 $H(S|\varphi)$ 解释了复杂应力剖面下性能参数退化轨道波动趋势与应力变化趋势高度一致的现象。一个产品在其全寿命周期中的某个时刻，其性能参数在不同应力下测量会得到不同的结果。作为应力 S 的函数，$H(S|\varphi)$ 可以解释应力突然增加或减小给性能参数测量结果造成的瞬间变化。例如，当 $H(S|\varphi)$ 是关于应力的单调增函数时，提高应力会造成关键性能参数测量值增加，但这种增量是暂时的，当应力恢复正常后，增量也随之消失。

与文献中常见的退化模型对比发现，式（3.3）描述的是一种形式更为灵活的退化轨道模型。例如：

（1）如果同时忽略假设 3.1 和假设 3.2，式（3.3）蜕变为式（3.1）中定义的通用退化轨道模型。

（2）如果只忽略假设 3.2，式（3.3）变为如下形式：

$$y(t,S) = D(t|\beta(S)) + \varepsilon(t) \tag{3.4}$$

式（3.4）即为文献中常见的加速退化模型，该模型被广泛应用在加速退化试验数据分析中[119,122]。

（3）现有文献中还较少出现只考虑假设 3.2 而忽略假设 3.1 的退化模型，同样也较少有同时考虑假设 3.1 和假设 3.2 的退化模型。

值得注意的是，式（3.3）中的应力 S 在整个退化过程中只能取恒定值。复杂应力剖面下应力是随时间不断变化的，因此需要对式（3.3）做离散化处理。

令 ΔD_{ij} 代表样本 i 在 $t_{i,j-1}$ 时刻和 t_{ij} 时刻之间的退化增量，即

$$\Delta D_{ij} = \int_{t_{i,j-1}}^{t_{ij}} \frac{\partial D(t \mid \beta_i(S_{ij}))}{\partial t} \mathrm{d}t \qquad (3.5)$$

式中，$t_{i0}=0$ 代表退化发生的初始时刻。

将式（3.5）离散化，得到

$$\Delta D_{ij} = \frac{\partial D(t \mid \beta_i(S_{ij}))}{\partial t} \cdot \Delta t_{ij} \qquad (3.6)$$

式中，$\Delta t_{ij} = t_{ij} - t_{i,j-1}$。

根据累积损伤理论[143]，样本 i 在 t_{ij} 时刻的累积退化量近似等于 t_{ij} 时刻之前所有退化增量之和，即

$$y_{ij} = D(t_{i0}) + \sum_{k=1}^{j} \Delta D_{ik} + H(S_{ij} \mid \varphi_i) + \varepsilon_{ij} \qquad (3.7)$$

式中，$D(t_{i0})$ 为 $D(\cdot)$ 在 $t_{i0}=0$ 时刻对应的退化量初值。

式（3.7）可以用来对任意复杂应力剖面下的退化数据进行建模。由于式（3.7）中的退化模型形式较为复杂，随着测量次数（j）的增加，参数估计越来越困难。可利用最小二乘法实现模型参数估计，该方法在模型参数和测量次数均不太多时可以得到较好的估计结果。在获取到样本 i 在复杂应力剖面下的退化数据和应力数据 $(y_{i1}, S_{i1}), (y_{i2}, S_{i2}), \cdots, (y_{im_i}, S_{im_i})$ 后，其残差平方和 RSS_i 可以表示如下：

$$\mathrm{RSS}_i = \sum_{j=1}^{m_i} \varepsilon_{ij}^2$$

令 RSS_i 达到最小，可以得到样本 i 退化模型中未知参数向量 β_i 和 φ_i 的最小二乘估计。

3.3 可靠性评估

3.3.1 寿命分布估计

在性能退化理论框架下，产品失效是性能参数退化到一定程度造成的。在改进的退化轨道模型中，函数 $D(\cdot)$ 可以用来解释产品性能参数随时间不断

退化的过程，因此这里将失效定义为 $D(\cdot)$ 达到或超过某个临界值，即失效阈值。在工程实践中，失效阈值可以是某个确定的值，也可以是某个随机变量[54]。本书中只考虑确定性失效阈值。

观察式（3.3）发现，$D(\cdot)$ 参数向量 β 中某个（或某些）与退化速率相关的参数是应力 S 的函数（加速方程），从而解释了高应力加速性能退化这一现象。而产品失效的定义是 $D(\cdot)$ 到达或超过失效阈值，因此在利用 $D(\cdot)$ 和失效阈值外推产品的伪寿命时必须指定是在哪种应力下外推的。记 $L_i(S)$ 为样本 i 在应力 S 下的伪寿命，其计算公式如下：

$$L_i(S) = \left\{ t \mid D\left(t \mid \hat{\beta}_i(S)\right) = D_f, t \geq 0 \right\} \tag{3.8}$$

为了进一步描述寿命分布与应力之间的关系，这里将应力在指定范围内划分为 M 个等级，并根据式（3.8）分别外推每个样本在 M 个应力等级下的伪寿命。记 $L_{ip} = L_i(S_p)$ 为样本 i 在应力等级 S_p 下的伪寿命，其中，$i=1,2,3,\cdots,n$；$p=1,2,3,\cdots,M$。则经外推得到的伪寿命数据结构如下：

$$\boldsymbol{L}_{(n\times M)} = \begin{bmatrix} L_{11} & L_{12} & L_{13} & \cdots & L_{1M} \\ \vdots & \vdots & \vdots & \vdots & \vdots \\ L_{n1} & L_{n2} & L_{n3} & \cdots & L_{nM} \end{bmatrix}$$

然后，利用分布拟合优度检验方法检验哪种分布对上述伪寿命拟合程度最好。工程上常用的寿命分布主要是一些具有位置-尺度参数的随机分布，如威布尔分布、正态分布、对数正态分布等。这里，以对数正态分布为例，进一步阐述如何估计伪寿命分布参数及利用伪寿命分布计算感兴趣的寿命特征量。

假设产品在每种应力等级下的伪寿命都服从对数正态分布，则 S_p 应力等级下的寿命概率密度函数为

$$f_p(t) = \frac{1}{\sqrt{2\pi}\sigma_p t} \exp\left\{ -\frac{(\ln(t)-\mu_p)^2}{2\sigma_p^2} \right\}, \quad p=1,2,3,\cdots,M \tag{3.9}$$

式中，σ_p 和 μ_p 分别为应力等级 S_p 对应的寿命分布尺度参数和位置参数。文献[144]中指出，若产品寿命服从某位置-尺度分布，则其尺度参数反映的是产品的失效机理，位置参数反映的产品寿命期望。在可靠性理论框架下，通常认为产品在一定应力范围内，其失效机理是不会发生变化的，因此可以假设不同应力水平下的尺度参数相同，即 $\sigma_1=\sigma_2=\cdots=\sigma_M=\sigma$。此时，伪寿命的联

合对数似然函数可以写为

$$\tilde{L} = \sum_{t=1}^{n} \sum_{p=1}^{M} \left[-\ln(\sqrt{2\pi}\sigma L_{ip}) - \frac{(\ln(L_{ip}) - \mu_p)^2}{2\sigma^2} \right] \quad (3.10)$$

令式（3.10）最大化，即可对式（3.9）中的分布参数做极大似然估计，记估计结果为 $\hat{\mu}_1, \hat{\mu}_2, \cdots, \hat{\mu}_M$ 和 $\hat{\sigma}$。

得到分布参数估计结果后，很容易得到 S_p 应力等级下的可靠度函数与累积失效函数，即

$$\begin{cases} R_p(t) = 1 - \Phi\left(\dfrac{\ln(t) - \hat{\mu}_p}{\hat{\sigma}}\right) \\ F_p(t) = 1 - R_p(t) \end{cases} \quad (3.11)$$

式中，$\Phi(\cdot)$ 是标准正态分布的累积分布函数。

3.3.2 可靠性指标估计

S_p 应力等级下的寿命特征量如 MTTF、$100q^{\text{th}}$ 分位点的寿命计算公式如下：

$$\text{MTTF}_p = \int_0^\infty t \cdot f_p(t) \mathrm{d}t \quad (3.12)$$

$$T_{q,p} = R_p^{-1}(q) \quad (3.13)$$

式中，$R_p^{-1}(q)$ 是 $R_p(t)$ 的逆函数。

值得注意的是，通过式（3.11）只可以得到 $S_1, S_2, \cdots, S_M$ 几种离散应力等级下的可靠度函数。为了进一步得到某范围内任意应力下的可靠度函数，基于数据 $(\hat{\mu}_1, S_1), (\hat{\mu}_2, S_2), \cdots, (\hat{\mu}_M, S_M)$，选择合适的模型（如线性模型、指数模型等），很容易建立位置参数 μ 与应力 S 之间的函数关系，并记为 $\mu(S)$。这样，即可得到任意应力 S 下的可靠度函数，即

$$R(t|S) = 1 - \Phi\left(\dfrac{\ln(t) - \mu(S)}{\hat{\sigma}}\right) \quad (3.14)$$

工程上很多时候除了需要可靠性指标点估计外，还需要对其做区间估计，以获取更为丰富的寿命信息。在退化模型形式复杂的情况下，利用传统的区间估计方法（如解析法、渐进方差法）进行可靠性指标区间估计难度较大，因此这里采用自助法计算上述寿命特征量及可靠度曲线的置信区间。

自助法（bootstrap）是非参数统计中一种重要统计量方差估计法，通过自

助法可以实现统计量的区间估计。自助法的核心思想是利用重采样技术从原始样本中有放回地抽取一定量样本，利用抽取的样本计算感兴趣的统计量；然后重复上述过程多次，得到多个统计量估计值；进而利用多个统计量的样本方差近似估计统计量方差。自助法是当前非常流行的统计学方法，其操作简单，特别适用于小样本情形，通过方差的估计可以进一步构造置信区间。

采用自助法进行区间估计的具体步骤如下。

步骤1：第 i 个样本在 M 个应力等级下的伪寿命记为 $L_i=(L_{i1},L_{i2},\cdots,L_{iM})$，其中，$i=1,2,3,\cdots,n$。

步骤2：对 $L_1,L_2,\cdots,L_n$ 进行 n 次有放回重采样，得到一组重采样后的自助样本，记为 $L_1^*,L_2^*,\cdots,L_n^*$。

步骤3：重复步骤2 B 次（B 是一个较大的正整数，如 $B=2000$），得到 B 组伪寿命自助样本。

步骤4：利用 B 组伪寿命自助样本，按照3.3.1节方法分别对每组样本进行分布模型参数估计，并计算相应的寿命特征量 MTTF_p 和 $T_{q,p}$，其中 $p=1,2,3,\cdots,M$。

步骤5：将步骤4中得到的寿命特征量从小到大排序，以 MTTF_p 为例：

$$\text{MTTF}_p^{(1)} \leq \text{MTTF}_p^{(2)} \leq \cdots \leq \text{MTTF}_p^{(B)}$$

步骤6：MTTF_p 的 $100\cdot(1-\alpha)\%$ 近似置信区间为

$$\left[\text{MTTF}_p^{(\text{BL})},\ \text{MTTF}_p^{(\text{BU})}\right]$$

式中，$\text{BL}=\left\lfloor\frac{\alpha}{2}\cdot B\right\rfloor$、$\text{BU}=\left\lfloor\left(1-\frac{\alpha}{2}\right)\cdot B\right\rfloor$，符号 $\lfloor\cdot\rfloor$ 代表取最近整数。

3.4 案例分析

3.4.1 基础知识

锂离子电池最早由日本索尼公司于20世纪90年代研发成功。作为21世纪最具前景的二次电池，其具有循环寿命长、能量密度高、自放电率低、无记忆性、低污染等优点,在便携式电子设备、电动汽车、航空航天、国防工业、绿色储能等领域得到了广泛应用。锂离子电池是很多设备(如卫星、电动汽车、不间断电源等)的关键部件,其失效很可能导致整个设备无法正常工作,严重时甚至引发灾难性事故[145,146]。

锂离子电池主要由正极、负极、隔膜和电解液组成。正极一般是某种锂化合物,常见的有磷酸铁锂、锰酸锂、钴酸锂等材料;负极为由石墨构成的活性材料;隔膜是一种特制的具有微孔结构的高分子膜,允许锂离子自由通过而阻断电子通过;电解液为有机溶剂。作为一种典型的二次电池(也称蓄电池),锂离子电池可以反复充放电。在充电或放电过程中,锂离子在电池内部往返于正负极之间,且不断在正负极材料上嵌入和脱出,电子则从外部电路通过,从而产生电流,如图3.3所示[147]。

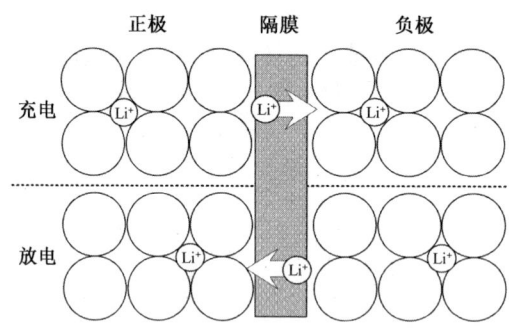

图3.3 锂离子电池充放电原理图

目前,市场上最常见的锂离子电池为18650型圆柱体锂离子电池,对应的电池直径为18mm,高度为65mm。此外26650型圆柱体锂离子电池的使用也较多,其型号中的"26650"也是指电池尺寸,定义与18650型圆柱体锂离子电池类似。工程上根据需要,也可以将锂离子电池设计为其他形状,如手机上常用的方形锂离子电池。

锂离子电池主要参数如下。

(1)可用容量(Usable Capacity)。可用容量是指充满电的电池在一定条件(温度、终止电压、放电倍率)下能够放出的最大电量,单位通常是安时(Ah)。可用容量可以通过安时积分法求得,即 $C = \int_0^\tau I(t) \mathrm{d}t$。其中,$\tau$ 为一次完整的放电时间，单位为小时（h）；$I(t)$ 为放电电流，单位为安培（A）。

可用容量是衡量锂离子电池性能的关键指标之一，随着锂离子电池充放电循环次数的增加可用容量会不断退化，因此工程人员常将可用容量作为电池的关键性能参数来判断电池是否失效。

（2）额定容量（Rated Capacity）。额定容量是指电池在出厂时表面标记的容量，该值反映的是同一型号电池出厂时的总体平均放电性能。

（3）可用能量（Usable Energy）。可用能量是指充满电的电池在一定条件（温度、终止电压、放电倍率）下能够放出的最大能量，单位通常是瓦时（Wh），可以通过对电流电压的乘积积分得到，即 $C = \int_0^\tau I(t)V(t)\mathrm{d}t$。其中，$\tau$ 为一次完整的放电时间，单位为小时（h）；$I(t)$ 为放电电流，单位为安培（A）；$V(t)$ 为放电电压，单位为伏特（V）。

（4）充放电倍率（Charge/Discharge Rate）。充放电倍率是指电池在规定时间内放出其额定容量时所需的电流，它在数值上等于电池额定容量的倍数，通常以字母 C 表示。例如，额定容量为 2.4Ah 的电池，其 1C 充放电倍率对应的电流大小为 2.4A。

（5）放电深度（Depth of Discharge，DOD）。放电深度为电池在放电过程中，其放出的容量占其额定容量的百分比，其取值范围为 0%～100%。对于二次电池，放电深度与循环寿命有关，通常放电深度越深，电池循环寿命越短。

3.4.2 试验介绍

为了研究现场条件下，某型号磷酸铁锂离子电池的容量退化模型和寿命分布模型，对 5 个该类型电池单体开展循环充放电试验，并分别记为 Cell 1、Cell 2、Cell 3、Cell 4 和 Cell 5，具体试验流程在 3.2.1 节中已经做了详细介绍。由于试验过程中并没有采用恒温箱等设备精确控制周围的环境温度，因此电池温度是随时间不断变化的。

在上述复杂温度应力剖面下，5 个电池单体的容量退化曲线如图 3.4 所示，其中 X 轴代表循环次数，Y 轴代表电池在每次循环中的放电容量，单位为 mAh。由于温度波动会显著影响电池充放电过程，因此各电池放电容量随循环次数增加呈现出波动下降的趋势。

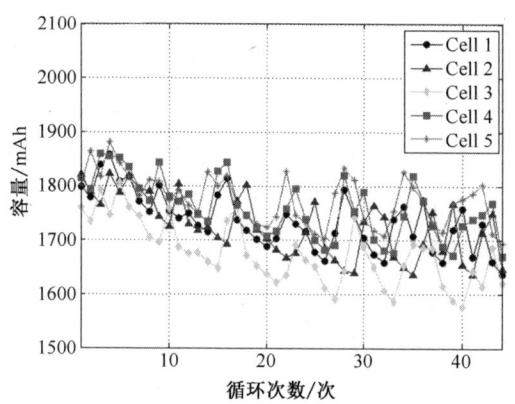

图 3.4　复杂温度应力剖面下 5 个电池单体的容量退化曲线

放电容量是衡量锂离子电池性能退化的关键性能指标。通常，锂离子电池在充放电循环或日常存储过程中，自身容量会随时间的延长而出现不可逆损失，上述现象称为容量退化或容量衰减。很多文献对锂离子电池在循环充放电过程中的容量退化规律进行了研究，发现不同类型的锂离子电池容量退化规律不同。在全寿命周期内，有的锂离子电池容量随循环次数增加近似呈现线性退化趋势；有的锂离子电池容量随循环次数的增加呈现出先快后慢的非线性退化趋势。观察图 3.4 中 5 个电池单体的容量退化曲线发现，该类型锂离子电池容量退化总体呈现出先快后慢的规律。针对上述规律，文献[148]采用幂律模型描述容量与循环次数之间的关系，即

$$D(t) = \beta_0 - \beta_1 \cdot t^{\beta_2} \qquad (3.15)$$

式中，β_0、β_1 和 β_2 为模型参数，t 为循环次数。

用式（3.15）代替式（3.1）中的 $D(t|\beta)$，即可得到描述锂离子电池容量衰减的通用退化轨道模型。利用 3.2.2 节中的方法分别对 5 个电池单体样本的容量退化数据进行退化建模和参数估计，得到模型拟合效果如图 3.5 所示。

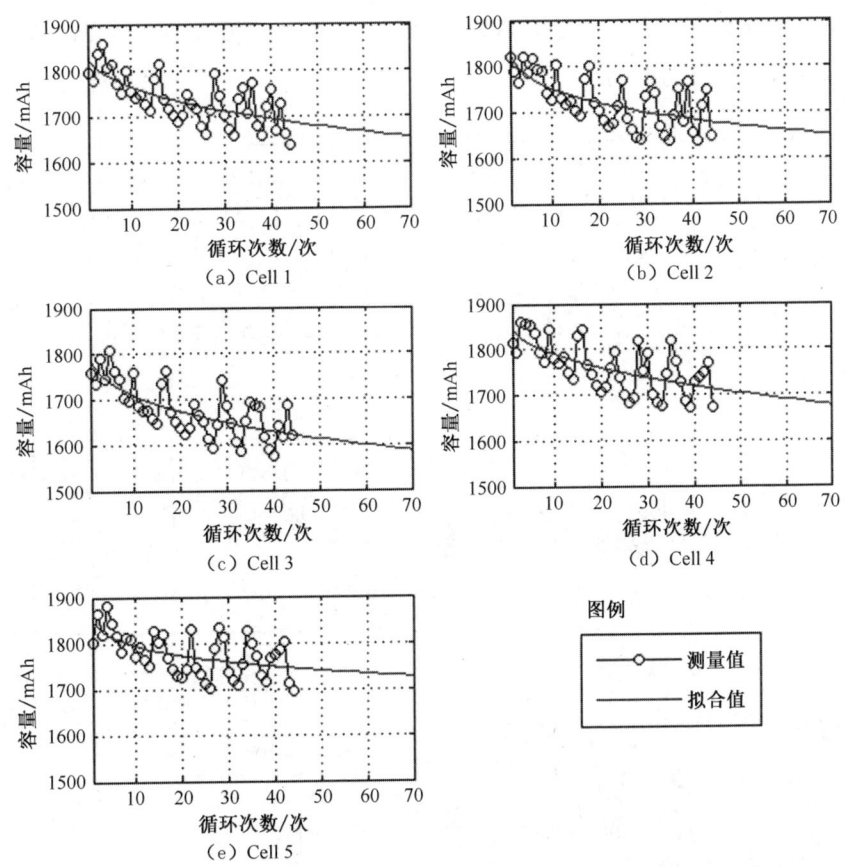

图 3.5 锂离子电池通用退化轨道模型拟合效果图

从图 3.5 中可以看出，利用传统的通用退化轨道模型对复杂温度应力剖面下的锂离子电池容量退化数据进行建模，虽然模型可以大致描述容量总体变化趋势，但模型拟合效果并不好，拟合值和测量值之间存在较大误差。为了进一步研究温度对容量退化的影响，我们将各电池单体的拟合误差绘制在图 3.6 中，同时也将温度曲线绘制在图 3.6 中。

结果表明，利用通用退化轨道模型对电池容量进行退化建模时，忽略了温度对容量的影响，因此得到的模型误差与温度之间具有非常明显的相关性。通用退化轨道模型认为模型误差主要是由测量误差造成的，应该像白噪声一样是随机的，这显然与图 3.6 中的结果相悖。因此，有充足的理由认为，温度变化会显著影响锂离子电池容量退化过程，在退化建模时必须考虑温度变化给容量退化带来的影响。

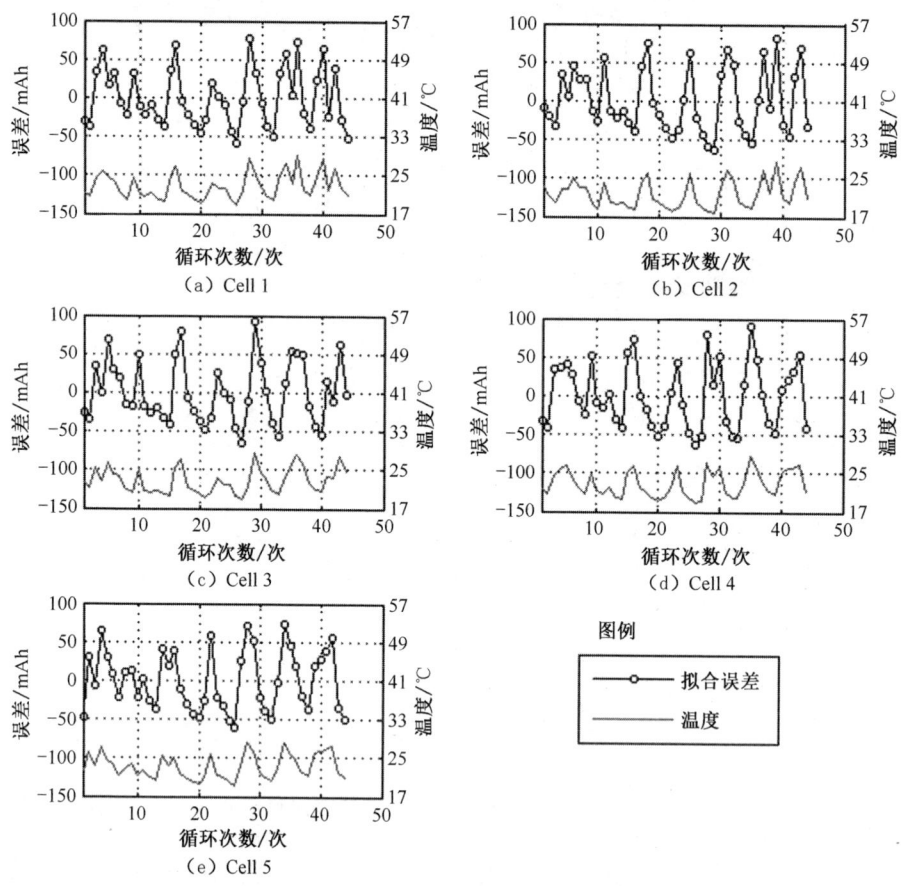

图 3.6　复杂温度应力剖面下通用退化轨道模型拟合误差与温度对比图

3.4.3　退化建模

3.2.1 节中提到，在某次循环过程中，温度升高对锂离子电池容量的影响表现在两方面：一方面会加快电池容量退化速率[149]，另一方面会提高电池在该次放电过程中放出的电量（放电容量）[142]。Li 等[142]对不同温度下磷酸铁锂锂离子电池的放电特性进行了研究，提出了一种用于描述一次充放电过程中容量与温度关系的经验模型，即

$$Q(T) = \varphi_0 - \varphi_1 \cdot \exp\left(-\frac{T}{\varphi_2}\right) \tag{3.16}$$

式中，T 为摄氏温度，$Q(T)$ 为温度 T 下锂离子电池可放出的最大电量，φ_0、φ_1 和 φ_2 均为模型未知参数。该模型表明，在一次充放电过程中，温度升高会导致电池放出更多电量。

Li 等的论文只对一次充放电过程中电池容量与温度的关系进行了研究，没有考虑电池容量随循环次数增加而出现的退化现象。这里，在其模型基础上进一步考虑容量退化现象，假设式（3.16）中的参数 φ_0 随循环次数增加呈幂函数退化规律，即式（3.16）可以改写为

$$Q(t,T) = \beta_0 - \beta_1 \cdot t^{\beta_2} - \varphi_1 \cdot \exp\left(-\frac{T}{\varphi_2}\right) \tag{3.17}$$

为了描述高温对电池容量退化的加速作用，利用 Arrhenius 加速模型建立参数 β_1 与温度之间的加速模型，即

$$\beta_1(T) = A \cdot \exp\left[\frac{-E_0}{R(T+273.15)}\right] \tag{3.18}$$

将式（3.18）代入式（3.17），即可得到改进后的退化轨道模型，即

$$Q(t,T) = \beta_0 - \exp\left(a + \frac{b}{T+273.15}\right)t^{\beta_2} - \varphi_1 \cdot \exp\left(-\frac{T}{\varphi_2}\right) \tag{3.19}$$

式中，$a = \ln(A)$、$b = -E_a/R$。

式（3.19）所描述的改进后的电池容量退化轨道模型包含一个退化轨道函数 $D(\cdot)$ 和一个应力补偿函数 $H(\cdot)$，分别为

$$D(t\mid\beta(T)) = \beta_0 - \exp\left(a + \frac{b}{T+273.15}\right)t^{\beta_2} \tag{3.20}$$

$$H(T\mid\varphi) = -\varphi_1 \cdot \exp\left(-\frac{T}{\varphi_2}\right) \tag{3.21}$$

利用式（3.6）将式（3.19）离散化，第 i 个电池单体样本在复杂温度应力剖面下的容量退化模型可以进一步表示为

$$y_{ij} = \beta_{0i} - \sum_{k=1}^{j} \exp\left(a_i + \frac{b_i}{T_{ij}+273.15}\right)\beta_{2i}t^{\beta_{2i}-1} - \varphi_{1i}\cdot\exp\left(-\frac{T_{ij}}{\varphi_{2i}}\right) + \varepsilon_{ij} \quad (3.22)$$

式（3.22）中的模型参数可以通过优化算法得到，参数估计结果如表3.2所示。图3.7对改进后的退化轨道模型容量拟合值和真实测量值进行了对比，相比改进前的通用退化轨道模型，模型精度显著提升。结果表明，改进的退化轨道模型更适合描述复杂温度应力剖面下的锂离子电池容量变化趋势。

表3.2 锂离子电池容量退化轨道模型参数估计

参数名称	Cell 1	Cell 2	Cell 3	Cell 4	Cell 5
β_{0i}	2243.76	2218.54	2242.63	2222.85	2137.80
a_i	8.33	8.38	8.39	7.41	8.94
b_i	1465.03	1539.16	1527.39	1229.26	1786.45
β_{2i}	0.5122	0.5268	0.5386	0.5133	0.5338
φ_{0i}	858.92	903.39	947.93	926.35	977.12
φ_{1i}	29.32	26.03	31.07	24.20	18.74

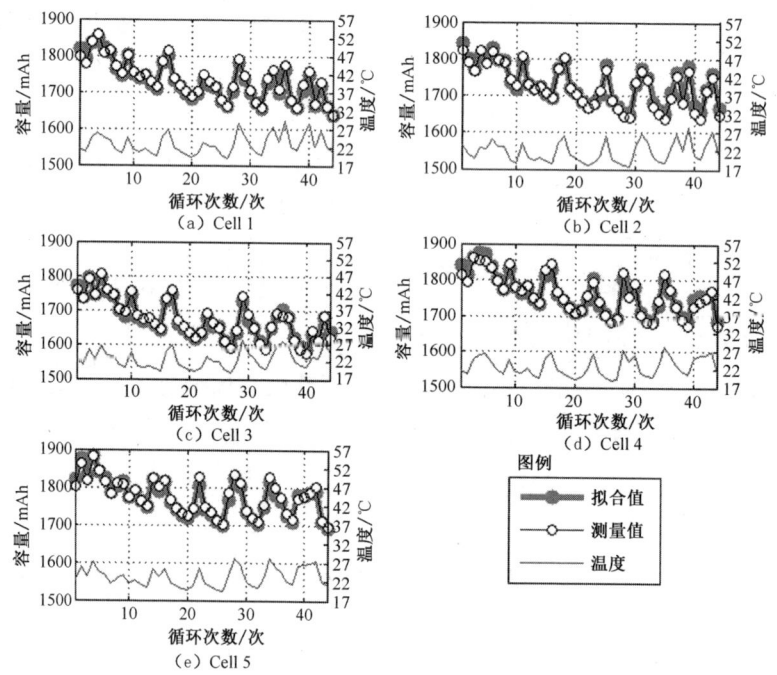

图3.7 改进的退化轨道模型拟合效果图

3.4.4 可靠性评估

得到退化模型参数估计值后,下一步要做的就是通过式(3.8)外推各电池在不同温度等级下的伪寿命。工程上根据实际需要,通常认为当容量退化到初始值的 70%～80%时电池被判定为失效。根据上述标准,将电池失效定义为 $D(\cdot)$ 降至其初始值(β_{0i})80%的时刻。为统一失效标准,这里将失效阈值 D_f 取为 5 个电池单体 80% β_0 的均值,即

$$D_f = \frac{1}{5}\sum_{i=1}^{5}(80\%\beta_{0i}) = 1770\text{mAh}$$

在试验过程中,电池温度是在 20～30℃之间波动的。这里将用于外推伪寿命的温度在 20～30℃之间均分为 6 个等级,即 20℃、22℃、24℃、26℃、28℃和 30℃。然后,利用式(3.8)分别外推各电池在上述温度应力等级下的伪寿命,结果如表 3.3 所示。图 3.8 以 Cell 1 为例,描绘其在不同温度应力等级下的伪寿命外推示意图。

表 3.3　不同温度下锂离子电池伪寿命　　　　(单位:次)

温度/℃	Cell 1	Cell 2	Cell 3	Cell 4	Cell 5
20	252.24	283.37	252.91	284.72	309.61
22	236.10	264.87	236.87	269.39	286.56
24	221.19	247.80	222.03	255.07	265.51
26	207.40	232.03	208.31	241.69	246.25
28	194.64	217.46	195.60	229.18	228.62
30	182.82	203.98	183.82	217.47	212.45

得到各电池单体样本在不同温度应力等级下的伪寿命后,可以利用 K-S 检验法检验各温度应力等级下电池伪寿命用哪种分布拟合效果最优,结果表明对数正态分布是最优的分布类型。将表 3.3 中的伪寿命数据代入式(3.10)中的联合对数似然函数,即可得到分布参数的极大似然估计值: $\hat{\mu}_1$=5.6194、$\hat{\mu}_2$=5.5531、$\hat{\mu}_3$=5.4876、$\hat{\mu}_4$=5.4229、$\hat{\mu}_5$=5.3591、$\hat{\mu}_6$=5.2962、$\hat{\sigma}$=0.0743。

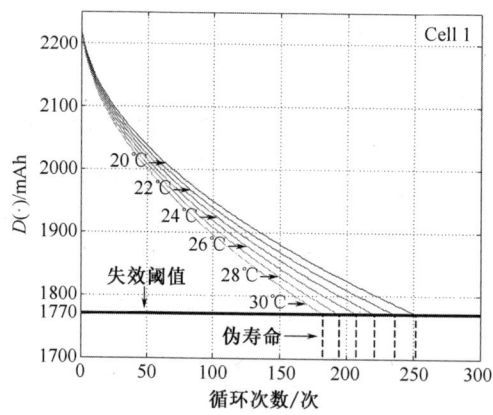

图 3.8 Cell 1 在各温度应力等级下的伪寿命外推示意图

将上述分布参数估计值代入式（3.11），即可得到该类型锂离子电池在 6 种温度应力等级下的可靠度曲线，如图 3.9 所示。从图 3.9 中可以看出，随着温度的升高，可靠度曲线向左发生平移，电池可靠度下降。表 3.4 给出了 MTTF 和三种分位点寿命的点估计和 80%置信区间估计结果，其中点估计结果分别由式（3.12）和式（3.13）计算得到，80%置信区间估计结果由自助法得到。在利用自助法求解 80%置信区间估计时发现，当自助样本数超过 1000 个时，80%置信区间估计结果趋于稳定，所以这里取自助样本数 $B=2000$ 个即可。

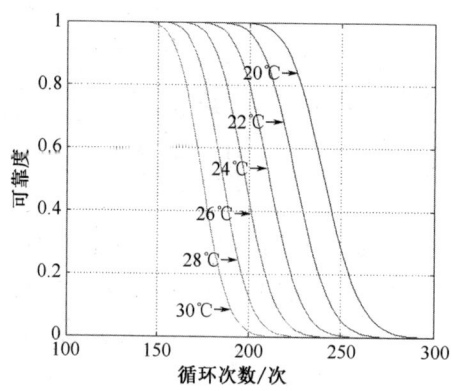

图 3.9 不同温度应力等级下锂离子电池可靠度曲线

表 3.4　锂离子电池可靠性指标点估计结果与 80%置信区间估计结果　（单位：次）

温度/℃	MTTF	$T_{0.9}$	$T_{0.8}$	$T_{0.5}$
20	276.49 [264.93, 288.18]	250.68 [243.03, 267.00]	259.01 [250.64, 275.41]	275.73 [264.54, 287.53]
22	258.74 [247.89, 269.71]	234.58 [227.49, 248.76]	242.38 [235.09, 256.59]	258.02 [247.53, 269.11]
24	242.35 [232.17, 252.67]	219.72 [213.11, 232.01]	227.03 [220.54, 239.32]	241.68 [231.83, 252.14]
26	227.17 [217.63, 236.89]	205.96 [199.64, 216.97]	212.81 [206.48, 223.44]	226.55 [217.31, 236.74]
28	213.13 [204.17, 222.19]	193.23 [186.84, 204.41]	199.65 [193.16, 209.96]	212.54 [203.87, 221.81]
30	200.13 [191.71, 208.79]	181.44 [175.39, 193.14]	187.47 [180.89, 197.99]	199.58 [191.43, 208.32]

图 3.9 只给出了几种离散温度下的锂离子电池可靠度曲线。为了得到任意温度下的可靠度曲线，可进一步建立寿命分布位置参数 μ 与温度之间的经验模型，结果如图 3.10 所示，线性模型可以很好地描述两者之间的关系，即

$$\mu(T) = 6.2640 - 0.0323T \tag{3.23}$$

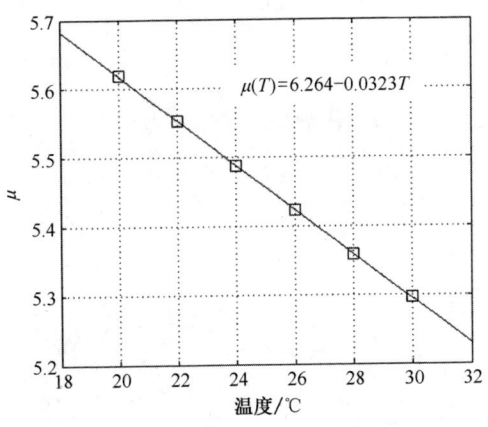

图 3.10　寿命分布位置参数 μ 与温度拟合图

将式（3.23）代入式（3.14）中，可得到温度 T 下的锂离子电池可靠度函数为

$$R(t|T) = 1 - \Phi\left(\frac{\ln(t) - 6.2640 + 0.0323T}{0.0743}\right) \quad (3.24)$$

利用式（3.24），即可对 20~30℃区间范围内任意温度下的锂离子电池的可靠性进行评估。图 3.11 给出了锂离子电池在不同温度下可靠度随循环次数和温度变化图。从图 3.11 中可以明显看出，随着温度的升高，锂离子电池可靠度曲线的下降速度随循环次数的增加而加快，锂离子电池 MTTF 和分位点寿命等指标也相应下降。

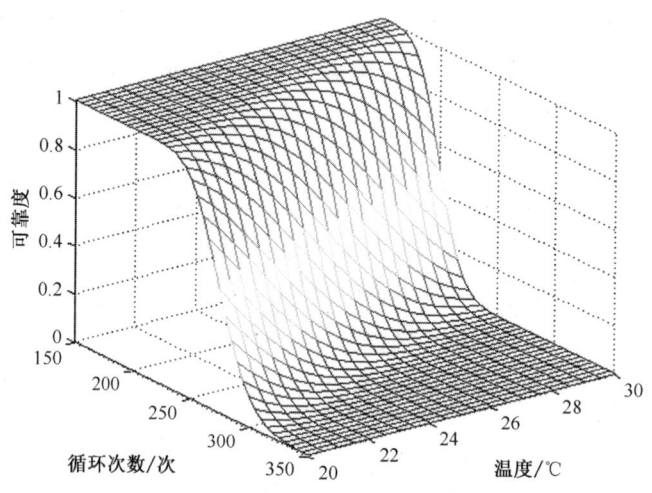

图 3.11 锂离子电池可靠度随循环次数和温度变化图

3.5 本章小结

传统退化轨道模型在处理复杂应力剖面下的退化数据时，为简化建模过程，常常选择忽略应力波动对退化过程的影响，因而会降低模型精度。本章提出了一种改进的退化轨道模型，用于对复杂应力剖面下的退化失效型产品

进行退化建模和可靠性评估。该模型在传统通用退化轨道模型的基础上改进得到，它将应力变化对退化过程可能造成的两种效应引入模型中。利用非线性最小二乘法估计模型参数，使用伪寿命法推断产品寿命分布和可靠度函数，利用自助法计算寿命特征量区间估计。最后，将所建立的模型成功应用于复杂温度应力剖面下锂离子电池容量退化建模与可靠性评估中。与传统模型相比，该模型可以挖掘出更多与产品性能退化、寿命分布及应力水平相关的信息，且模型精度也大大提高。

但是，本章基于伪寿命法进行寿命分布预测时，更多关注产品总体寿命分布情况，而没有关注产品个体寿命情况，暂时未考虑剩余寿命预测问题。第 5 章将在改进 Wiener 过程的基础上继续探讨该问题。此外，也可以考虑将两类应力效应（应力加速效应和应力补偿效应）与其他形式的性能退化模型相结合，开展复杂应力剖面下的产品性能退化建模与寿命预测。

第 4 章

考虑应力加速的 Wiener 过程建模及寿命预测

4.1 引言

剩余寿命是指产品从当前时刻到最终失效所经历的时间长度，精确的剩余寿命预测模型是故障预测与健康管理及视情维修的基础。对于退化型产品，其失效定义为某些关键性能参数达到或超过失效阈值这一事件。由于产品材质、工艺、工作环境中存在种种不确定性因素，表征产品健康状态的关键性能参数在退化过程中往往会呈现出随机性特点，因此给定时刻的产品剩余寿命是一个典型的随机变量。所以，剩余寿命预测的核心问题可以归结为求解剩余寿命分布概率密度函数，并基于概率密度函数计算剩余寿命期望值、中位值、分位点值及区间估计等特征指标。

失效物理方法、人工智能方法和数据驱动方法是文献中常见的三类剩余寿命预测方法，其中数据驱动方法最为常见。如前所述，当前文献中大部分数据驱动的剩余寿命预测方法都假设产品在工作期间应力是恒定的，或应力虽然变化，但应力变化不会影响到产品退化过程以及剩余寿命。上述假设虽然可以简化建模和预测过程，但有时会导致剩余寿命预测结果偏离真实值。一方面，很多产品工作过程中周围环境、负载是不断变化的，时变应力现象在工程实践中广泛存在；另一方面，应力水平对很多产品关键性能参数的退化速率有显著影响，因此在预测剩余寿命时需指明未来预测阶段的应力情况。第 3 章在考虑应力加速效应和应力补偿效应的基础上，对复杂应力剖面下的产品总体寿命分布估计及可靠性评估问题进行了讨论，但未涉及复杂时变应力下的剩余寿命预测问题。引入应力效应会导致性能退化模型复杂化，增加性能退化模型更新和剩余寿命分布推导的难度。本着由简入难的研究思路，本章先研究考虑应力加速效应的产品性能退化建模及剩余寿命预测方法，第 5 章进一步研究考虑应力加速效应和应力补偿效应的产品性能退化建模及剩余寿命预测方法。

随机过程很适合描述退化型产品性能参数随时间的演变过程，因此常被用在产品性能退化建模中，工程中常见的随机过程有 Wiener 过程、Gamma 过程、逆高斯过程、复合泊松过程等。其中，Wiener 过程凭借其良好的数学性质,被广泛应用到非单调退化过程退化建模、可靠性评估和剩余寿命预测中。利用 Wiener 过程模型开展时变应力下产品剩余寿命预测的优势在于两点:首先,Wiener 过程首达时分布存在解析形式;其次,可以通过建立 Wiener 过程漂移系数与应力之间的加速方程描述时变应力对退化速率的影响。尽管国内外很多学者都研究了基于 Wiener 过程的剩余寿命预测问题[76-78,88],但较少有人在预测时考虑应力对预测结果的影响。因此,本章考虑利用线性漂移 Wiener 过程建立产品关键性能参数退化模型,在模型中引入加速方程描述时变应力对退化速率的影响,并基于该模型开展时变应力下的产品剩余寿命预测。

4.2 考虑应力加速效应的 Wiener 过程模型

一元线性漂移 Wiener 过程数学形式如下:

$$y(t) = \varphi + vt + \sigma B(t) \tag{4.1}$$

式中,φ 是 $t=0$ 时刻的初始退化量;v 是漂移系数;σ 是扩散系数;$B(t)$ 为标准布朗运动,具有如下三点性质:

(1) $B(0) = 0$,且 $B(t) \in (-\infty, +\infty)$。

(2) $B(t+\Delta t) - B(t) \sim N(0, \Delta t)$。

(3) $B(t) \sim N(0, t)$。

为了简化,通常可以通过对退化数据进行平移处理令初始退化量为零,即令 $\varphi = 0$。

根据加速退化理论,高应力会加快产品内部副反应发生,从而加速产品的性能退化。在 Wiener 过程模型中,漂移系数 v 反映的是产品性能退化速率。因此,可以通过建立漂移系数 v 与应力 S 之间的加速方程描述应力对退化率的加速效应。根据应力种类不同,加速方程有多种形式,如常见的 Arrhenius 加速模型、Eyring 加速模型、逆幂律加速模型、多项式加速模型等。为了尽可能降低模型复杂度,减小模型在线更新环节的难度,本章采用形式较简单的线性加速方程,即

$$v(S) = a + bS \tag{4.2}$$

式中,a 和 b 为加速方程参数。

此时，考虑应力加速效应的 Wiener 过程模型具有如下形式：
$$y(t,S) = (a+bS)t + \sigma B(t) \tag{4.3}$$

令 Δy 代表 t 时刻和 $t+\Delta t$ 时刻之间的退化增量。根据 Wiener 过程独立增量性质，Δy 服从正态分布，其期望为 $(a+bS)\Delta t$，方差为 $\sigma^2 \Delta t$，即
$$\Delta y \sim N\big((a+bS)\Delta t, \sigma^2 \Delta t\big) \tag{4.4}$$

式中，S 代表 t 时刻与 $t+\Delta t$ 时刻之间产品经受的应力水平。若这期间产品经受的应力是变化的，S 可以取该段时间内的应力平均值。

通常，产品加工工艺、材料成分及工作环境等诸多因素存在一定的随机性和不确定性，导致不同产品个体的退化过程呈现差异性。为了描述这种个体之间的不一致性，一种简单且常见的做法是将退化模型中一些参数随机化（如反映退化速率的参数），认为其是服从某种分布的随机变量，这些参数被称为随机效应参数。除随机效应参数外，退化模型中还剩下一些不随机的参数（可假设为常量），这些参数对于所有个体产品而言都是相同的，因此可以用来描述产品总体的某些特性，称为固定效应参数。产品在工作过程中，结合现场监测到的性能数据，实时更新这些随机效应参数的分布，可以实现退化模型调整的目的，进而得到更为精确的个体产品性能退化模型和剩余寿命预测结果。

在本章采用的考虑应力加速效应的线性 Wiener 过程模型中，漂移系数被建模为关于应力的线性加速方程，如式（4.2）所示。对于线性漂移 Wiener 过程模型，通常认为其漂移系数是随机效应参数，而扩散系数是固定效应参数[77,78,150]。受到上述文献启发，假设线性加速方程中的截距 a 和斜率 b 为随机效应参数，扩散系数 σ 为固定效应参数。由于缺乏对随机效应参数先验分布的相关信息，一个合理的假设是认为它们之间相互独立且服从正态分布，因此，随机效应参数 a 和 b 的先验分布可以分别表示如下：
$$a \sim N(\mu_a, \sigma_a^2), \quad b \sim N(\mu_b, \sigma_b^2)$$

式中，μ_a、σ_a、μ_b、σ_b 为随机效应参数 a 和 b 先验分布中的参数，称为超参数。

此时，考虑应力加速效应的线性漂移 Wiener 过程退化模型建立完毕，模型中共有 5 个未知参数，记为 $\Theta = (\mu_a, \sigma_a, \mu_b, \sigma_b, \sigma)^T$。

需要注意的是，本章认为随机效应参数独立同分布于正态分布。但理论

上，只要假设合理且检验通过，其他形式的随机分布同样可作为随机效应参数的先验分布。不过其他形式的先验分布可能会增加后续模型更新的难度，所以暂不考虑其他形式的先验分布。

4.3 模型初始参数估计

在对产品开展在线剩余寿命预测之前，首先需要利用同类型产品历史信息估计出退化模型的初始参数，初始参数可以反映该类型产品总体退化特征。历史信息来源范围较广，包括同类型产品投入市场之前的可靠性试验数据、产品在线工作期间采集的失效数据和退化数据，以及专家的经验信息等。这里，假设历史信息是同类型产品投入市场前可靠性试验中的退化数据。通常，为缩短产品可靠性试验时间，工程人员在产品投入市场之前会开展一系列加速退化试验。根据应力施加方式不同，加速退化试验分为常应力加速退化试验、步进应力加速退化试验和序进应力加速退化试验等，其中常应力加速退化试验应力施加方式最简单，因此在工程中也最为常见。常应力加速退化试验中，将应力分为 N 个水平，每种应力水平下投入一定量样本进行退化试验，并在试验过程中持续记录各应力水平下的性能退化数据。这里以历史信息来源于常应力加速退化试验为例阐述退化模型初始参数估计方法，当历史信息来源于其他类型加速退化试验时，处理方法与之类似。由于退化模型中存在随机效应参数，很难直接通过极大似然估计方法得到参数估计值[32]。受文献[79]启发，本章提出了一种两阶段参数估计方法，用来估计退化模型中未知参数向量 Θ 的初始值。

1. 阶段 1

假设对 N 个样本开展常应力加速退化试验，对第 i 个样本施加的应力记为 S_i。由于每种应力水平下可能不止一个样本，因此不同样本施加的应力水平可能相同。样本 i 在 t_{ij} 时刻的性能参数观测值记为 y_{ij}，其中，$i=1,2,3,\cdots,N$；$j=1,2,3,\cdots,m_i$。记应力 S_i 下的漂移系数为 v_i，则完全对数似然函数为

$$\ln L = -\frac{\ln 2\pi}{2}\sum_{i=1}^{N}m_i - \ln\sigma\sum_{i=1}^{N}m_i - \frac{1}{2}\sum_{i=1}^{N}\sum_{j=1}^{m_i}\ln\Delta t_{ij} - \sum_{i=1}^{N}\sum_{j=1}^{m_i}\frac{(y_{ij}-v_i\Delta t_{ij})^2}{2\sigma^2\Delta t_{ij}} \quad (4.5)$$

式中，$\Delta t_{ij} = t_{ij} - t_{i,j-1}$ 且 $t_{i,0}=0$。

令式（4.5）最大化，可以得到扩散系数 σ 及应力 S_i 对应的漂移系数 v_i 的极大似然估计值，结果分别记为 $\hat{\sigma}$ 和 $\hat{v}_1, \hat{v}_2, \cdots, \hat{v}_N$。将数据集 $(\hat{v}_i, S_i)$，$i=1,2,3,\cdots,N$，代入式（4.2），即可得到加速方程系数的最小二乘估计，记为 $\hat{a}$ 和 $\hat{b}$。

2. 阶段 2

接下来，继续估计随机效应参数 a 和 b 先验分布中的超参数 μ_a、σ_a、μ_b、σ_b。为了估计这些超参数，本书推荐一种基于自助法的估计方法，具体步骤如下。

步骤 1：利用阶段 1 中的参数估计值 $\hat{\sigma}$ 和 $\hat{v}_1, \hat{v}_2, \cdots, \hat{v}_N$，分别生成 N 组应力 $S_1, S_2, \cdots, S_N$ 下的 N 条退化轨道样本，记为 $Y_1^*, Y_2^*, \cdots, Y_N^*$，$Y_i^* = (y_{i1}^*, y_{i2}^*, \cdots, y_{im_i}^*)^T$，其中 Y_i^* 为应力 S_i 下通过仿真生成的退化轨道。

步骤 2：利用阶段 1 中的方法和自助样本 Y_i^*，$i=1,2,3,\cdots,N$，再次估计加速方程中的系数 a 和 b，结果记为 $\hat{a}^*$ 和 $\hat{b}^*$。

步骤 3：重复步骤 1 和步骤 2 共计 M 次（M 是一个较大的正整数，如 $M=5000$），即可得到 M 组参数 a 和 b 估计值的自助样本，分别记为 $\hat{a}_1^*, \hat{a}_2^*, \cdots, \hat{a}_M^*$ 和 $\hat{b}_1^*, \hat{b}_2^*, \cdots, \hat{b}_M^*$。

步骤 4：将步骤 3 中参数 a 和 b 估计值的自助样本代入正态分布似然函数，即可得到 a 和 b 先验分布中超参数 μ_a、σ_a、μ_b、σ_b 的极大似然估计值。

4.4 基于贝叶斯公式的模型参数在线更新

为了获得某产品个体准确的剩余寿命估计值，既要考虑同类型产品历史信息，又要结合该产品在线工作期间监测到的现场退化数据。在个体产品刚开始投入工作时缺乏现场数据，此时性能退化模型主要是由同类型产品历史信息决定的；但随着工作时间的延长，采集到的现场数据越来越多，此时需要结合这些现场数据更新退化模型参数，通过这种更新机制不断调整模型使之能更好地描述该产品个体的真实性能退化规律，从而提高在线剩余寿命预测精度。因此，现场数据驱动的剩余寿命预测是一种不断采集数据、更新模型的连续行为。传统的数据驱动剩余寿命预测方法在更新模型参数时忽略了应力变化影响，因此在收集现场数据时一般只记录性能退化数据，而忽视了应力数据。本章致力于解决时变应力下的剩余寿命预测问题，在退化建模和参数更新时都要考虑应力的影响，因此这里的现场数据也分为两部分：退化数据和应力数据。

如前所述，退化模型表达式（4.3）中的参数分为两部分：随机效应参数和固定效应参数。随机效应参数描述产品个体之间的差异性和不一致性，且其先验分布是利用同类型产品历史数据估计得到的。固定效应参数描述的是产品总体特性，参数值不会因个体改变而发生变化。因此，在获取到现场数据后，为调整个体产品退化模型参数，使模型不断逼近该产品真实退化规律，首先需要利用贝叶斯方法对随机效应参数分布进行更新，得到随机效应参数的后验分布，然后结合当前性能参数测量值和更新后的退化模型，推导当前时刻产品在未来应力剖面下的剩余寿命分布。

对于某在线工作的产品个体，假设其在时刻 $t_1 < t_2 < \cdots < t_k$ 监测到的性能退化数据为 $\boldsymbol{Y}_{1:k} = (y_1, y_2, \cdots, y_k)$，上述相邻两时刻之间的平均应力记为 $\boldsymbol{S}_{1:k} = (S_1, S_2, \cdots, S_k)$。为了降低参数更新过程的复杂度，假设采样间隔均相同，且为单位时间 1，即 $t_i - t_{i-1} = 1$。基于上述现场数据，退化模型随机效应参数 $(a,b)^\mathrm{T}$ 联合后验分布为

$$p(a,b|\boldsymbol{Y}_{1:k}) \propto f(\boldsymbol{Y}_{1:k}|a,b)\pi_a(a)\pi_b(b) \tag{4.6}$$

式中，$\pi_a(a)$ 和 $\pi_b(b)$ 分别为参数 a 和 b 的先验分布，按照 4.2 节中的模型假设，有 $a \sim N(\mu_a, \sigma_a^2)$，$b \sim N(\mu_b, \sigma_b^2)$。

其中，$f(\boldsymbol{Y}_{1:k}|a,b)$ 为现场退化数据的联合似然函数，考虑应力加速效应，式（4.6）可以进一步表示为

$$f(\boldsymbol{Y}_{1:k}|a,b) = \frac{1}{\left(\sqrt{2\pi\sigma^2}\right)^k} \exp\left\{-\sum_{i=1}^{k} \frac{(\Delta y_i - a - bS_i)^2}{2\sigma^2}\right\} \tag{4.7}$$

容易证明，随机效应参数 $(a,b)^T$ 在 t_k 时刻的联合后验分布为二元正态分布，其期望向量为 $(\mu_{ak}, \mu_{bk})^T$，协方差矩阵为

$$\begin{pmatrix} \sigma_{ak}^2 & \sigma_{ak}\sigma_{bk}\rho_k \\ \sigma_{ak}\sigma_{bk}\rho_k & \sigma_{bk}^2 \end{pmatrix}$$

其中

$$\begin{cases} \mu_{ak} = \dfrac{\left(\sigma_b^2\sum\limits_{i=1}^{k}S_i^2+\sigma^2\right)\left(\sigma_a^2\sum\limits_{i=1}^{k}\Delta y_i+\mu_a\sigma^2\right)-\left(\sigma_b^2\sum\limits_{i=1}^{k}S_i\Delta y_i+\mu_b\sigma^2\right)\sigma_a^2\sum\limits_{i=1}^{k}S_i}{(k\sigma_a^2+\sigma^2)\left(\sigma_b^2\sum\limits_{i=1}^{k}S_i^2+\sigma^2\right)-\sigma_a^2\sigma_b^2\left(\sum\limits_{i=1}^{k}S_i\right)^2} \\[4pt] \mu_{bk} = \dfrac{(k\sigma_a^2+\sigma^2)\left(\sigma_b^2\sum\limits_{i=1}^{k}S_i\Delta y_i+\mu_b\sigma^2\right)-\left(\sigma_a^2\sum\limits_{i=1}^{k}\Delta y_i+\mu_a\sigma^2\right)\sigma_b^2\sum\limits_{i=1}^{k}S_i}{(k\sigma_a^2+\sigma^2)\left(\sigma_b^2\sum\limits_{i=1}^{k}S_i^2+\sigma^2\right)-\sigma_a^2\sigma_b^2\left(\sum\limits_{i=1}^{k}S_i\right)^2} \\[4pt] \sigma_{ak}^2 = \sigma^2\sigma_a^2\dfrac{\sigma_b^2\sum\limits_{i=1}^{k}S_i^2+\sigma^2}{(k\sigma_a^2+\sigma^2)\left(\sigma_b^2\sum\limits_{i=1}^{k}S_i^2+\sigma^2\right)-\sigma_a^2\sigma_b^2\left(\sum\limits_{i=1}^{k}S_i\right)^2} \\[4pt] \sigma_{bk}^2 = \sigma^2\sigma_b^2\dfrac{k\sigma_a^2+\sigma^2}{(k\sigma_a^2+\sigma^2)\left(\sigma_b^2\sum\limits_{i=1}^{k}S_i^2+\sigma^2\right)-\sigma_a^2\sigma_b^2\left(\sum\limits_{i=1}^{k}S_i\right)^2} \\[4pt] \rho_k = \dfrac{-\sigma_a\sigma_b\sum\limits_{i=1}^{k}S_i}{\sqrt{(k\sigma_a^2+\sigma^2)\left(\sigma_b^2\sum\limits_{i=1}^{k}S_i^2+\sigma^2\right)}} \end{cases} \quad (4.8)$$

具体证明如下：

$$p(a,b\mid Y_{1:k}) \propto f(Y_{1:k}\mid a,b)\pi_a(a)\pi_b(b)$$

$$\propto \dfrac{1}{\left(\sqrt{2\pi\sigma^2}\right)^k}\exp\left\{-\sum_{i=1}^{k}\dfrac{(\Delta y_i - a - bS_i)^2}{2\sigma^2}\right\}\dfrac{1}{\sqrt{2\pi\sigma_a^2}}\exp\left\{-\dfrac{(a-\mu_a)^2}{2\sigma_a^2}\right\}\dfrac{1}{\sqrt{2\pi\sigma_b^2}}\exp\left\{-\dfrac{(b-\mu_b)^2}{2\sigma_b^2}\right\}$$

$$\propto \exp\left\{-\sum_{i=1}^{k}\frac{a^2+b^2S_i^2-2a\Delta y_i-2bS_i\Delta y_i+2abS_i}{2\sigma^2}\right\}\exp\left\{-\frac{a^2-2a\mu_a}{2\sigma_a^2}\right\}\exp\left\{-\frac{b^2-2b\mu_b}{2\sigma_b^2}\right\}$$

$$\propto \exp\left\{-\frac{1}{2\sigma^2\sigma_a^2\sigma_b^2}\left[\sigma_a^2\sigma_b^2\left(ka^2+b^2\sum_{i=1}^{k}S_i^2-2a\sum_{i=1}^{k}\Delta y_i-2b\sum_{i=1}^{k}S_i\Delta y_i+\right.\right.\right.$$
$$\left.\left.\left. 2ab\sum_{i=1}^{k}S_i\right)+\sigma^2\sigma_b^2(a^2-2a\mu_a)+\sigma^2\sigma_a^2(b^2-2b\mu_b)\right]\right\}$$

$$\propto \exp\left\{-\frac{1}{2\sigma^2\sigma_a^2\sigma_b^2}\left[a^2\sigma_b^2(k\sigma_a^2+\sigma^2)+b^2\sigma_a^2\left(\sigma_b^2\sum_{i=1}^{k}S_i^2+\sigma^2\right)-\right.\right.$$
$$\left.\left. 2a\sigma_b^2\left(\sigma_a^2\sum_{i=1}^{k}\Delta y_i+\mu_a\sigma^2\right)-2b\sigma_a^2\left(\sigma_b^2\sum_{i=1}^{k}S_i\Delta y_i+\mu_b\sigma^2\right)+2ab\sigma_a^2\sigma_b^2\sum_{i=1}^{k}S_i\right]\right\}$$

上式中最后一项大括号内部分为关于参数 a 和 b 的二次多项式，因此上式可以转化为二元正态分布的联合概率密度函数，即

$$p(a,b|\boldsymbol{Y}_{1:k})\propto$$
$$\frac{1}{2\pi\sigma_{ak}\sigma_{bk}\sqrt{1-\rho_k^2}}\exp\left\{-\frac{\sigma_{bk}^2(a-\mu_{ak})^2-2\sigma_{ak}\sigma_{bk}\rho_k(a-\mu_{ak})(b-\mu_{bk})+\sigma_{ak}^2(b-\mu_{bk})^2}{2\sigma_{ak}^2\sigma_{bk}^2(1-\rho_k^2)}\right\}$$
(4.9)

式（4.9）为二元正态分布概率密度函数标准形式，参数 $(\mu_{ak},\mu_{bk},\sigma_{ak}^2,\sigma_{bk}^2,\rho_k)^{\mathrm{T}}$ 可以通过式（4.10）得到：

$$\begin{cases}\mu_{ak}=\dfrac{BC-DE}{AB-E^2}\\[4pt]\mu_{bk}=\dfrac{AD-CE}{AB-E^2}\\[4pt]\sigma_{ak}^2=\dfrac{B}{AB-E^2}\\[4pt]\sigma_{bk}^2=\dfrac{B}{AB-E^2}\\[4pt]\rho_k=\dfrac{-E}{\sqrt{AB}}\end{cases} \quad (4.10)$$

其中

$$\begin{cases} A = \dfrac{\sigma_b^2(k\sigma_a^2 + \sigma^2)}{\sigma^2 \sigma_a^2 \sigma_b^2} \\[2mm] B = \dfrac{\sigma_a^2\left(\sigma_b^2 \sum_{i=1}^{k} S_i^2 + \sigma^2\right)}{\sigma^2 \sigma_a^2 \sigma_b^2} \\[2mm] C = \dfrac{\sigma_b^2\left(\sigma_a^2 \sum_{i=1}^{k} \Delta y_i + \mu_a \sigma^2\right)}{\sigma^2 \sigma_a^2 \sigma_b^2} \\[2mm] D = \dfrac{\sigma_a^2\left(\sigma_b^2 \sum_{i=1}^{k} S_i \Delta y_i + \mu_b \sigma^2\right)}{\sigma^2 \sigma_a^2 \sigma_b^2} \\[2mm] E = \dfrac{\sigma_a^2 \sigma_b^2 \sum_{i=1}^{k} S_i}{\sigma^2 \sigma_a^2 \sigma_b^2} \end{cases} \quad (4.11)$$

证明完毕。

4.5 剩余寿命预测

4.5.1 未来恒定应力剖面下剩余寿命预测

首先关注未来应力剖面为恒定应力情形下的剩余寿命分布估计问题。在利用 Wiener 过程描述产品退化过程时，失效时间定义为关键性能参数首次达到或超过失效阈值的时刻，即首达时。

对于在线工作到 t_k 的某产品个体，记 t_k 时刻之前关键性能参数与应力观测值分别为 $Y_{1:k}$ 和 $S_{1:k}$，另记失效阈值为 ω。根据首达时定义，该产品个体未来在恒定应力 S 下的剩余寿命 L_k^S 定义为

$$L_k^S = \inf\{t : y_k + y(t,S) \geqslant \omega \mid Y_{1:k}, S_{1:k}\} \quad (4.12)$$

根据文献[76]，剩余寿命 L_k^S 等价于 Wiener 过程 $\{y'(t), t \geqslant 0\}$ 在失效阈值 $\omega - y_k$ 下的首达时，即

$$y'(t) = v_k(S)t + \sigma B(t) \tag{4.13}$$

式中，$v_k(S) = a_k + b_k S$，$(a_k, b_k)^T$ 为更新至 t_k 时刻的随机效应参数，它们是一组服从二元正态分布的随机变量，期望向量为 $(\mu_{ak}, \mu_{bk})^T$，方差向量为 $(\sigma_{ak}^2, \sigma_{bk}^2)^T$，相关系数为 ρ_k。

根据二元正态分布性质[31]，t_k 时刻应力 S 对应的漂移系数 $v_k(S)$ 服从期望为 $E(v_k(S))$，方差为 $\mathrm{Var}(v_k(S))$ 的正态分布，其中：

$$E(v_k(S)) = E(a_k + b_k S) = \mu_{ak} + \mu_{bk} S$$

$$\mathrm{Var}(v_k(S)) = \mathrm{Var}(a_k + b_k S) = \sigma_{ak}^2 + \sigma_{bk}^2 S^2 + 2S\rho_k \sigma_{ak} \sigma_{bk}$$

此时，对于在线工作至 t_k 时刻的产品个体，未来在恒定应力 S 下的剩余寿命预测问题可转化为含随机效应参数的 Wiener 过程首达时分布估计问题。也就是说，剩余寿命 L_k^S 等价于漂移系数为服从正态分布的随机变量 $v_k(S)$、扩散系数为常量 σ 的一元线性漂移 Wiener 过程在失效阈值 $\omega - y_k$ 下的首达时。

根据文献[32,35]，上述首达时分布概率密度函数解析表达式可以通过逆高斯分布概率密度函数对漂移系数积分得到。容易证明，L_k^S 的概率密度函数和累积失效分布函数分别为

$$f_{L_k^S}(t) = \sqrt{\frac{\omega_k^2}{2\pi t^3(\sigma_{v_k}^2 t + \sigma^2)}} \exp\left(-\frac{(\omega_k - \mu_{v_k}t)^2}{2t(\sigma_{v_k}^2 t + \sigma^2)}\right) \tag{4.14}$$

$$F_{L_k^S}(t) = \Phi\left(\frac{\mu_{v_k} - \omega_k}{\sqrt{\sigma_{v_k}^2 t^2 + \sigma^2 t}}\right) + \exp\left(\frac{2\mu_{v_k}\omega_k}{\sigma^2} + \frac{2\sigma_{v_k}^2 \omega_k^2}{\sigma^4}\right) \times \Phi\left(-\frac{2\sigma_{v_k}^2 \omega_k t + \sigma^2(\mu_{v_k}t + \omega_k)}{\sigma^2 \sqrt{\sigma_{v_k}^2 t^2 + \sigma^2 t}}\right) \tag{4.15}$$

式中，$\omega_k = \omega - y_k$，$\mu_{v_k} = E(v_k(S))$ 且 $\sigma_{v_k}^2 = \mathrm{Var}(v_k(S))$。

式（4.14）、式（4.15）推导过程如下。

引理 4.1[111]：若随机变量 $Z \sim N(\mu_0, \sigma_0^2)$，则对于任意 $A, B, C \in \mathbf{R}$，有下式成立

$$E_Z(\exp(CZ)\Phi(A+BZ)) = \exp\left(C\mu_0 + \frac{C^2 \sigma_0^2}{2}\right) \Phi\left(\frac{A + C\mu_0 + CB\sigma_0^2}{\sqrt{1+\sigma_0^2}}\right)$$

式中，$E_Z(\cdot)$ 代表对 Z 求期望。

对于漂移系数为 v、扩散系数为 σ、失效阈值为 ω 的标准 Wiener 过程，其首达时 T 服从逆高斯分布，即

$$F_T(t|v,\sigma,\omega) = \Phi\left(\frac{vt-\omega_k}{\sqrt{\sigma^2 t}}\right) + \exp\left(\frac{2v\omega_k}{\sigma^2}\right) \times \Phi\left(-\frac{vt+\omega_k}{\sigma\sqrt{t}}\right) \quad (4.16)$$

若 $v \sim N(\mu_{v_k}, \sigma_{v_k}^2)$，则

$$F_T(t) = E_v(F_T(t|v,\sigma,\omega))$$

$$= E_v\left(\Phi\left(\frac{vt-\omega_k}{\sqrt{\sigma^2 t}}\right)\right) + E_v\left(\exp\left(\frac{2v\omega_k}{\sigma^2}\right) \times \Phi\left(-\frac{vt+\omega_k}{\sigma\sqrt{t}}\right)\right) \quad (4.17)$$

利用引理 4.1，即可由式（4.17）推导得到式（4.15），对式（4.15）进行求导即可得到式（4.16）。

很明显，某产品个体经应力剖面 $\boldsymbol{S}_{1:k} = (S_1, S_2, \cdots, S_k)$ 退化至 t_k 时刻，其未来在恒定应力 S 下的剩余寿命概率密度函数 $f_{L_k}(t|S)$ 包含了 t_k 之前的退化信息和应力信息，该过程是通过贝叶斯理论框架下的随机效应参数分布更新实现的。值得注意的是，$f_{L_k}(t|S)$ 是关于应力 S 的函数，因此相比传统剩余寿命预测方法，本章方法在进行剩余寿命预测时充分考虑了未来应力对产品剩余寿命的影响。

对于在线工作的产品，每当获取一组新的退化数据和应力数据后，即可执行一次上述剩余寿命预测过程（当然也可以考虑定期更新）。也就是说，当观测到新的退化数据和应力数据后，首先利用式（4.8）更新随机效应参数 $(a, b)^T$ 得到其后验分布，然后将式（4.8）中更新后的参数代入式（4.14）和式（4.15）中得到指定应力 S 下的剩余寿命分布概率密度函数和累积分布函数。维修决策中常关注的剩余寿命特征量包括剩余寿命期望值、中位值和区间估计等，这些特征量都可以通过剩余寿命概率密度函数和累积分布函数计算出来，此处不再赘述。

4.5.2 未来时变应力剖面下剩余寿命预测

4.5.1 节讨论了未来应力为恒定应力情形下的剩余寿命预测方法，给出了恒定应力下的剩余寿命概率密度函数解析表达式。然而，产品在实际工作过程中，很多时候应力是随时间不断变化的，因此还需要研究未来应力剖面为非恒定应力情形下的剩余寿命预测方法。

同样，记某产品个体在 $t_1 < t_2 < \cdots < t_k$ 时刻的性能退化量和应力分别为 $Y_{1:k}$ 和 $S_{1:k}$。4.5.1 节假设 t_k 时刻之后产品会一直在恒定应力 S 下继续工作，给出的是应力 S 下的剩余寿命预测结果。但产品在实际工作过程中，更多的情况是未来产品仍继续在时变应力下工作，假设 t_k 时刻之后产品经历的时变应力可以表示为离散序列 $\{S_{k+1}, S_{k+2}, \cdots\}$。这里仍假设相邻两次应力之间对应的时间间隔为单位时间 1。

当应力随时间变化时，式（4.13）中 Wiener 过程漂移系数也成为随时间变化的变量，对于这种情况，很难像式（4.14）那样得到剩余寿命分布概率密度函数的解析表达式。因此，考虑利用蒙特卡罗仿真方法近似估计时变应力剖面下的剩余寿命分布。

基本思想如下：利用更新至 t_k 时刻的退化模型和 t_k 时刻之后的应力剖面 $\{S_{k+1}, S_{k+2}, \cdots\}$ 生成多条退化轨道样本，进而根据失效判据分别得到这些仿真退化轨道样本对应的剩余寿命，然后用这些仿真得到的剩余寿命近似估计时变应力下的剩余寿命分布。

对于工作至 t_k 时刻的某产品，假设其在之后的 m 个单位时间内应力剖面为 $\{S_{k+1}, S_{k+2}, \cdots, S_{k+m}\}$，则对应的未来 m 步性能参数仿真轨道 $Y_{k+1:k+m}$ 生成方法如下。

步骤 1：从 t_k 时刻随机效应参数后验分布 $\mathrm{BVN}(\mu_{ak}, \sigma_{ak}^2, \mu_{bk}, \sigma_{bk}^2, \rho_k)$ 中随机生成样本 $(a_k^*, b_k^*)^\mathrm{T}$。

步骤 2：根据 Wiener 过程定义，从正态分布 $N(a_k^* + b_k^* \cdot S_{k+j}, \sigma^2)$ 中生成退化增量样本 Δy_j，其中，$j = 1, 2, \cdots, m$。

步骤 3：令 $y_{k+j} = y_{k+j-1} + \Delta y_j$，其中，$j = 1, 2, \cdots, m$。

重复上述步骤共计 N 次（N 为一个较大的正整数，如 $N = 5000$），即可得到 N 条 t_k 时刻之后的仿真退化轨道。根据 Wiener 过程首达时定义，$Y_{k+1:k+j}$ 对应的剩余寿命记为其首次达到或超过失效阈值 ω 的时间。利用 N 条 t_k 时刻之后的仿真退化轨道，即可得到 N 个剩余寿命仿真样本，记为 $\{L_k^1, L_k^2, \cdots, L_k^N\}$。

得到剩余寿命仿真样本 $\{L_k^1, L_k^2, \cdots, L_k^N\}$ 后，可以利用样本直方图近似估计剩余寿命概率密度曲线。此外，维修决策中常关注的剩余寿命期望值、中位值、区间估计等特征量同样可以通过 $\{L_k^1, L_k^2, \cdots, L_k^N\}$ 得到，具体方法如下。

（1）将剩余寿命仿真样本 $\{L_k^1, L_k^2, \cdots, L_k^N\}$ 按从小到大顺序排列，即
$$L_k^{(1)} < L_k^{(2)} < \cdots < L_k^{(N)}$$

（2）t_k 时刻剩余寿命期望值近似估计为
$$\frac{1}{N}\sum_{i=1}^{N} L_k^{(i)}$$

（3）t_k 时刻剩余寿命中位值近似估计为
$$\begin{cases} L_k^{\left(\frac{N+1}{2}\right)}, & N\text{是奇数} \\ \dfrac{L_k^{\left(\frac{N}{2}-1\right)} + L_k^{\left(\frac{N}{2}+1\right)}}{2}, & N\text{是偶数} \end{cases}$$

（4）t_k 时刻剩余寿命 $100 \cdot (1-a)\%$ 置信区间近似估计为
$$\left[L_k^{(\mathrm{BL})}, L_k^{(\mathrm{BU})}\right]$$

式中，$\mathrm{BL} = \left\lfloor \dfrac{a}{2} \cdot N \right\rfloor$ 且 $\mathrm{BU} = \left\lfloor \left(1-\dfrac{a}{2}\right) \cdot N \right\rfloor$，符号 $\lfloor \cdot \rfloor$ 代表取最近整数。

4.6 案例分析

研究发现，充放电电流对锂离子电池循环寿命和容量退化有着显著影响，因此可以将电流看作锂离子电池的工作应力。本节以时变充放电倍率（一种电流衡量单位）下的锂离子电池仿真试验数据为例，开展上述方法的演示和验证。

4.6.1 背景介绍

为研究额定容量为 1.5Ah 的某动力型锂离子电池容量衰减规律，文献[151]对一批次电池单体进行了不同充放电模式下的循环寿命试验，具体包括不同充放电倍率下的循环寿命试验、不同放电深度下的循环寿命试验和不同温度

下的循环寿命试验等。

结果表明：充放电倍率和温度会显著影响该型号锂离子电池容量退化速率，进而影响其循环寿命。本案例主要关注不同充放电倍率下的锂离子电池容量退化数据，将充放电倍率作为影响锂离子电池容量退化的外部应力，利用试验数据仿真出放电倍率随时间变化情形下的容量退化轨道，进而验证本章所提剩余寿命预测方法的有效性。本案例中的电池循环寿命试验采用恒流恒压充电和恒流放电策略，对于不同电池单体样本采用不同大小的充放电倍率，试验具体实施流程如下。

步骤 1：恒流充电至电池电压达到充电截止电压 4.2V。

步骤 2：转恒压充电至充电电流小于等于 0.075A 或恒压充电时间大于等于 2 天。

步骤 3：恒流放电至放电深度达到 50%，即放出额定容量 50%的电量。

步骤 4：重复上述过程直至达到规定充放电循环次数。

试验中对同一电池单体样本，其恒流充电阶段和恒流放电阶段均采用相同大小的电流。试验期间，每三周对电池进行一次全充全放试验，利用安时积分法标定各电池单体的真实可用容量。试验过程中，针对不同电池单体样本选用不同的充放电倍率，这里关注三种典型充放电倍率（0.5C、3.5C 和 6.5C）下的容量退化数据。对于额定容量为 1.5Ah 的电池，1C 倍率对应的电流为 1.5A。图 4.1 为三种充放电倍率下锂离子电池容量退化曲线，横坐标为循环次数，单位为 1000 次循环；纵坐标为容量损失，定义为当前循环可用容量较额定容量衰减量占额定容量的百分比。

从图 4.1 中可以看出，该型号锂离子电池容量随循环次数增加呈近似线性退化趋势，且容量退化速率与充放电倍率之间有很强的相关性，高倍率电流下电池容量退化更快。文献[151]认为，上述现象与锂离子电池石墨负极的扩散应力有关。在电池循环充放电过程中，高倍率电流会产生较大的扩散应力，造成石墨负极出现更多的微裂纹。这些微裂纹会加快固体电解质界面膜（Solid Electrolyte Interface，SEI）生长速度，而固体电解质界面膜的生长又会消耗活性锂离子，导致单次充放电过程中往返于电池正负极的活性锂离子数量减少，从而造成容量下降。

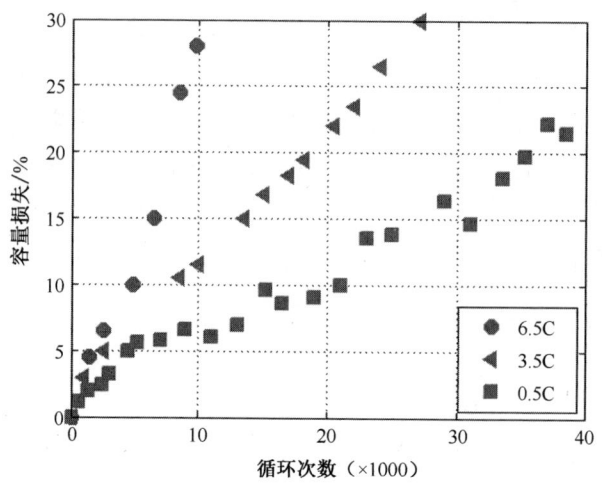

图4.1　三种充放电倍率下锂离子电池容量退化曲线

基于上述分析，不同充放电倍率下的锂离子电池容量退化数据可以用本章提出的考虑应力加速效应的线性漂移Wiener过程进行建模。利用4.3节中的两阶段参数估计方法对退化模型参数进行估计，具体结果如下。

1. 阶段1

将三种充放电倍率（C-rate）下的容量退化数据代入式（4.5）中的完全对数似然函数，得到扩散系数极大似然估计值 $\hat{\sigma}=09693$，以及 6.5C、3.5C 和 0.5C 下的漂移系数极大似然估计值：$\hat{v}_1=2.8571$、$\hat{v}_2=1.1070$、$\hat{v}_3=0.5585$。建立漂移系数极大似然估计值与充放电倍率之间的线性加速方程，拟合结果如图4.2所示。

需要说明的是，相比线性加速方程，指数加速方程似乎可以更好地描述图4.2中漂移系数与充放电倍率之间的关系。但是，指数或其他非线性加速方程形式较为复杂，会给后续退化模型在线更新带来很大困难，甚至导致无法推导出随机效应参数后验分布解析表达式。事实上，对于很多产品而言，其在线工作期间应力变动范围通常较窄，因此用线性加速方程近似描述漂移系数与应力之间的关系也是可以接受的。利用最小二乘方法，可以得到线性加速方程参数估计值：$\hat{a}=0.1666$、$\hat{b}=0.3831$。于是，线性加速方程可表示为

$$v(S) = 0.1666 + 0.3831S \quad (4.18)$$

式中，S 代表充放电倍率。

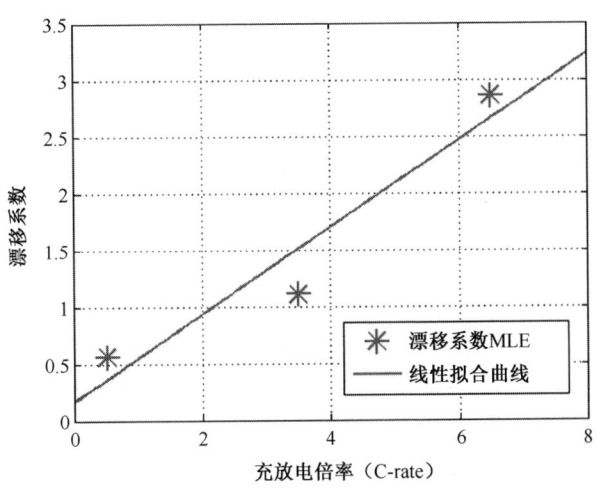

图 4.2 漂移系数与应力线性拟合结果

此时，应力 S 下的锂离子电池容量退化模型可以表述为

$$Q_{\text{loss}}(t,S) = (0.1666 + 0.3831S)t + 0.9693B(t) \quad (4.19)$$

式中，t 代表循环次数，单位为 1000 次循环。

2. 阶段 2

利用式（4.19）中的退化模型，生成三种充放电倍率下的容量退化曲线，共计 500×3 条，并利用阶段 1 中的方法对 500 组仿真退化数据分别进行退化模型参数估计，得到线性加速方程系数 a 和 b 估计值各 500 组。最后，利用 500 组 a 和 b 的估计值分别估计随机效应参数先验分布中的超参数 $(\mu_a, \sigma_a^2, \mu_b, \sigma_b^2)^{\text{T}}$。图 4.3 和图 4.4 分别为参数 a 和 b 的 500 组自助样本估计值的直方图和正态分布拟合结果。通过上述两阶段方法，即可利用历史退化数据得到退化模型参数初始估计值，结果总结在表 4.1 中。

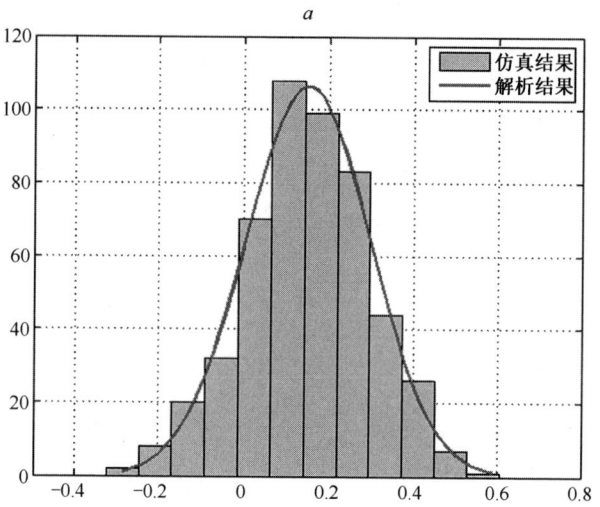

图 4.3 参数 a 的先验分布

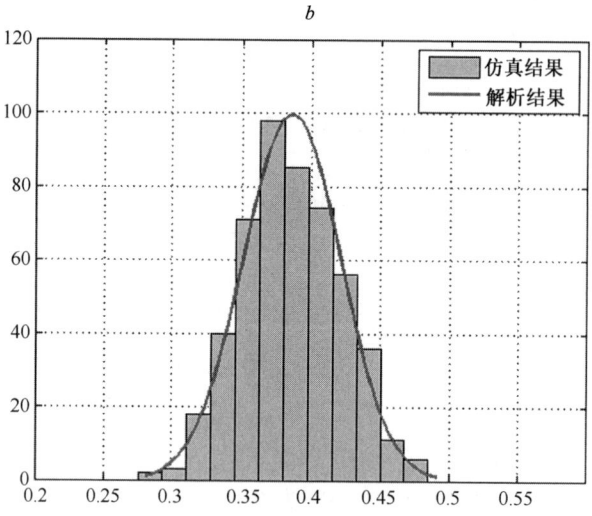

图 4.4 参数 b 的先验分布

表 4.1 锂离子电池容量退化模型初始参数估计结果

C-rate	$\hat{v}$	$\hat{\sigma}$	$\hat{\mu}_a$	$\hat{\sigma}_a$	$\hat{\mu}_b$	$\hat{\sigma}_b$
6.5C	2.8571					
3.5C	1.1070	0.9693	0.1521	0.1455	0.3861	0.0348
0.5C	0.5585					

4.6.2 仿真设计

表 4.1 中的模型参数估计结果可以描述该类型锂离子电池一批产品的总体容量退化特性，而本章所提方法是用来预测某产品个体在时变应力下的剩余寿命的，这里应力指的是锂离子电池充放电倍率。如图 4.1 所示，在锂离子电池循环寿命试验中，只得到三种常应力下的容量退化数据。为验证时变应力下的剩余寿命预测效果，可通过仿真生成时变应力下的锂离子电池容量退化轨道。仿真试验利用表 4.1 中的模型参数估计结果，具体算法如下：

$$\begin{cases} y_0 = 0 \\ y_i = y_{i-1} + v(S_i) + \varepsilon_i, \quad i \geqslant 1 \end{cases} \quad (4.20)$$

式中，y_i 表示第 i 千次循环对应的容量损失；$v(S_i)$ 表示第 $(i-1)$ 千次循环与第 i 千次循环之间的退化增量，由式（4.18）计算得到；S_i 表示相邻两个时刻之间的应力水平，$\varepsilon_i \sim N(0, 0.9693^2)$ 为随机误差。

利用上述仿真方法生成 4 种应力剖面下的容量退化轨道，仿真时间间隔取 1000 次循环。仿真过程中用到的 4 种应力剖面如图 4.5 所示，取初始预测时刻为 $T_C = 15$（千次循环），即 T_C 时刻之前的数据只用来更新模型参数，从 T_C 时刻开始每 1000 次循环开展一次剩余寿命预测，直至产品最终失效。

在应力剖面 1、2、3 下，从 T_C 时刻开始预测锂离子电池未来在 3.5C 充放电倍率下的剩余寿命，其对应的是未来应力为恒定应力时的剩余寿命预测问题。在应力剖面 1 中，设置 T_C 时刻之前的应力为 3.5C，此时问题等价于常应力下剩余寿命预测问题，即 T_C 之前产品在一种恒定应力（3.5C）下工作，预测 T_C 之后产品继续在该应力（3.5C）下工作的剩余寿命；在应力剖面 2 中，设置 T_C 时刻之前的应力为 0.5C，此时问题转化为一种较简单的时变应力下剩余寿命预测问题，即 T_C 之前产品在一种恒定应力（0.5C）下工作，预测 T_C 时刻之后产品在另外一种恒定应力（3.5C）下工作的剩余寿命；在应力剖面 3 中，T_C 时刻之前先令产品在 0.5C 应力下工作 10 千次循环，再在 6.5C 应力下工作 5 千次循环，此时问题转化为更复杂的时变应力下剩余寿命预测问题，即 T_C 时刻之前产品在一种时变应力剖面下工作，预测 T_C 时刻之后产品在某指定恒定应力（3.5C）下继续工作的剩余寿命。

在应力剖面 4 中，设置 T_C 时刻之前的应力始终为 3.5C，T_C 时刻之后产品先在 0.5C 应力下工作 10 千次循环，再在 3.5C 应力下继续工作直至失效，从 T_C 时刻开始预测锂离子电池未来在上述时变应力剖面下的剩余寿命。因此，应力剖面 4 描述的是未来时变应力剖面下的剩余寿命预测问题。

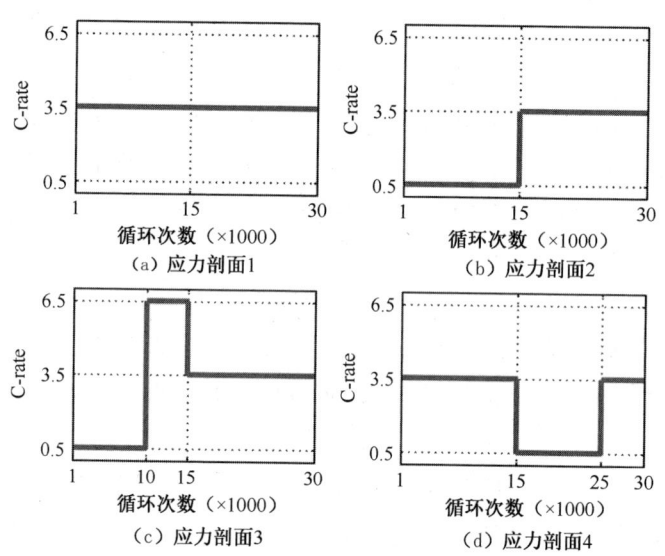

图 4.5 仿真过程中用到的 4 种应力剖面

4 种应力剖面下分别仿真生成的锂离子电池容量退化轨道如图 4.6～图 4.9 所示，图中方形代表 0.5C 应力下的容量退化轨道，三角形代表 3.5C 应力下的容量退化轨道，圆形代表 6.5C 应力下的容量退化轨道，竖直虚线代表仿真过程中应力发生改变的时刻。从图中可以很明显发现，电池容量退化速率与应力之间具有明显的相关性，高应力会加速容量退化。因此，在预测剩余寿命时需要考虑应力对退化过程的影响。这里将容量损失达到 30%作为失效阈值。根据上述失效判据，4 种应力剖面下的锂离子电池真实循环寿命分别为 25 千次循环、31 千次循环、22 千次循环和 30 千次循环。

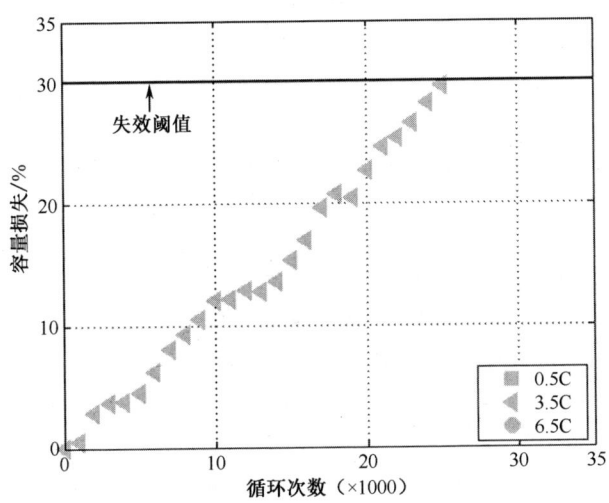

图 4.6　应力剖面 1 下容量退化仿真结果

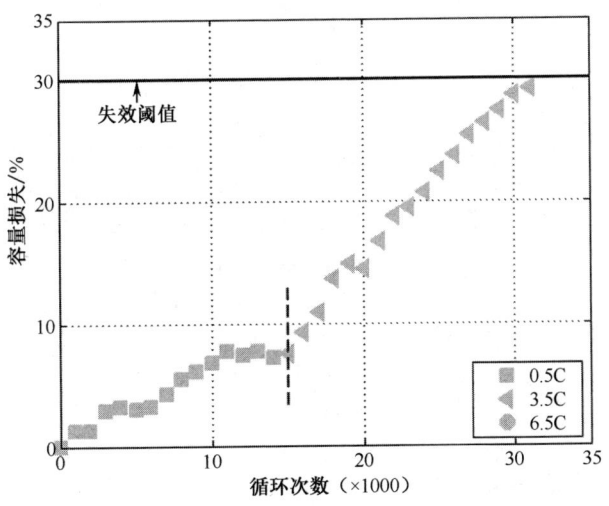

图 4.7　应力剖面 2 下容量退化仿真结果

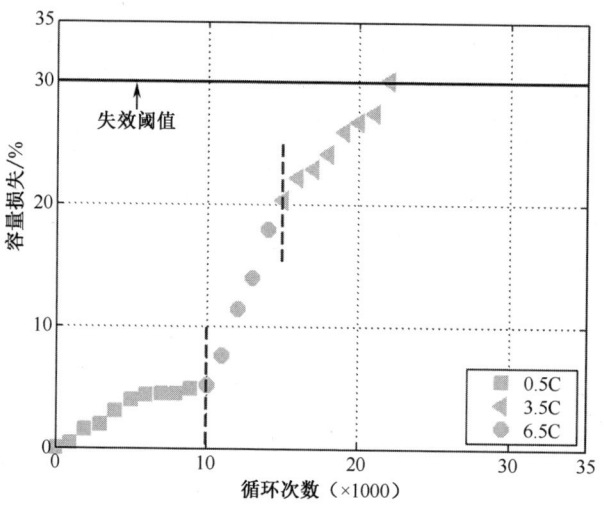

图 4.8　应力剖面 3 下容量退化仿真结果

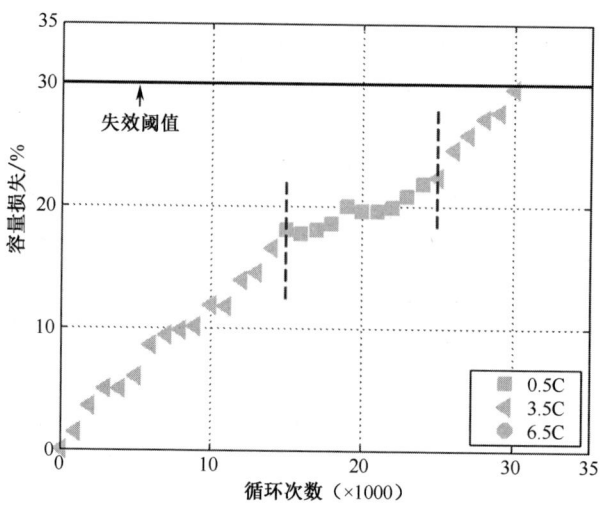

图 4.9　应力剖面 4 下容量退化仿真结果

4.6.3　结果与讨论

对于 4 种应力剖面下的容量退化轨道,均从第 15 千次循环时刻开始进行剩余寿命预测。根据 4.4 节方法，每观测到下一个时刻的退化量和应力值时，就利用贝叶斯公式更新一次退化模型中的随机效应参数，以调整模型使之更适合描述当前时刻该电池的容量真实退化规律。在应力剖面 1、2、3 中，由于 15 千次循环之后的应力为恒定值 3.5C，因此剩余寿命概率密度函数解析表达式可通过式（4.14）直接得到；在应力剖面 4 中，由于 15 千次循环之后的应力为非恒定值，剩余寿命概率密度函数无法直接通过式（4.14）给出，于是借助 4.5.2 节中的仿真方法给出剩余寿命近似分布。

图 4.10～图 4.12 为应力剖面 1、2、3 下电池剩余寿命（RL）概率密度曲线随循环次数变化图，同时图中还给出各观测时刻的剩余寿命真实值（方形）和预测期望值（圆形）。从图中可以看出，在每个预测时刻，剩余寿命概率密度曲线均能够较好地覆盖剩余寿命真实值，且剩余寿命预测期望值与真实值非常接近。上述结果表明，在未来应力剖面为恒定应力的情形下，无论预测起始时刻前后应力水平是否相同，均能得到较为精确的剩余寿命预测结果。

利用式（4.15），可以进一步得到剩余寿命预测结果的期望值、中位值和 80%置信区间，结果如图 4.13～图 4.15 所示。

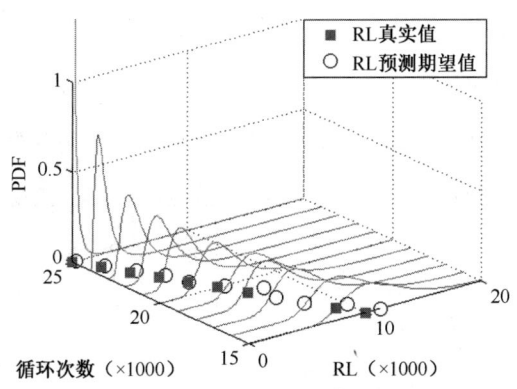

图 4.10　应力剖面 1 下电池 RL 概率密度曲线随循环次数变化图

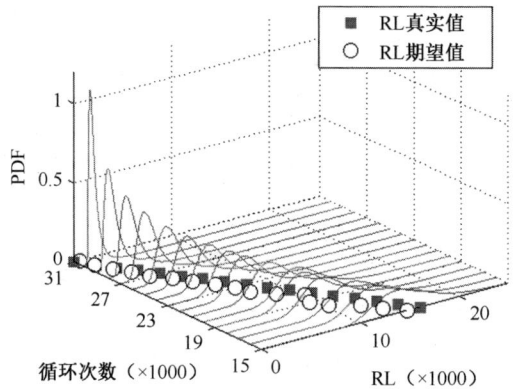

图 4.11 应力剖面 2 下电池 RL 概率密度曲线随循环次数变化图

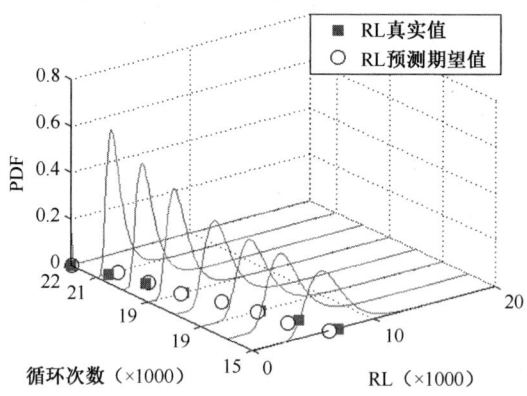

图 4.12 应力剖面 3 下电池 RL 概率密度曲线随循环次数变化图

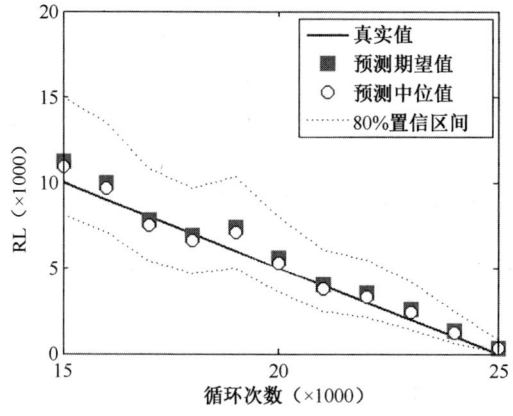

图 4.13 应力剖面 1 下电池 RL 特征量

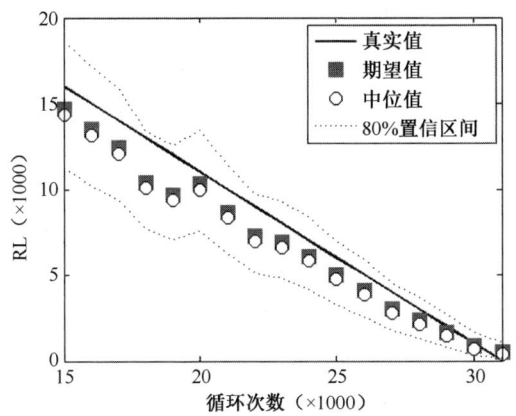

图 4.14　应力剖面 2 下电池 RL 特征量

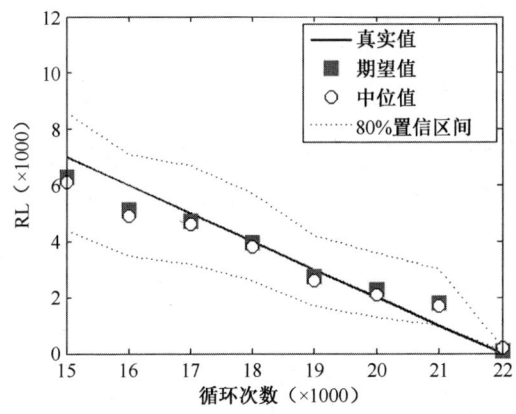

图 4.15　应力剖面 3 下电池 RL 特征量

对于应力剖面 4，由于在未来预测阶段应力为非恒定值，无法得到其概率密度函数和累积分布函数的解析表达式，故采用 4.5.2 节中的仿真方法对其开展剩余寿命预测，相应的预测结果如图 4.16 所示，T_C 时刻之后 4 个预测时刻点的剩余寿命分布直方图如图 4.17 所示。

从上述预测结果可以较明显地看出，无论未来预测阶段的应力剖面是恒定的还是时变的，剩余寿命预测结果都具有较高精度。同时，从图 4.17 中还可以发现，在每个预测时刻，所预测的剩余寿命期望值普遍要比中位值略大一些。造成上述现象可能是所得到的剩余寿命分布概率密度曲线形状是倾斜

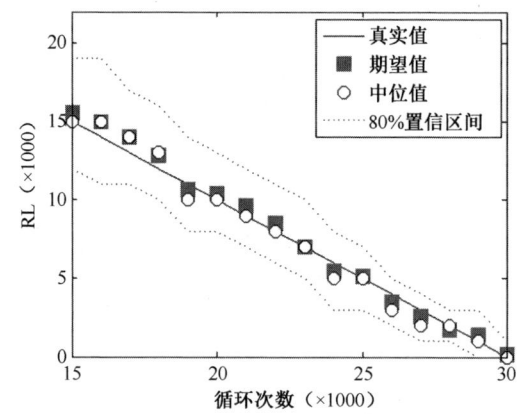

图 4.16 应力剖面 4 下电池 RL 特征量

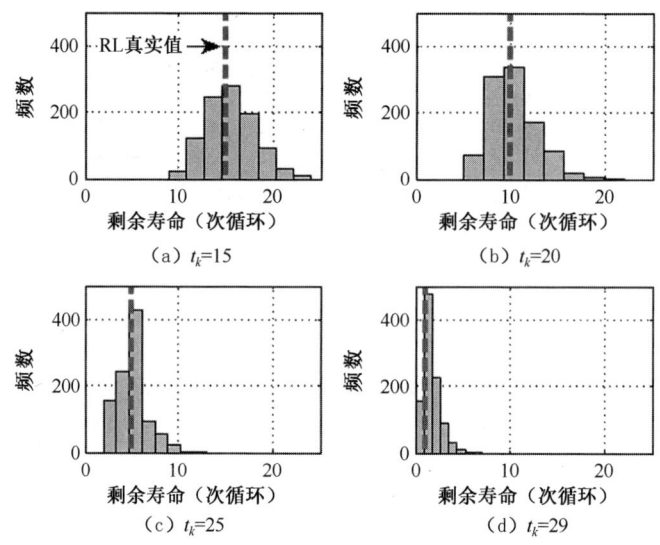

图 4.17 应力剖面 4 下基于仿真得到的剩余寿命直方图

的（或非对称的）。即便如此，无论是剩余寿命期望值还是中位值都代表了非常精确的预测结果。在维修决策中，人们称剩余寿命预测值小于真实值为早预测（Early Prediction），剩余寿命预测值大于真实值为过预测（Late Prediction）。显然，过预测作为一种相对乐观的预测结果，会因高估产品剩余寿命而带来一些不必要的损失，这在工程中是应该尽量避免的[85]。所以，在维修决策时推荐用偏保守的剩余寿命中位值作为其预测结果。4 种应力剖面下的剩余寿命预测中位值和80%置信区间预测结果汇总在表4.2中。

为了进一步证明本章提出的时变应力下剩余寿命预测方法的优越性，这里将上述预测结果与传统剩余寿命预测方法结果进行对比分析。传统方法也采用线性漂移Wiener过程对产品性能退化过程进行建模，但模型中没有考虑应力对退化速率的影响[76]。为了便于比较两种方法的预测精度，这里定义t_k时刻的剩余寿命相对预测误差（RE_k）为

$$RE_k = \frac{|L - t_k - L_k|}{L} \times 100\% \qquad (4.21)$$

式中，L为产品真实寿命，L_k为t_k时刻剩余寿命预测中位值，$L - t_k$为t_k时刻剩余寿命真实值。

表4.2 4种应力剖面下锂离子电池剩余寿命预测结果

循环次数/千次	应力剖面1			应力剖面2		
	真实RL	预测中位值	80%置信区间	真实RL	预测中位值	80%置信区间
15	10	10.8	[8.0,14.9]	16	14.35	[11.3,18.7]
16	9	9.6	[7.0,13.4]	15	13.13	[10.2,17.2]
17	8	7.4	[5.3,10.7]	14	12.07	[9.4,15.9]
18	7	6.5	[4.6,9.6]	13	10.08	[7.7,13.4]
19	6	7.0	[4.9,10.2]	12	9.37	[7.1,12.6]
20	5	5.2	[3.5,7.9]	11	9.99	[7.6,13.4]
21	4	3.7	[2.4,6.0]	10	8.36	[6.2,11.4]
22	3	3.2	[2.0,5.4]	9	6.99	[5.1,9.7]
26	2	2.3	[1.3,4.1]	8	6.64	[4.8,9.3]
24	1	1.1	[0.5,2.4]	7	5.84	[4.2,8.4]
25	失效			6	4.75	[3.3,7.0]
26				5	3.85	[2.6,5.9]
27				4	2.80	[1.8,4.5]
28				3	2.15	[1.3,3.7]
29				2	1.46	[0.8,2.8]
30				1	0.70	[0.1,1.1]
31				失效		

续表

循环次数/千次	应力剖面 3			应力剖面 4		
	真实 RL	预测中位值	80%置信区间	真实 RL	预测中位值	80%置信区间
15	7	6.02	[4.4,8.5]	15	15	[12,19]
16	6	4.84	[3.4,7.0]	14	15	[12,19]
17	5	4.45	[3.1,6.6]	13	14	[11,17]
18	4	3.69	[2.5,5.6]	12	13	[10,16]
19	3	2.50	[1.6,4.1]	11	10	[8,14]
20	2	2.02	[1.2,3.5]	10	10	[8,13]
21	1	1.55	[0.9,2.9]	9	9	[7,13]
22				8	8	[6,11]
26				7	7	[5,10]
24		失效		6	5	[3,8]
25				5	5	[3,7]
26				4	3	[2,5]
27				3	2	[1,4]
28				2	2	[1,3]
29				1	1	[0,3]
30					失效	

  图 4.18～图 4.21 对比了本章方法和传统方法得到的剩余寿命预测结果（中位值），图 4.22～图 4.25 则对比了本章方法与传统方法得到的剩余寿命相对预测误差。结果表明，本章所提出的剩余寿命预测方法考虑了应力加速效应对产品退化过程的影响，其预测精度要大大高于传统不考虑应力加速效应的方法。值得注意的是，虽然本章中退化模型漂移系数与应力之间存在一定程度的非线性加速关系，但利用线性加速方程得出的剩余寿命预测结果仍然具有很高的精度（大部分预测时刻点相对预测误差在 5%之内）。这也从侧面证明，当应力波动范围不太大时，利用线性加速方程近似描述应力与退化速率之间的加速关系是合理的。

第4章 考虑应力加速的Wiener过程建模及寿命预测

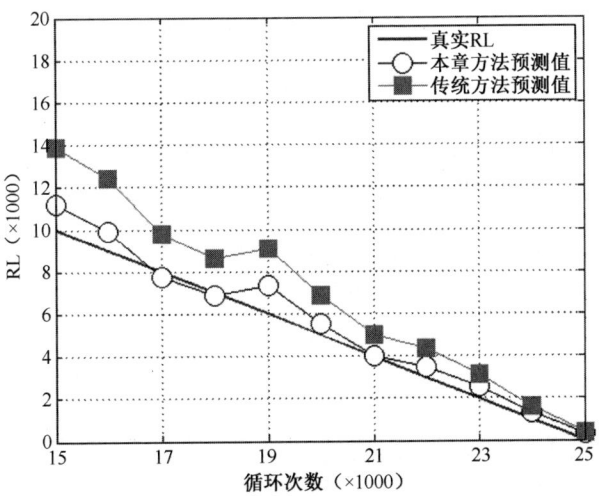

图4.18 本章方法与传统方法得到的剩余寿命预测结果对比图（应力剖面1）

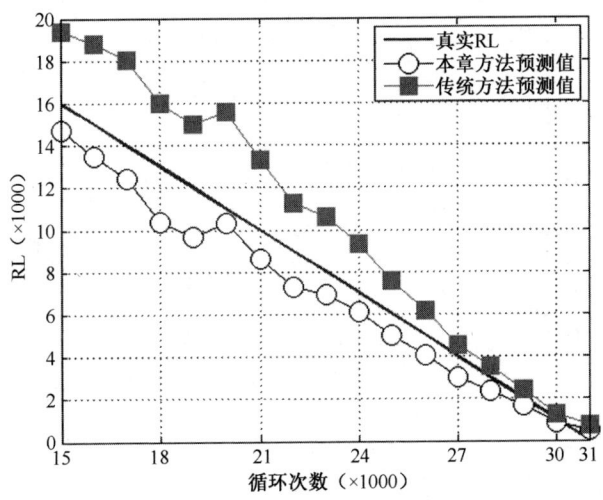

图4.19 本章方法与传统方法得到的剩余寿命预测结果对比图（应力剖面2）

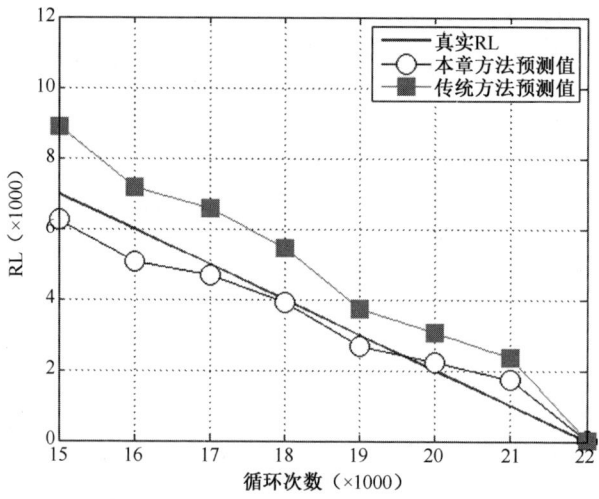

图 4.20　本章方法与传统方法得到的剩余寿命预测结果对比图（应力剖面 3）

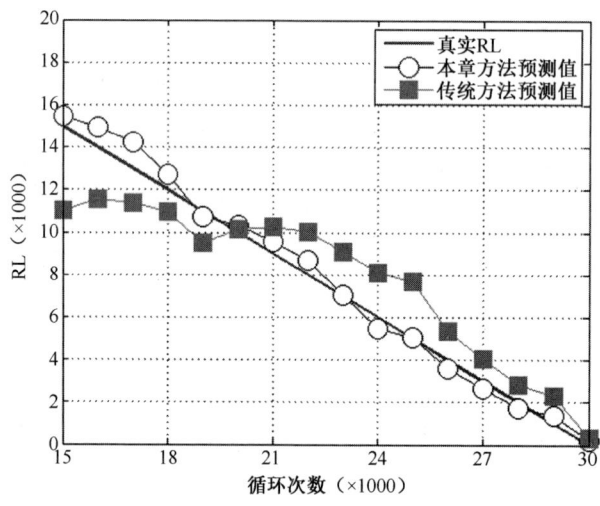

图 4.21　本章方法与传统方法得到的剩余寿命预测结果对比图（应力剖面 4）

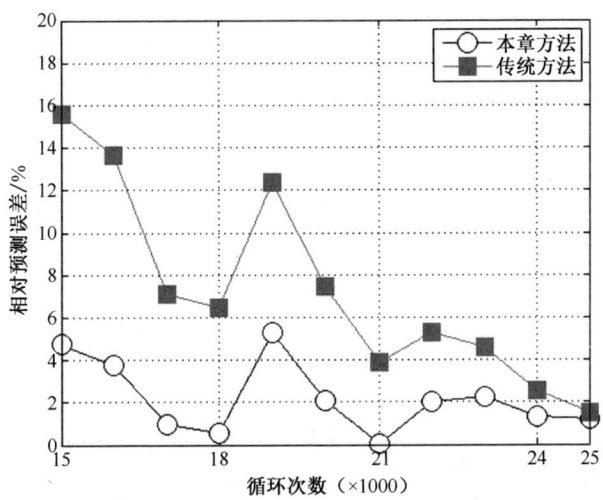

图 4.22 本章方法与传统方法相对预测误差对比图（应力剖面 1）

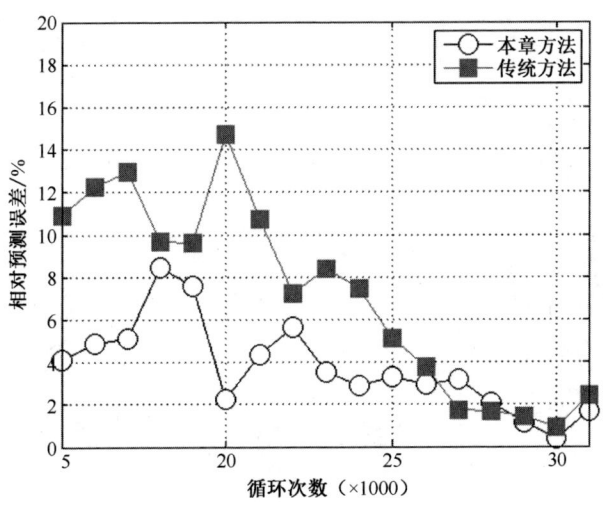

图 4.23 本章方法与传统方法相对预测误差对比图（应力剖面 2）

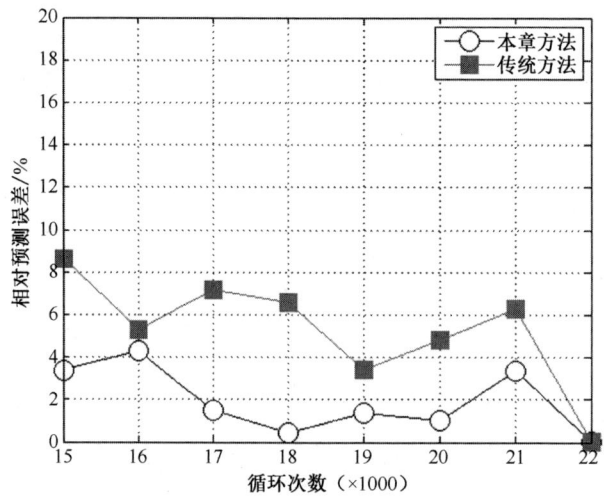

图 4.24 本章方法与传统方法相对预测误差对比图（应力剖面 3）

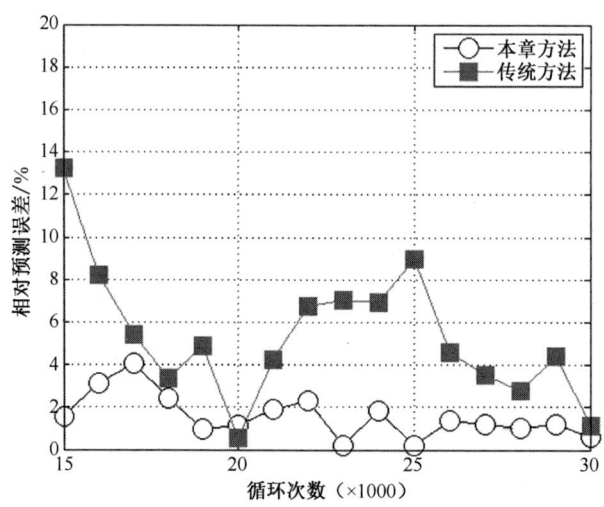

图 4.25 本章方法与传统方法相对预测误差对比图（应力剖面 4）

4.7　本章小结

本章提出了一种考虑应力加速效应的时变应力下退化型产品剩余寿命预测方法。首先利用一元线性漂移 Wiener 过程建立产品的性能退化模型,并使用线性加速方程描述应力对退化过程的加速作用。模型参数被分为固定效应参数和随机效应参数两类,当获得现场新的退化数据和应力数据后,先利用贝叶斯公式对随机效应参数分布进行更新,然后基于更新后的退化模型对给定应力剖面下的产品剩余寿命开展在线预测。最后,将本章所提方法用于时变充放电倍率下的锂离子电池剩余循环寿命预测中,利用仿真方法生成 4 种具有代表性的时变应力剖面,综合历史数据和现场数据,实时更新容量退化模型并预测出各应力剖面下的电池剩余寿命分布。在工程实践中,产品现场工作期间面临的应力经常是时变的,且会显著影响产品关键性能参数退化速率,该方法较传统不考虑应力影响的剩余寿命预测方法进一步提高了预测精度,拓宽了剩余寿命预测方法的适用范围,具有一定的理论意义和实用价值。

第 5 章

考虑应力加速-补偿的 Wiener 过程建模及寿命预测

5.1 引言

应力加速效应与应力补偿效应是应力变化影响产品性能参数退化过程的两种方式,第 3 章对考虑两种应力效应下的产品退化轨道建模和可靠性评估方法进行了介绍,因寿命分布推导过程中使用的是伪寿命法,故较难将其推广至产品剩余寿命预测中。第 4 章对考虑应力加速效应的产品剩余寿命预测方法进行了探讨,借助含加速方程的 Wiener 过程描述产品性能退化过程,并在此基础上实现了时变应力下的退化模型在线更新。本章在第 4 章基础上,继续研究考虑两种应力效应的时变应力下产品性能退化建模与剩余寿命预测方法,仍采用 Wiener 过程描述性能退化过程。这里的应力变化主要由自然环境(如温度、压力等)或工作负载(如速度、振动、使用频率等)等因素变动造成,它们可能随时间有规律地变化,也可能不受控且不规则。研究发现,尽管工程上已经认识到在动态条件下开展产品剩余寿命预测的重要性,但由于同时考虑两种应力效应会造成退化模型更加复杂化,因此大大提升了模型在线更新和剩余寿命分布统计推断的难度。虽然一些数值方法可以近似解决上述问题(如 MCMC),但算法复杂度较高,计算效率不佳,在工程实践中存在一定局限性。为此,本章在一元 Wiener 过程模型基础上,同时引入应力加速效应和应力补偿效应对性能参数的影响,利用解析推导方法得到产品退化模型在线更新公式和剩余寿命分布解析表达式,进一步拓宽动态环境下的退化型产品寿命预测理论方法。

5.2 考虑应力加速–补偿效应的 Wiener 过程建模

5.2.1 改进 Wiener 过程模型

Wiener 过程具有非单调性和失效时间可解析推导的优良性质,被广泛应用于数据驱动的剩余寿命预测研究。考虑单性能参数的广义 Wiener 过程可以

表示为
$$y(t) = y_0 + D(t;\theta) + \sigma B(t) \quad (5.1)$$
式中，y_0 表示初始退化量，$D(t;\theta)$ 为平均退化轨迹函数，σ 为扩散系数，$B(t)$ 为标准布朗运动。

不失一般性，$D(t;\theta)$ 可表示为
$$D(t;\theta) = v \cdot \tau(t;\gamma), \quad \theta = (v, \gamma)$$
式中，v 为漂移系数，决定性能参数退化速率；$\tau(t;\gamma)$ 为关于时间 t 的连续非负函数，决定退化轨迹形状。

例如，$\tau(t) = t$ 对应一元线性漂移 Wiener 过程，$\tau(t) = t^\gamma$ 对应带指数函数尺度变换的一元非线性 Wiener 过程。

式（5.1）一般用来描述恒定应力下的退化过程。本章关注的是考虑应力加速效应和应力补偿两种效应下的非恒定应力下的退化过程，如图 3.1 中时变温度下的锂离子电池容量退化过程，因此需要对上述模型做两点改进。

（1）改进 1。

对于许多产品来说，应力越高，性能参数退化越快。加速函数可以将性能参数退化速率与应力联系起来，然后推断正常条件下的失效时间。为了描述应力加速效应，利用加速方程 $D(t,S;\theta)$ 建立漂移系数 v 和应力 S 之间的关系如下：
$$D(t,S;\theta) = v(S;\lambda) \cdot \tau(t;\gamma), \quad \theta = (\lambda, \gamma) \quad (5.2)$$

（2）改进 2。

产品的性能参数通常是一些化学或物理反应的输出，故其测量值可能对应力变化敏感。突然的应力（如温度）变化将导致性能参数测量值的突然增加或减少。为此，在式（5.3）中引入了应力补偿函数 $H(S;\varphi)$，即
$$y(t,S) = y_0 + D(t,S;\theta) + H(S;\varphi) + \sigma B(t) \quad (5.3)$$
式中，φ 为待估计参数，$H(S;\varphi)$ 用来描述因应力变化导致的性能参数临时变化情况。

将式（5.2）代入式（5.3），得到一种新的用来表述复杂应力效应的 Wiener 过程模型，即
$$y(t,S) = y_0 + v(S;\lambda) \cdot \tau(t;\gamma) + H(S;\varphi) + \sigma B(t) \quad (5.4)$$
式中，$\Theta = (\lambda, \gamma, \varphi, \sigma)$ 为未知参数向量。

式（5.4）中的模型可以用来描述一些文献中的现有模型：

M1：若 $H(S;\varphi) =$ 常量，$v(S;\lambda) =$ 常量，$\tau(t;\gamma) = t$，则式（5.4）为标准线性 Wiener 过程。

M2：若 $H(S;\varphi) =$ 常量，$v(S;\lambda) =$ 常量，则式（5.4）为扩展 Wiener 过程。

M3：若 $H(S;\varphi) =$ 常量，$v(S;\lambda) \neq$ 常量，则式（5.4）为仅考虑应力加速效应的 Wiener 过程[114]。

M4：若 $H(S;\varphi) \neq$ 常量，$v(S;\lambda) =$ 常量，则式（5.4）为仅考虑应力补偿效应的 Wiener 过程，该模型较少被提及。

对于不同形式的 $v(S;\lambda)$、$\tau(t;\gamma)$ 和 $H(S;\varphi)$，本章所建立的改进 Wiener 过程模型可以变化为不同形式，相比传统 Wiener 过程模型，本章所建立的模型更适合描述非恒定应力下的性能退化过程，适用范围大大扩宽。

5.2.2 考虑复合应力的锂离子电池容量退化建模与可靠性评估

以时变温度下考虑两种应力效应的锂离子电池容量退化过程为例，进一步给出退化建模示例。

1. 退化模型

对处于特定健康状态的锂离子电池，试验表明，其单次循环中可以释放的容量随着环境温度的变化而呈指数形式变化，如图 5.1 所示。

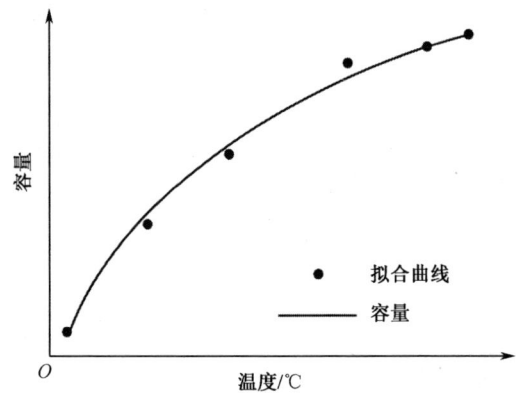

图 5.1 LiFePO$_4$ 锂离子电池容量随温度变化曲线[142]

因此，可以用式（5.5）中的指数模型描述单次循环中容量和温度关系，即

$$y(S) = C_0 - c \cdot \exp\left(-\frac{S}{d}\right) \tag{5.5}$$

式中，S 为摄氏温度值，$y(S)$ 为 S 下的容量，C_0 与电池当前循环老化状态有关。

令 t 表示循环次数，假设随着循环次数的增加电池容量呈线性退化趋势，因此在给定应力 S 下，常数项 C_0 可以进一步描述为

$$C_0(t) = y_0 + vt + \sigma B(t) \tag{5.6}$$

为进一步考虑应力加速效应，利用 Arrhenius 方程描述漂移系数 v 和温度 S 之间的关系为

$$v(S; a, b) = a \cdot \exp\left(\frac{b}{S + 273.15}\right) \tag{5.7}$$

将式（5.6）和式（5.7）代入式（5.5），即得到考虑复杂环境效应的锂离子电池容量退化模型：

$$y(t, S) = y_0 + a \cdot \exp\left(\frac{b}{S + 273.15}\right) \cdot t - c \cdot \exp\left(-\frac{S}{d}\right) + \sigma B(t) \tag{5.8}$$

将式（5.8）与式（5.3）比较可发现：

$$\begin{cases} D(t, S; \boldsymbol{\theta}) = a \cdot \exp\left(\dfrac{b}{S + 273.15}\right) \cdot t \\ H(S; \boldsymbol{\varphi}) = -c \cdot \exp\left(-\dfrac{S}{d}\right) \end{cases} \tag{5.9}$$

式中，$\boldsymbol{\theta} = (a, b)$ 且 $\boldsymbol{\varphi} = (c, d)$。

剩余寿命预测关注产品个体性能退化过程中的不一致性，文献中常通过在模型中引入一些随机效应参数来描述这种不一致性。对于标准线性 Wiener 过程，通常假设漂移系数是随机效应参数，以描述不同个体间退化速率的差异，而其他参数是恒定的固定效应参数，以捕获产品总体共有的退化特征。在实际应用中，不同电池单体的温度补偿性能也可能不同。受上述分析启发，假设 a、c 是随机效应参数，b、d、σ 是固定效应参数。由于随机效应参数未知，因此一种合理的假设是认为它们相互独立且服从正态分布的。下文将分别用 $N(\mu_a, \sigma_a^2)$ 和 $N(\mu_c, \sigma_c^2)$ 表示 a、c 的先验分布，此时，考虑不一致性的锂离子电

池退化模型可进一步由参数向量 $\boldsymbol{\Theta} = (y_0, \mu_a, \sigma_a, b, \mu_c, \sigma_c, d, \sigma)$ 进行表征。

2. 失效判据

Wiener 过程模型假设下的产品失效时间 T 通常由首达时（First Passage Time，FPT）进行定义，即性能参数第一次越过失效阈值 ω 对应的时刻。这里，不失一般性，考虑一个性能参数存在下降趋势的退化过程 $y(t)$，其失效时间（首达时）为

$$T = \inf\{t : y(t) \leqslant \omega\} \tag{5.10}$$

在性能退化理论和 FPT 假设下，产品失效这一事件是不可逆的。然而，由于存在应力补偿效应，性能参数测量值对应力变化很敏感。因此，在特定时间，产品的性能参数可能会因应力波动"暂时性"地超过 ω，而非真正失效。为了避免低估或高估失效时间，本文重新定义了考虑应力补偿效应的产品失效时间。

工程上，人们在设定退化型产品的失效判据时，一般应指定参考测试条件。例如，某锂离子电池说明书中将电池失效定义为其可用容量衰减至某个临界值，通常需同时指出是哪种温度下的可用容量（如室温 25℃）。

假设参考测试条件规定的应力为 S_r，该应力下的失效阈值为 ω_r。给定退化过程 $y(t,S)$，应力 S 下的失效时间重新定义为

$$T_S = \inf\{t : y_r(t,S) \leqslant \omega_r\} \tag{5.11}$$

式中，$y_r(t,S)$ 为应力 S_r 下的转化后的退化过程，且有

$$y_r(t,S) = y(t,S) - H(S;\varphi) + H(S_r;\varphi) \tag{5.12}$$

式（5.11）可进一步改写为

$$T_S = \inf\{t : y(t,S) \leqslant \omega_S\} \tag{5.13}$$

其中

$$\omega_S = \omega_r + H(S;\varphi) - H(S_r;\varphi) \tag{5.14}$$

称 ω_S 为应力 S 下的转换失效阈值。与式（5.10）中的首达时定义相比，其失效阈值由 ω 变为了 ω_S。

3. 可靠性评估

以锂离子电池为例，继续推导 T_S 的分布表达式。在锂离子电池行业规范

中，失效通常定义为 25℃时其所能释放的最大容量降至其额定值的 80%。也就是说，根据该定义，可以设置 $S_r = 25$、$\omega_r = 0.8C_{\text{rated}}$。由于电池可用容量随着循环充放电次数的增加而衰减，故系数 a 必为负。因此，T_S 等价于标准线性 Wiener 过程从 $y_0 + H(S;c,d)$ 减小到 ω_S 对应的首达时，该 Wiener 过程的漂移系数为 $v(S;a,b)$，扩散系数为 σ。显然，T_S 服从逆高斯分布，可得其概率密度函数为

$$f_{T_S}(t\mid a,c) = \frac{y_0 - \omega_r + H(S;c,d)}{\sqrt{2\pi t^3 \sigma^2}} \exp\left\{-\frac{[y_0 - \omega_r + H(S;c,d) + v(S;a,b)t]^2}{2t\sigma^2}\right\}$$

(5.15)

令 $\pi_a(a)$、$\pi_c(c)$ 为随机效应参数 a 和 c 的概率密度函数，则有

$$f_{T_S}(t) = \iint f_{T_S}(t\mid a,c)\pi_a(a)\pi_c(c)\mathrm{d}a\mathrm{d}c \quad (5.16)$$

式（5.16）给出了锂离子电池在给定应力 S 下的失效时间概率密度函数，该函数同时考虑了应力加速效应和应力补偿效应。利用式（5.16）可开展同类型产品在指定应力 S 下的总体寿命预测和可靠性评估工作，此处不再赘述。

5.3 退化模型初始参数估计

本节重点解决离线情形下的退化模型初始参数估计问题。假设现有时变温度下 N 个电池容量退化数据，令 y_{ij} 为第 i 个电池在第 j 个循环的容量，对应温度为 S_{ij}。根据 5.2 节内容，可知模型全部未知参数向量为 $\boldsymbol{\Theta} = (y_0, \mu_a, \sigma_a, b, \mu_c, \sigma_c, d, \sigma)$。退化模型形式较为复杂且待估计参数较多，很难直接得到各参数的极大似然估计值，这里给出了一种多阶段参数估计方法。

1. 阶段 1

首先，利用最小二乘方法估计每个样本平均退化轨迹函数中的参数 (y_0, a, b, c, d)。

令 ΔD_{ij} 为电池单体 i 在第 $j-1$ 次和第 j 次循环中容量退化增量，即

$$\Delta D_{ij} = a_i \cdot \exp\left(\frac{b_i}{S_{ij} + 273.15}\right) \tag{5.17}$$

根据累积损失理论，电池单体 i 在第 j 次循环的电池容量测量值还可表示为

$$y'_{ij} = y_{0i} + \sum_{k=1}^{j} \Delta D_{ik} - c_i \cdot \exp\left(-\frac{S_{ij}}{d_i}\right) \tag{5.18}$$

通常，参数好的估计结果会令 y'_{ij} 逼近 y_{ij}。因此，记电池单体 i 的累积残差平方和为

$$\mathrm{RSS}_i = \sum_{j=1}^{m_i}(y_{ij} - y'_{ij})^2 \tag{5.19}$$

根据电池单体 i 的退化数据和应力数据 $(y_{i1}, S_{i1}), (y_{i2}, S_{i2}), \cdots, (y_{im_i}, S_{im_i})$，通过最小化 RSS_i，可以得到参数估计值 $(\hat{y}_{0i}, \hat{a}_i, \hat{b}_i, \hat{c}_i, \hat{d}_i)$。很多智能优化方法都可以解决上述非线性优化问题。

2. 阶段 2

根据每个电池单体样本的参数估计值 $(\hat{y}_{0i}, \hat{a}_i, \hat{b}_i, \hat{c}_i, \hat{d}_i)$，可以进一步估计 Θ 中除 σ 以外的其他未知参数。

对于参数 (y_0, b, d)，令 $\hat{y}_0 = \sum_{i=1}^{N} \hat{y}_{0i}/N$、$\hat{b}_0 = \sum_{i=1}^{N} \hat{b}_i/N$、$\hat{d}_0 = \sum_{i=1}^{N} \hat{d}_i/N$ 作为各自的估计值。

对于超参数 $(\mu_a, \sigma_a, \mu_c, \sigma_c)$，可以根据样本 $(\hat{a}_i, \hat{c}_i)$，并通过极大似然估计得到其估计值。

3. 阶段 3

最后，转向估计扩散系数 σ。对于电池单体 i 的第 j 个循环，容量测量值 y_{ij} 与估计值 y'_{ij} 残差可以表示为

$$\sigma B(t) = y_{ij} - y'_{ij} \tag{5.20}$$

式中，y'_{ij} 可将 $(\hat{y}_{0i}, \hat{a}_i, \hat{b}_i, \hat{c}_i, \hat{d}_i)$ 代入式（5.18）得到。

令 $\Delta_{ij} = (y_{ij} - y'_{ij}) - (y_{i,j-1} - y'_{i,j-1})$。根据 Wiener 过程独立增量性质可得

$$\Delta_{ij} = \sigma B(t_{ij}) - \sigma B(t_{i,j-1}) \sim N(0, \Delta t_{ij}\sigma^2) \quad (5.21)$$

于是，联合似然函数可表示为

$$l(\sigma) = \text{Const} - \ln\sigma \sum_{i=1}^{n}(m_i - 1) - \frac{1}{2\sigma^2}\sum_{i=1}^{n}\sum_{j=2}^{m_i}\frac{\Delta_{ij}^2}{\Delta t_{ij}} \quad (5.22)$$

故 σ 的极大似然估计值可由最大化式（5.22）得到，即

$$\hat{\sigma} = \sqrt{\frac{1}{\sum_{i=1}^{n}(m_i - 1)}\sum_{i=1}^{n}\sum_{j=2}^{m_i}\frac{\Delta_{ij}^2}{\Delta t_{ij}}} \quad (5.23)$$

5.4 基于贝叶斯公式的模型参数在线更新

假设在 $t_1 < t_2 < \cdots < t_K$ 时刻观测到某产品个体性能参数 $\boldsymbol{Y}_{1:K} = (y_1, y_2, \cdots, y_K)$ 和对应的应力 $\boldsymbol{S}_{1:K} = (S_1, S_2, \cdots, S_K)$，令 $\boldsymbol{X}_K = (\boldsymbol{Y}_{1:K}, \boldsymbol{S}_{1:K})$。给定现场信息 $\boldsymbol{X}_K$，随机效应参数联合后验分布为

$$p(a, c \mid \boldsymbol{X}_K) = p(a, c \mid \boldsymbol{Y}_{1:K}, \boldsymbol{S}_{1:K}) \propto f(\boldsymbol{Y}_{1:K} \mid a, c, \boldsymbol{S}_{1:K})\pi_a(a)\pi_c(c) \quad (5.24)$$

退化增量 Δy_k 服从正态分布。在锂离子电池案例中，$t_k = k$ 表示循环次数，因此有

$$\Delta y_k = y_k - y_{k-1} \sim N(a \cdot A_k + c \cdot B_k, \sigma) \quad (5.25)$$

其中

$$\begin{cases} A_k = \exp\left(\dfrac{b}{\overline{S}_k + 273.15}\right) \\ B_k = \exp\left(-\dfrac{S_{k-1}}{d}\right) - \exp\left(-\dfrac{S_k}{d}\right) \end{cases} \quad (5.26)$$

式中，$\overline{S}_k = (S_{k-1} + S_k)/2$ 代表 t_{k-1} 与 t_k 之间的平均应力水平。因此，退化增量 Δy_k 的条件概率密度函数可以表示为

$$f(\Delta y_k \mid a, c, \boldsymbol{S}_k) = \frac{1}{\sqrt{2\pi}\sigma}\exp\left\{-\frac{(\Delta y_k - aA_k - cB_k)^2}{2\sigma^2}\right\} \quad (5.27)$$

由于 $a \sim N(\mu_a, \sigma_a^2)$ 且 $c \sim N(\mu_c, \sigma_c^2)$，故式（5.24）可进一步改写为

$$p(a,c|\boldsymbol{X}_K)$$

$$\propto \frac{1}{\left(\sqrt{2\pi\sigma^2}\right)^K}\exp\left\{-\sum_{k=1}^{K}\frac{(\Delta y_k - aA_k - cB_k)^2}{2\sigma^2}\right\}\frac{1}{\sqrt{2\pi\sigma_a^2}} \cdot$$

$$\exp\left\{-\frac{(a-\mu_a)^2}{2\sigma_a^2}\right\}\frac{1}{\sqrt{2\pi\sigma_c^2}}\exp\left\{-\frac{(c-\mu_c)^2}{2\sigma_c^2}\right\}$$

$$\propto \exp\left\{-\frac{1}{2\sigma^2\sigma_a^2\sigma_b^2}\left[\sigma_a^2\sigma_c^2\left(a^2\sum_{k=1}^{K}A_k^2 + c^2\sum_{k=1}^{K}B_k^2 - 2a\sum_{k=1}^{K}A_k\Delta y_k - 2c\sum_{k=1}^{K}B_k\Delta y_k + \right.\right.\right.$$

$$\left.\left.\left. 2ac\sum_{i=1}^{K}A_kB_k\right) + \sigma^2\sigma_c^2(a^2 - 2a\mu_a) + \sigma^2\sigma_a^2(c^2 - 2c\mu_c)\right]\right\}$$

$$\propto \exp\left\{-\frac{1}{2\sigma^2\sigma_a^2\sigma_b^2}\left[\sigma^2\sigma_b^2\left(\sigma_a^2\sum_{k=1}^{K}A_k^2 + \sigma^2\right) + c^2\sigma_a^2\left(\sigma_c^2\sum_{k=1}^{K}B_k^2 + \sigma^2\right) - \right.\right.$$

$$\left.\left. 2a\sigma_c^2\left(\sigma_a^2\sum_{k=1}^{K}A_k\Delta y_k + \mu_a\sigma^2\right) - 2c\sigma_a^2\left(\sigma_c^2\sum_{k=1}^{K}B_k\Delta y_k + \mu_c\sigma^2\right) + 2ac\sigma_a^2\sigma_c^2\sum_{i=1}^{k}A_kB_k\right]\right\}$$

(5.28)

注意，式（5.28）为关于随机效应参数 a 和 b 的二次多项式。根据多元正态分布性质可知，a 和 b 的联合后验分布为服从期望为 (μ_{ak},μ_{ck})、方差为 $(\sigma_{ak}^2,\sigma_{bk}^2)$ 和相关系数为 ρ_k 的二元正态分布，即

$$p(a,c|\boldsymbol{X}_K) \propto \frac{1}{2\pi\sigma_{aK}\sigma_{cK}\sqrt{1-\rho_K^2}} \cdot$$

$$\exp\left\{-\frac{\sigma_{cK}^2(a-\mu_{aK})^2 - 2\sigma_{aK}\sigma_{cK}\rho_K(a-\mu_{aK})(c-\mu_{cK}) + \sigma_{aK}^2(c-\mu_{cK})^2}{2\sigma_{aK}^2\sigma_{cK}^2(1-\rho_K^2)}\right\}$$

(5.29)

式（5.29）中的参数计算方法为

$$\begin{cases} \mu_{aK} = \dfrac{Z_2Z_3 - Z_4Z_5}{Z_1Z_2 - Z_5^2} \\ \mu_{cK} = \dfrac{Z_1Z_1 - Z_3Z_5}{Z_1Z_2 - Z_5^2} \\ \sigma_{aK}^2 = \dfrac{Z_2}{Z_1Z_2 - Z_5^2} \\ \sigma_{cK}^2 = \dfrac{Z_1}{Z_1Z_2 - Z_5^2} \\ \rho_K = \dfrac{-Z_5}{\sqrt{Z_1Z_2}} \end{cases}$$

(5.30)

其中

$$\begin{cases} Z_1 = \dfrac{\sigma_a^2 \sum_{k=1}^{K} A_k^2 + \sigma^2}{\sigma^2 \sigma_a^2} \\[2mm] Z_2 = \dfrac{\sigma_c^2 \sum_{k=1}^{K} B_k^2 + \sigma^2}{\sigma^2 \sigma_c^2} \\[2mm] Z_3 = \dfrac{\sigma_a^2 \sum_{k=1}^{K} A_k \Delta y_k + \mu_a \sigma^2}{\sigma^2 \sigma_a^2} \\[2mm] Z_4 = \dfrac{\sigma_c^2 \sum_{k=1}^{K} B_k \Delta y_k + \mu_c \sigma^2}{\sigma^2 \sigma_c^2} \\[2mm] Z_5 = \dfrac{\sum_{k=1}^{K} A_k B_k}{\sigma^2} \end{cases} \quad (5.31)$$

5.5 剩余寿命预测

给定某待预测产品个体，假设其在现场条件下工作至 t_K 时刻，其性能参数测量值和应力测量值分别记为 y_K 和 S_K。根据 5.2.2 节重新定义的失效判据，t_K 时刻的剩余寿命主要由以下三个因素决定。

（1）更新至 t_K 时刻的性能退化模型及其随机效应参数后验分布。

（2）t_K 时刻，产品在应力 S_K 下的性能参数测量值 y_K。

（3）t_K 时刻之后该产品经历的未来应力剖面。

5.5.1 未来恒定应力剖面下剩余寿命预测

假设 t_K 时刻之后产品在恒定应力 S 下继续工作，记其剩余寿命为 L_k^S。

首先,将其 t_K 时刻的性能参数测量值转化为应力 S 下的修正值,记为 y_K^S。根据式(5.8),转化过程如下:

$$y_K^S = y_K + H(S|c,d) - H(S_K|c,d) \tag{5.32}$$

在应力 S 下,产品失效阈值 ω_S 可由式(5.14)给出。

显然,L_k^S 可等效为随机过程 $\{y'(t), t \geq 0\}$ 在阈值 ω_S 下的首达时,其中

$$y'(t) = y_K^S + v(S;a,b)t + \sigma B(t) \tag{5.33}$$

漂移系数 $v(S;a,b) = a \cdot \exp\left(\dfrac{b}{S+273.15}\right)$ 且 $a<0$。

于是,有

$$L_k^S = \inf\{t: y'(t) \leqslant \omega_S \mid \boldsymbol{Y}_{1:K}, \boldsymbol{S}_{1:K}\} \tag{5.34}$$

L_k^S 的条件概率密度函数为

$$f_{L_k^S}(t|a,c) = \frac{y_K^S - \omega_S}{\sqrt{2\pi t^3 \sigma^2}} \exp\left\{-\frac{(y_K^S - \omega_S + v(S;a,b)t)^2}{2t\sigma^2}\right\} \tag{5.35}$$

令 $\Delta H = \exp\left(-\dfrac{S_K}{d}\right) - \exp\left(-\dfrac{S_r}{d}\right)$,$g(S) = \exp\left(\dfrac{b}{S+273.15}\right)$,则有

$$f_{L_k^S}(t|a,c) = \frac{y_K - \omega_r + c\Delta H}{\sqrt{2\pi t^3 \sigma^2}} \exp\left\{-\frac{(y_K - \omega_r + c \cdot \Delta H + a \cdot g(S)t)^2}{2t\sigma^2}\right\} \tag{5.36}$$

给定现场信息 $\boldsymbol{X}_K = (\boldsymbol{Y}_{1:K}, \boldsymbol{S}_{1:K})$,$(a,c)$ 联合后验分布为二元正态分布,即

$$a,c \mid \boldsymbol{X}_K \sim \text{BVN}(\mu_{aK}, \mu_{cK}, \sigma_{aK}^2, \sigma_{cK}^2, \rho_K) \tag{5.37}$$

根据参数后验分布,对 $f_{L_k^S}(t|a,c)$ 中的 (a,c) 积分,得到 L_k^S 在 $\boldsymbol{X}_K$ 下的后验分布:

$$f_{L_k^S}(t|\boldsymbol{X}_K) = A \cdot \sqrt{\frac{c}{\sigma_{cK}^2 + c}} \cdot \left(D + \frac{\mu_{cK}C - \sigma_{cK}^2 B}{\sigma_{cK}^2 + C}\right) \exp\left\{-\frac{(B+\mu_{cK})^2}{2(\sigma_{cK}^2 + C)}\right\} \tag{5.38}$$

其中

$$\begin{cases} A = \dfrac{\Delta H}{\sqrt{2\pi t^3(\sigma^2 + g^2(S)t\sigma_{a|c,X_K}^2)}} \\ B = \dfrac{y_K - \omega_r + (\mu_{aK} - \varphi\mu_{cK})\cdot g(S)t}{\varphi g(S)t + \Delta H} \\ C = \dfrac{t\left(g^2(S)t\sigma_{a|c,X_K}^2 + \sigma^2\right)}{[\varphi g(S)t + \Delta H]^2} \\ D = \dfrac{y_K - \omega_r}{\Delta H} \\ \varphi = \rho_K \dfrac{\sigma_{aK}^2}{\sigma_{cK}^2} \end{cases} \quad (5.39)$$

式（5.38）和式（5.39）证明过程如下。

引理 5.1：若 $Z \sim N(\mu,\sigma^2)$，$B,C \in \mathbf{R}$，则式（5.40）成立。

$$E_Z\left[\exp\left\{-\dfrac{(B+Z)^2}{2C}\right\}\right] = \sqrt{\dfrac{C}{\sigma^2+C}} \cdot \exp\left\{-\dfrac{(B+\mu)^2}{2(\sigma^2+C)}\right\} \quad (5.40)$$

引理 5.2：若 $Z \sim N(\mu,\sigma^2)$，$B,C \in \mathbf{R}$，则式（5.41）成立。

$$E_Z\left[Z\cdot\exp\left\{-\dfrac{(B+Z)^2}{2C}\right\}\right] = \dfrac{\mu C - \sigma^2 B}{\sigma^2 + C}\sqrt{\dfrac{C}{\sigma^2+C}} \cdot \exp\left\{-\dfrac{(B+\mu)^2}{2(\sigma^2+C)}\right\} \quad (5.41)$$

引理 5.1 和引理 5.2 证明过程见文献[76]，此处不再赘述。

根据式（5.37）及多元正态分布性质，有

$$\begin{cases} a\,|\,\boldsymbol{X}_K \sim N(\mu_{aK},\sigma_{aK}^2) \\ c\,|\,\boldsymbol{X}_K \sim N(\mu_{cK},\sigma_{cK}^2) \\ a\,|\,c,\boldsymbol{X}_K \sim N(\mu_{a|c,X_K},\sigma_{a|c,X_K}^2) \end{cases} \quad (5.42)$$

式中，$\mu_{a|c,X_K} = \mu_{aK} + \varphi(c - \mu_{cK})$，$\sigma_{a|c,X_K}^2 = \sigma_{aK}^2(1-\rho_K^2)$，$\varphi = \rho_K\dfrac{\sigma_{aK}^2}{\sigma_{cK}^2}$。

于是，L_k^S 在 $\boldsymbol{X}_K$ 下的条件概率密度函数为

$$\begin{aligned} f_{L_k^S}(t\,|\,\boldsymbol{X}_K) &= \iint f_{L_k^S}(t\,|\,a,c)p(a,c\,|\,\boldsymbol{X}_K)\mathrm{d}a\mathrm{d}c \\ &= \iint f_{L_k^S}(t\,|\,a,c)p(a\,|\,c,\boldsymbol{X}_K)p(c\,|\,\boldsymbol{X}_K)\mathrm{d}a\mathrm{d}c \\ &= \int\left(\int f_{L_k^S}(t\,|\,a,c)p(a\,|\,c,\boldsymbol{X}_K)\mathrm{d}a\right)p(c\,|\,\boldsymbol{X}_K)\mathrm{d}c \\ &= E_{c|X_K}\left[E_{a|c,X_K}\left[f_{L_k^S}(t\,|\,a,c)\right]\right] \end{aligned} \quad (5.43)$$

首先计算条件期望 $E_{a|c,X_K}\left[f_{L_k^S}^S(t|a,c)\right]$。将式（5.36）代入式（5.43）中的方括号部分，可得

$$E_{a|c,X_K}\left[f_{L_k^S}^S(t|a,c)\right] = \frac{y_K - \omega_r + c \cdot \Delta H}{\sqrt{2\pi t^3 \sigma^2}} \cdot$$

$$E_{a|c,X_K}\left[\exp\left\{-\frac{\left(\frac{y_K - \omega_r + c \cdot \Delta H}{g(S)t} + a\right)^2}{2\frac{\sigma^2}{g^2(S)t}}\right\}\right] \tag{5.44}$$

令引理 5.1 中的 $Z = a$，$B = \frac{y_K - \omega_r + c \cdot \Delta H}{g(S)t}$，$C = \frac{\sigma^2}{g^2(S)t}$，式（5.44）可以由引理 5.1 表示为

$$E_{a|c,X_K}\left[f_{L_k^S}^S(t|a,c)\right] = \frac{y_K - \omega_r + c\Delta H}{\sqrt{2\pi t^3 \left(\sigma^2 + g^2(S)t\sigma_{a|c,X_K}^2\right)}} \cdot$$

$$\exp\left\{-\frac{(y_K - \omega_r + c \cdot \Delta H + [\mu_{aK} + \varphi(c - \mu_{cK})] \cdot g(S)t)^2}{2t(g^2(S)t\sigma_{a|c,X_K}^2 + \sigma^2)}\right\} \tag{5.45}$$

将式（5.45）代入式（5.43），可得

$$f_{L_k^S}^S(t|\boldsymbol{X}_K) = E_{c|X_K}\left[\frac{y_K - \omega_r + c\Delta H}{\sqrt{2\pi t^3 \left(\sigma^2 + g^2(S)t\sigma_{a|c,X_K}^2\right)}} \cdot\right.$$

$$\left.\exp\left\{-\frac{(y_K - \omega_r + c \cdot \Delta H + [\mu_{aK} + \varphi(c - \mu_{cK})] \cdot g(S)t)^2}{2t\left(g^2(S)t\sigma_{a|c,X_K}^2 + \sigma^2\right)}\right\}\right] \tag{5.46}$$

容易发现，式（5.46）可由引理 5.2 计算得到，结果为

$$E_{a|c,X_K}\left[f_{L_k^S}^S(t|a,c)\right] = E_{c|X_K}\left[A(D+c) \cdot \exp\left\{-\frac{(B+c)^2}{2C}\right\}\right]$$

$$= A \cdot \sqrt{\frac{C}{\sigma_{cK}^2 + C}} \cdot \left(D + \frac{\mu_{cK}C - \sigma_{cK}^2 B}{\sigma_{cK}^2 + C}\right) \exp\left\{-\frac{(B+\mu_{cK})^2}{2(\sigma_{cK}^2 + C)}\right\}$$

$$\tag{5.47}$$

其中，记

$$\begin{cases} Z = c \\ A = \dfrac{\Delta H}{\sqrt{2\pi t^3 \left(\sigma^2 + g^2(S) t \sigma_{a|c,x_K}^2 \right)}} \\ B = \dfrac{y_K - \omega_r + (\mu_{aK} - \varphi \mu_{cK}) \cdot g(S) t}{\varphi g(S) t + \Delta H} \\ C = \dfrac{t \left(g^2(S) t \sigma_{a|c,x_K}^2 + \sigma^2 \right)}{[\varphi g(S) t + \Delta H]^2} \\ D = \dfrac{y_K - \omega_r}{\Delta H} \end{cases} \quad (5.48)$$

证明完毕。

显然，由于 L_k^S 的概率密度函数同样具有封闭的解析表达式，可以轻松得到剩余寿命的期望值、中位值以及区间估计。

5.5.2 未来时变应力剖面下剩余寿命预测

更多时候，产品现场工作应力是非恒定的，人们更关心某产品个体在时变应力下的剩余寿命。但是，非恒定应力下的剩余寿命概率密度函数非常复杂，通常很难推导出其解析表达式。在这种情况下，可借助蒙特卡罗仿真方法近似估计非恒定应力剖面下的剩余寿命分布。

假设 t_K 时刻之后的应力非固定且随时间不断变化，经统计历史信息，预测到未来 $t_{K+1}, t_{K+2}, \cdots$ 时刻应力剖面可离散化为 $\{S_{K+1}, S_{K+2}, \cdots\}$。为简单起见，假设预测的时间间隔是相同的。蒙特卡罗仿真方法的基本思想是模拟假设 t_K 时刻之后该被预测对象的大量退化轨迹，并结合失效判据记录相应的失效时间。某产品个体 t_K 时刻之后未来 m 步的性能参数 $\mathbf{Y}_{K+1:K+m}$ 可按照算法 5.1 近似获取。

算法 5.1：非恒定应力下退化轨迹的蒙特卡罗仿真生成算法

步骤 1：从式（5.37）中的 (a,c) 后验分布中随机抽取样本 (a',c')。

步骤 2：根据式（5.27）、S_{K+j} 和 (a',c') 生成退化增量 Δy_j，$j=1,2,\cdots,m$。

步骤 3：令 $y_{k+j} = y_{k+j-1} + \Delta y_j$，$j=1,2,\cdots,m$。

重复算法 5.1，可以获取 t_K 时刻之后的多条仿真退化轨迹。根据式（5.11）可以得到每条仿真退化轨迹对应的首达时，进而获取到多个 t_K 时刻的剩余寿命预测值样本，利用这些样本可以近似估计 t_K 时刻的剩余寿命分布。

5.6 案例分析

5.6.1 背景介绍

本节借助一个锂离子电池在时变应力下的剩余寿命预测案例对本章所提模型、方法进行演示和验证。某试验中对 6 个 18650 型锂离子电池单体样本进行了循环寿命测试，得到其可用容量随循环次数变化曲线如图 5.2（a）所示，同时图 5.2（b）给出了各个电池单体各循环表面平均温度变化曲线，该温度具有明显的波动性，这主要是由环境温度变化造成的。

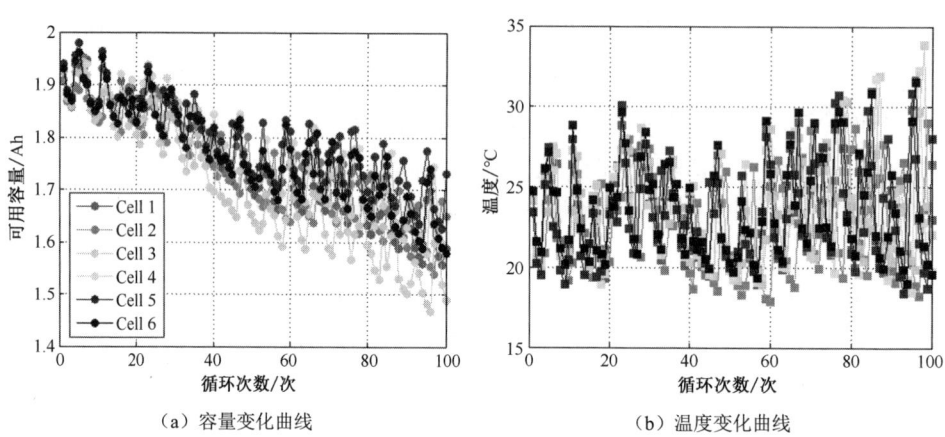

（a）容量变化曲线　　　　　　（b）温度变化曲线

图 5.2　锂离子电池容量及温度变化曲线

5.6.2 初始参数估计与模型验证

由图 5.2 可知，各单体电池容量随循环次数增加呈近似线性规律下降，且与温度之间存在明显相关性。利用 5.2 节考虑应力加速-补偿效应的 Wiener 过程退化模型，根据 5.3 节阶段 1 方法，得到各单体电池的退化模型参数，结果如表 5.1 所示。

表 5.1 各单体电池的退化模型参数估计值

参数	Cell 1	Cell 2	Cell 3	Cell 4	Cell 5	Cell 6
$\hat{y}_0$	2.238	2.328	2.279	2.526	2.164	2.239
$\hat{a}$	−6.948	−11.290	−9.232	−9.837	−10.408	−9.508
$\hat{b}\,(\times 10^3)$	−2.253	−2.390	−2.279	−2.354	−2.463	−2.398
$\hat{c}$	0.913	0.933	1.019	1.088	1.079	0.987
$\hat{d}$	21.763	27.411	23.676	36.921	16.278	21.409

在表 5.1 基础上，根据 5.3 节阶段 2 和阶段 3 的方法，进而得到退化模型初始参数估计结果为：$\hat{y}_0 = 2.296$、$\hat{b} = -2.357\times 10^3$、$\hat{d} = 24.577$、$\hat{\sigma} = 0.0172$、$\hat{\mu}_a = -9.537$、$\hat{\sigma}_a = 1.464$、$\hat{\mu}_c = 1.003$、$\hat{\sigma}_c = 0.0727$。

以 Cell 3 电池数据为例，对本章所提的性能退化建模方法进行演示和验证。图 5.3 比较了 Cell 3 电池的可用容量测量值和拟合曲线，为便于分析，其温度曲线也绘制于图中。容量拟合曲线通过将表 5.1 中第 3 列参数（Cell 3 电池参数）代入式（5.18）计算得到。结果表明，容量测量值和拟合值在大多数循环中较为接近，在一定程度上验证了本章所提考虑应力加速-补偿退化模型的合理性。

此外，为了进一步说明考虑应力补偿效应的必要性，根据式（5.32）计算参考温度 $S_r = 25℃$ 下的转换容量，并绘制在图 5.3 中。经转换后，电池容量变化曲线比原始退化曲线更加平滑。试验中采用的电池额定容量为 1.9Ah（参考温度为 25℃）。因此，对应的失效阈值应设置为 $\omega_r = 1.9 \times 85\% \approx 1.6\text{Ah}$。根据式（5.11）重新定义的失效判据，在首达时概念下，Cell 3 在经历 84 个充放电循环后失效，这是较为合理的失效时间。但是，如果忽略温度补偿效应，根据式(5.10)中的传统失效判据,则会在第57次循环时错误判定该电池失效。很明显,忽略温度补偿效应可能会严重错估电池失效时间。

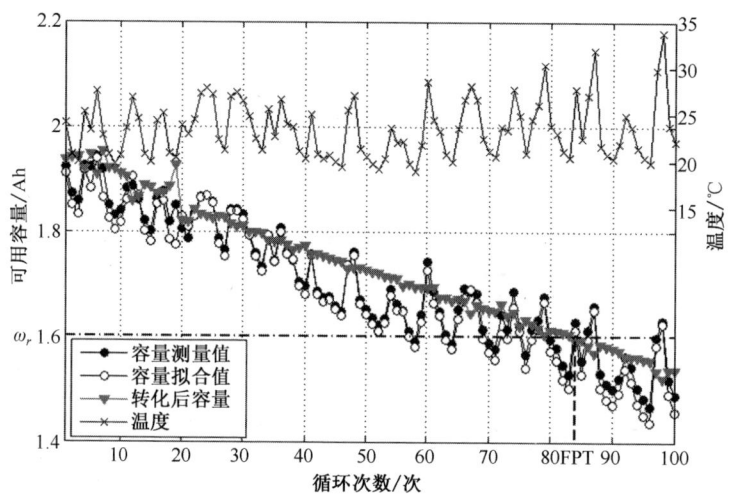

图 5.3　Cell 3 电池退化模型结果

5.6.3　结果与讨论

1. 恒定应力下的预测结果

试验中 6 个单体电池都在时变温度下进行了测试。因此,为了演示和验证本章所提剩余寿命预测方法在恒定应力下的预测效果,本章设计了相应的仿真试验,以生成恒定应力下的退化数据。

表 5.1 中的每列参数反映了各单体电池的退化特性,因此随机选择一组参数估计值,并模拟 t_S 时刻后在指定应力 S 下的容量退化轨迹。这里,仍然以 Cell 3 电池为例。预测阶段温度和开始预测时间分别设定为 $S=22℃$, $t_S = 50$。图 5.4 给出了温度 S 下的退化轨迹模拟结果和参考温度 S_r 下的转换后容量变化曲线。

在该仿真案例中,恒定应力 $S=22℃$ 下的失效时间可以通过以下两种方式获得。

(1) 利用转换后的失效阈值 ω_S 和应力 S 下的容量退化轨迹。

(2) 利用参考应力 S_r 下的失效阈值 ω_r，以及 S_r 下转换后的退化轨迹。

从图 5.4 可以明显看出，两种方法得到的首达时是一致的，均为 88 次循环。

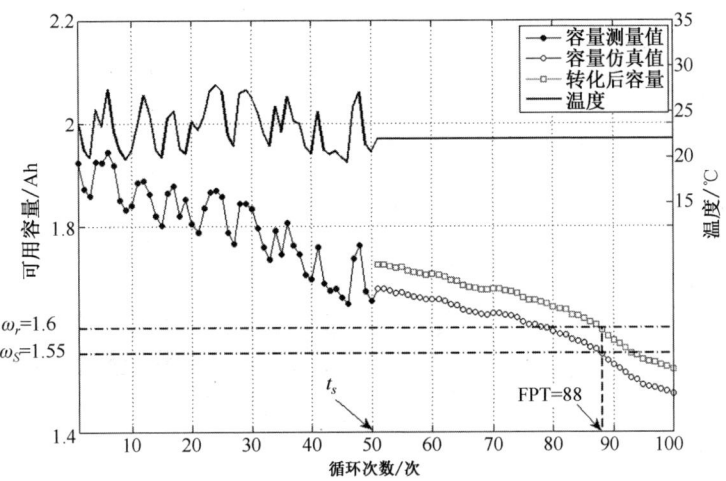

图 5.4　22℃下电池容量退化轨迹仿真结果（第 50 次循环之后）

利用图 5.4 中的仿真数据，从 $t_S = 50$ 开始，每 5 次循环进行一次剩余寿命预测。一旦获取到新退化数据，首先利用式（5.29）～式（5.31）更新随机效应参数 a 和 c 的后验分布，然后利用式（5.38）推导剩余寿命分布。预测结果如图 5.5 所示。图 5.5（a）给出了各预测点下剩余寿命预测值的概率密度函数，图 5.5（b）给出剩余寿命典型统计量，如期望值、中位值、80%置信区间等随着预测时刻变化的曲线。结果表明，各时刻预测得到的剩余寿命概率密度函数曲线很好地覆盖了剩余寿命真实值，且在大多数循环中预测误差是可以接受的。

为了进一步阐明本章所提方法、模型的优越性，将其与 5.2 节的 M2 模型进行对比。定义相对预测误差为

$$\mathrm{RE}_k = \frac{\left| \mathrm{RL}_k^{\mathrm{act}} - \mathrm{RL}_k^{\mathrm{pre}} \right|}{T} \times 100\% \tag{5.49}$$

式中，$\mathrm{RL}_k^{\mathrm{act}}$ 和 $\mathrm{RL}_k^{\mathrm{pre}}$ 分别为第 k 次循环的剩余寿命真实值和预测值期望，T 为失效时间。

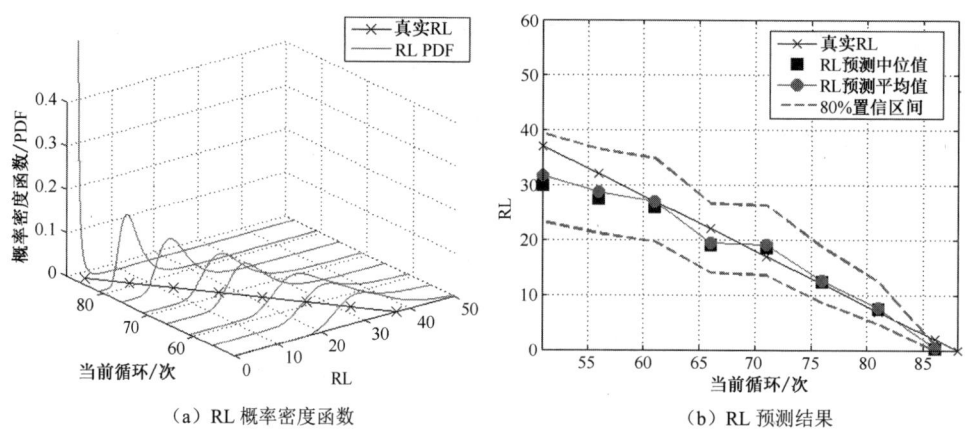

(a) RL 概率密度函数　　　　　(b) RL 预测结果

图 5.5　常应力下的电池 RL 预测结果

图 5.6 给出了两种方法的预测结果。在经典剩余寿命预测方法（M2 模型）中，如果使用阈值 ω_r（对应参考温度 $S_r = 25℃$），将会严重低估电池真实失效时间，进而导致剩余寿命预测误差非常大。为了公平起见，在使用经典方法时，用转换后的阈值 ω_S 替代 ω_r，但即便如此，本章所提方法引入了贝叶斯更新机制，经典方法预测误差在大多数循环中仍超过本章方法，且本章方法具有更快的响应速度。

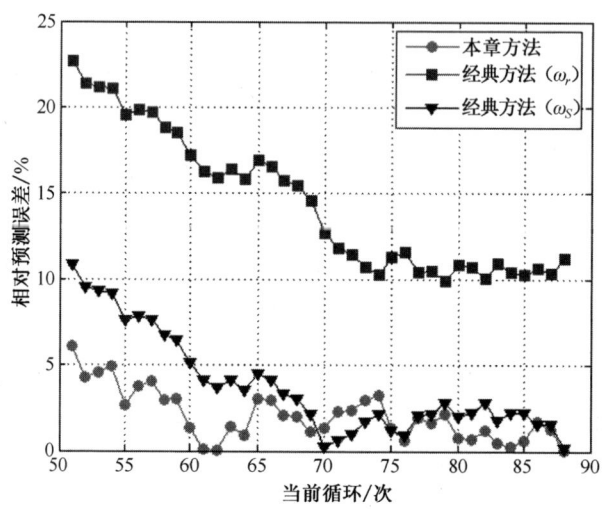

图 5.6　不同方法电池 RL 预测误差对比

2. 时变应力下的预测结果

进一步讨论时变应力下的剩余寿命预测效果。产品在实际工作过程中，其应力剖面经常是非恒定的。为此，本节利用试验中的真实应力剖面下的数据对比不同方法的有效性。

如图 5.3 所示，Cell 3 的真实失效时间为第 84 个周期。仍然从 $t_S = 50$ 开始，每 5 个周期开展一次剩余寿命预测，t_S 时刻后的应力剖面采用图 5.3 中的实际测量值（这里不讨论未来应力剖面的预测方法）。由于无法推导出非恒定应力下剩余寿命的概率密度函数解析表达式，故采用蒙特卡罗仿真方法，单次仿真中模拟生成的退化轨迹数量设为 5000 条。在每个预测点，首先使用累积的可用容量测量值和温度变化数据进行退化模型参数更新，然后结合未来应力剖面离散值，给出 5000 条未来应力剖面下的退化轨迹仿真曲线，进而得到电池剩余寿命分布近似估计结果。其中，剩余寿命点估计采用中位值，图 5.7 中给出了第 65 次循环的剩余寿命预测结果示例。结果表明，在大多数周期中，电池真实剩余寿命都落在了经预测得到的 80% 置信区间中，并且剩余寿命预测中位值与真实值整体符合程度较好。

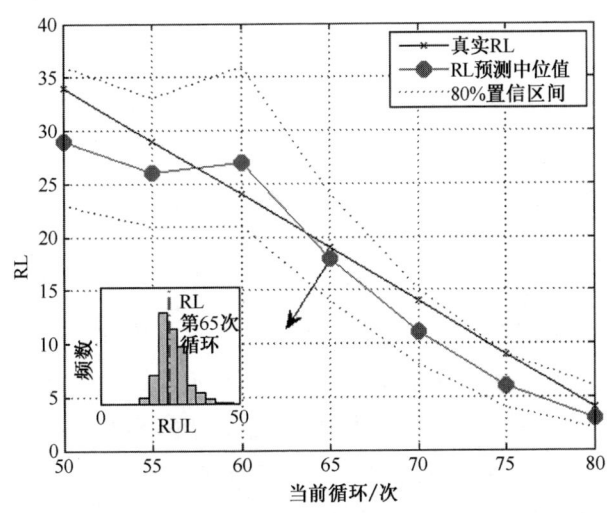

图 5.7　非恒定应力下剩余寿命预测结果

图 5.8 比较了不同方法在时变应力下的剩余寿命预测误差。很明显，本章

考虑应力加速效应和应力补偿效应的剩余寿命预测方法明显优于忽略应力影响的经典方法。值得注意的是，传统方法预测误差与温度之间的相关性较为明显，几乎在温度曲线的每个谷值处，传统预测方法都会带来较大的预测误差。相比之下，本章所提方法预测结果则对温度变化不太敏感，并且在大多数循环中预测精度较高。

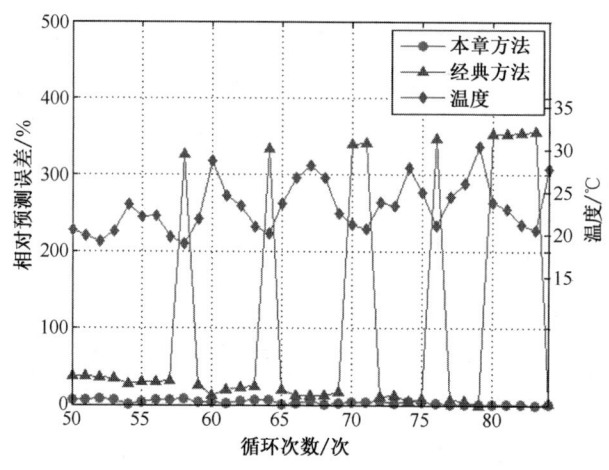

图 5.8　非恒定应力下不同方法电池 RL 预测误差对比

5.7　本章小结

本章在第 3 章和第 4 章研究的基础上，经过对传统 Wiener 过程的改进，提出了一套同时考虑应力加速效应和应力补偿效应的退化建模及寿命预测方法。采用一元 Wiener 过程来捕捉退化产品的性能参数演化规律，并引入应力加速函数和应力补偿函数来描述应力动态变化对退化轨迹造成的影响。为描述产品个体间的退化不一致性，本章将退化模型参数分为固定效应参数和随机效应参数两类，并基于现场退化数据和应力数据对随机效应参数实施贝叶斯理论框架下的解析更新。为排除应力波动对性能参数测量值带来的影响，

第 5 章 考虑应力加速-补偿的 Wiener 过程建模及寿命预测

进而提高寿命预测精度，本章重新定义了考虑应力补偿效应的首达时定义下的退化型产品失效判据。案例研究表明，本章给出的模型、方法对应力敏感型退化过程具有很强的建模能力和较好的可解释性，剩余寿命预测结果较传统方法有显著提升。剩余寿命预测多针对现场工作条件下的个体产品，工作应力多随环境、负载的变化而变化，因此本章所提方法较传统方法实用性更强，应用范围更为广泛。

第 6 章

基于二元 Wiener 过程的退化建模及寿命预测

6.1 引言

在性能退化理论方法框架下,近年来国内外学者对产品剩余寿命预测方法进行了大量研究,并涌现出丰硕成果。但研究发现,多数关于剩余寿命预测的文献都假设产品只有一个导致其退化失效的关键性能参数,即是在一元退化模型的基础上开展研究的。在工程实践中,很多产品存在多个关键性能参数,这些关键性能参数随着使用时间延长均会呈现出一定规律的退化趋势,共同决定着产品失效时间,通常将这类退化过程称为多元退化过程。性能参数通常可以归结为产品内部一种或多种失效机理的外在表现,由于不同性能参数受到一些诸如时间、环境、负载等共同因素的影响,因此各性能参数之间往往会呈现出一定程度的相关性。例如,锂离子电池随着循环次数增加会逐渐老化,在工作过程中表现为容量、能量下降,内阻、温度上升;铷灯(Rubidium Lamp)随着工作时间的延长,其亮度会逐渐下降,且铷含量也会不断降低。此外,一些系统级产品通常是由多个功能不同的部件组成的,任何一个部件失效都会导致系统失效。系统在工作过程中,各部件都出现不同程度的退化现象,且各退化过程受到一些共同因素(如时间、环境、负载等)影响而呈现出一定的相关性。此时,这些系统级产品各部件的退化过程也可以看作多元退化过程。

分析表明,国内外学者已经开始关注二元和多元退化过程,并在多元退化建模和可靠性评估方面取得了一些研究成果。例如,Sari[152]和潘正强[67]分别在各自博士论文中对考虑相关性的二元退化建模方法进行了研究,其思路都是首先对每个退化过程分别进行建模,然后利用Copula函数将各退化过程联系起来,从而完成产品整体可靠性评估。相比退化建模和可靠性评估,剩余寿命预测是一项更为复杂的工作,其不但要建立表征产品总体退化规律的退化模型,还需要针对个体产品在线监测数据实时更新退化模型。由于考虑相关性的多元退化模型形式一般都比较复杂,利用传统的贝叶斯方法在线更新退化模型随机效应参数更加困难。

总的来说,目前基于多元退化过程的剩余寿命预测方法研究得还比较少。

第6章 基于二元 Wiener 过程的退化建模及寿命预测

多元 Wiener 过程是一元 Wiener 过程的扩展,凭借其良好的数据性质,常被用来对多元退化过程或具有隐变量的一元退化过程进行建模。多元 Wiener 过程数学形式简单,参数估计更为容易,且模型的物理解释性较强。例如,在二元 Wiener 过程中,两个随机过程的相关性可以通过协方差矩阵中的相关系数进行清晰的描述;在基于现场数据进行模型参数更新时,可以将参数先验分布设计为采样分布的共轭分布形式,并由此推导得到参数后验分布的解析表达式,大大降低更新算法复杂度。很多学者利用多元 Wiener 过程开展多元退化型产品可靠性相关研究。例如,Barker 和 Newby[153]利用多元 Wiener 过程建立多部件复杂系统的多元状态退化模型,并基于该模型制订系统的最优监测方案;Whitmore 等[68]对二元 Wiener 过程描述的退化模型失效时间推断问题进行了研究,在该模型中一个状态是可观测的(显状态),另一个状态是不可观测的(隐状态)。类似的研究还有很多,但可惜的是,这些研究大多是为了解决多元退化建模与总体寿命分布估计问题,而较少涉及个体产品剩余寿命预测。

本章假设产品的两个关键性能参数服从含随机效应参数的二元线性漂移Wiener 过程,并基于该模型探讨双参数退化型产品可靠性评估与剩余寿命预测问题。整个方法可以分两阶段实施,如图 6.1 所示。第一阶段是离线阶段,利用同类型产品历史二元退化数据建立产品二元 Wiener 过程模型,利用自助法估计退化模型中的两类参数的初始值;第二阶段为在线阶段,当获取到现场退化数据后,首先利用贝叶斯公式更新随机效应参数分布,然后利用蒙特

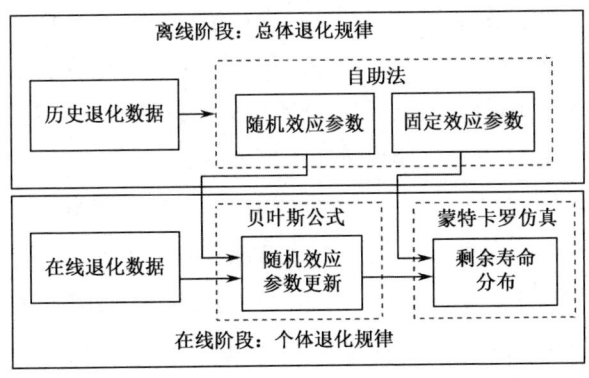

图 6.1 二元退化型产品剩余寿命预测总体思路

卡罗仿真方法估计产品剩余寿命分布。本章所研究方法的主要贡献有两点：①首先提出利用二元 Wiener 过程模型对具有双性能参数的退化型产品进行剩余寿命预测；②在贝叶斯方法框架下，推导出退化模型随机效应参数的后验分布解析表达式，该模型更新算法易于实现且效率较高，更适合嵌入产品剩余寿命在线预测系统中。

6.2 基于二元 Wiener 过程的退化建模

6.2.1 二元 Wiener 过程基本性质

产品在生产、制造和使用过程中会面临很多不确定性因素，如材料的差异性、结构的缺陷性、加工工艺的不一致性、工作环境的变动性等，这些不确定性因素导致产品性能退化过程呈现出随机性的特点，因此工程人员很自然地想到利用随机过程对产品进行性能退化建模。Wiener 过程和 Gamma 过程是一元退化建模中最常采用的两种随机过程模型。Gamma 过程具有单调性特点，故只能利用其对单调性退化过程进行建模。Wiener 过程具有非单调性特点，理论上只可以对非单调性退化过程进行建模。但在实际应用过程中，当 Wiener 过程扩散系数远小于漂移系数时，也可以利用其近似对单调性退化过程进行建模。例如，金属裂纹扩展是一种典型的单调性退化过程，但是在文献[62,78]中，作者使用带时间尺度变换的一元 Wiener 过程对金属裂纹宽度进行退化建模，进而开展可靠性评估，且评估结果具有较高的精度。总体来说，Wiener 过程在一元性能退化建模中应用更为广泛。

多元 Wiener 过程可以通过对一元 Wiener 过程扩展得到，其数学形式简单，且可以利用协方差矩阵描述各退化过程之间的相关性，因此较早地被应用到多元退化建模中。考虑一个典型的二元退化过程 $\{X(t), Y(t)\}^{\mathrm{T}}$，其中 $t \geq 0$，对应某退化型产品两个关键性能参数。当 $\{X(t), Y(t)\}^{\mathrm{T}}$ 满足如下三点性质时，称之为二元线性漂移 Wiener 过程，简称二元 Wiener 过程[154]。

（1）$\{X(0), Y(0)\}^T = \{0, 0\}^T$，其中$\{X(t), Y(t)\}^T$在$t=0$时是右连续的。

（2）任意两个时刻t和$t+\Delta t$之间的增量向量$\{\Delta X(t), \Delta Y(t)\}^T$服从二元正态分布BVN($\Delta t\mu, \Delta t\Sigma$)，其中，$\mu$为漂移系数组成的期望向量，$\Sigma$为协方差矩阵，即

$$\mu = (a, c)' \tag{6.1}$$

$$\Sigma = \begin{pmatrix} b^2 & \rho bd \\ \rho bd & d^2 \end{pmatrix} \tag{6.2}$$

（3）任意两段不相交时间$[t_1, t_2]$和$[t_3, t_4]$之间的增量向量是相互独立的，其中，$t_1 < t_2 \leqslant t_3 < t_4$。

a和c分别为退化过程$X(t)$和$Y(t)$的漂移系数，b和d分别为$X(t)$和$Y(t)$的扩散系数，ρ为表征$X(t)$和$Y(t)$相关性的相关系数，取值范围为[−1, 1]，其绝对值越大表明两个性能参数间的相关性越强。

6.2.2 二元Wiener过程首达时分布

利用一元线性Wiener过程对产品进行退化建模时，通常用首达时来定义产品失效时间。众所周知，一元线性Wiener过程首达时服从逆高斯分布。对于存在两个性能参数的退化型产品，同样可以用首达时来定义产品失效时间。但与一元线性Wiener过程首达时不同，二元Wiener过程首达时分布概率密度函数形式较为复杂。

假设产品的两个关键性能参数$X(t)$和$Y(t)$对应的失效阈值分别为ω_1和ω_2，此时产品的失效时间T可以由二元Wiener过程首达时来定义，即任意一个关键性能参数首次达到或超过其对应阈值的时间为

$$T = \inf\{t \mid X(t) > \omega_1 \text{ or } Y(t) > \omega_2\} \tag{6.3}$$

同理，产品的可靠度函数可以表示为

$$R(t) = P\{t : X(s) < \omega_1, \quad Y(s) < \omega_2, 0 \leqslant s \leqslant t\} \tag{6.4}$$

Domine和Pieper[155]对式（6.4）中定义的二元Wiener过程可靠度函数进行了研究，并利用Kolmogrov前向方程推导出其表达式，结果如下：

$$R(t) = \int_0^\alpha \int_0^\infty \sum_{n=1}^\infty \frac{2r}{\alpha d^2(1-\rho^2)t} \sin\left(\frac{n\pi}{\alpha}\varphi_0\right) \times$$

$$\exp\left[-\frac{da-bc\rho}{bd^2(1-\rho^2)}\gamma\cos\varphi - \frac{c}{d^2(1-\rho^2)}\gamma\sin\varphi\right] \times$$

$$\exp\left[-\frac{b^2c^2 - 2acbd\rho + d^2a^2}{2(1-\rho^2)b^2d^2}t - \frac{\gamma^2 + \gamma_0^2}{2(1-\rho^2)d^2t}\right] \times$$

$$\sin\left(\frac{n\pi}{\alpha}\right) I_{\frac{n\pi}{\alpha}}\left(\frac{\gamma\gamma_0}{(1-\rho^2)dt}\right) d\gamma d\varphi$$

式中，$\alpha = \arctan\left(-\rho^{-1}\sqrt{1-\rho^2}\right) + \pi$，$\gamma_0$ 和 φ_0 是满足下述方程的一组解，即

$$\begin{cases} \gamma_0 \cos\varphi_0 = \frac{\omega_1 b}{b} - \rho\omega_2 \\ \gamma_0 \sin\varphi_0 = \omega_2\sqrt{1-\rho^2} \end{cases}$$

$I_v(z)$ 是修正后的 Bessel 函数，其定义为

$$I_v(z) = \sum_{n=0}^\infty \frac{\left(\frac{z}{2}\right)^{2k+v}}{k!\Gamma(k+v+1)}$$

此时，失效时间 T 的累积失效分布函数 $F(t)$ 和概率密度函数 $f(t)$ 可以分别表示为

$$F(t) = 1 - R(t) \tag{6.5}$$

$$f(t) = -\frac{\mathrm{d}R(t)}{\mathrm{d}t} \tag{6.6}$$

利用上述方法推导失效时间概率密度函数和累计失效分布函数的过程十分复杂。在工程实践中，人们经常采用蒙特卡罗仿真方法获取足够多的失效时间样本，利用频率代替概率的思想逼近二元 Wiener 过程首达时分布，进而开展可靠性评估，并计算特征寿命的点估计、区间估计等。

6.3 二元 Wiener 过程模型初始参数估计

如前面章节所述，由于产品材料、制造工艺、工作环境等因素存在差异，

第6章 基于二元Wiener过程的退化建模及寿命预测

同一类产品不同个体的性能退化过程可能存在不一致性。传统退化模型中模型参数通常是固定的，只适合用来描述一类产品的总体退化特征。而剩余寿命预测关注的是产品个体的性能退化过程，因此需要在退化模型中引入随机性。在上述思路下，退化模型中的某些参数假设为随机效应参数，服从某种特定的随机分布，用来刻画个体之间的差异性；另一些参数假设为固定效应参数，即为固定常量，用来描述该类型产品的某些总体特性[34]。

通常，在利用一元Wiener过程进行退化建模时，可以将表征退化速率的漂移系数假设为服从正态分布的随机效应参数，把表征不确定性的扩散系数假设为固定效应参数[76,78,104]。受到上述文献启发，本章在处理二元Wiener过程时作如下假设。

（1）二元Wiener过程中的两个漂移系数为随机效应参数，且其先验分布均为正态分布，即 $a \sim N(\mu_a, \sigma_a^2)$，$c \sim N(\mu_c, \sigma_c^2)$。

（2）二元Wiener过程中的两个扩散系数和一个相关系数为固定效应参数。

这里选取正态分布作为随机效应参数先验分布的理由与第3章类似：针对Wiener过程，当漂移系数服从正态分布时，容易推导出其后验分布同样服从正态分布。当然，如果有足够多的先验知识支持，也可以假设随机效应参数先验分布为其他分布形式，但这会增加后验分布推导难度，有时甚至无法得到后验分布解析表达式，需要借助MCMC或粒子滤波等数值算法近似估计后验分布。

经上述假设，退化模型参数分为两部分：随机效应参数 $\theta = (a, c)^T$ 和固定效应参数 $\varphi = (b, d, \rho)^T$。其中，随效应参数 θ 存在先验分布 $p(\theta)$，先验分布中的参数称作超参数，记为 $\gamma = (\mu_a, \sigma_a, \mu_c, \sigma_c)^T$。此时，退化模型的所有未知参数可以表示为向量 $\Theta = [\gamma, \varphi]$。

现在将问题转向如何估计模型未知参数的初始值。通常，同一类型的产品存在很多可靠性试验数据，这些历史退化数据中蕴含了模型初始参数的相关信息。假设产品投入市场前曾对 n 个同类型产品样本开展可靠性退化试验，每个样本分别记录了 m 个不同时刻的退化数据，且任意两次测量之间的时间间隔均为单位时间1，即 $\Delta t_{ij} = t_{ij} - t_{i,j-1} = 1$，其中，$i = 1, 2, \cdots, n$；$j = 1, 2, \cdots, m$。对于样本 i，第 j 次测量得到的两个关键性能参数值记为 $W_{i,j} = (x_{i,j}, y_{i,j})$。此时，所有历史二元退化数据可以表示如下：

$$W_{2n\times m}=\begin{pmatrix}\boldsymbol{X}\\\boldsymbol{Y}\end{pmatrix}=\begin{pmatrix}x_{1,1}&\cdots&x_{1,m}\\\vdots&\cdots&\vdots\\x_{n,1}&\cdots&x_{n,m}\\y_{1,1}&\cdots&y_{1,m}\\\vdots&\cdots&\vdots\\y_{n,1}&\cdots&y_{n,m}\end{pmatrix} \qquad (6.7)$$

记样本 i 在第 $j-1$ 次测量和第 j 次测量之间的退化增量为 $(\Delta x_{i,j},\Delta y_{i,j})^{\mathrm{T}}$，其中，$\Delta x_{ij}=x_{ij}-x_{i,j-1}$，$\Delta y_{ij}=y_{ij}-y_{i,j-1}$，$i=1,2,\cdots,n$；$j=1,2,\cdots,m$。根据二元正态分布性质，可以得到退化增量期望向量 $\boldsymbol{\mu}$ 和协方差矩阵 $\boldsymbol{\Sigma}$ 的极大似然估计值，即

$$\hat{\boldsymbol{\mu}}=\frac{1}{mn}\sum_{i=1}^{n}\sum_{j=1}^{m}(\Delta x_{i,j},\Delta y_{i,j})^{\mathrm{T}} \qquad (6.8)$$

$$\hat{\boldsymbol{\Sigma}}=\frac{1}{mn-1}\sum_{i=1}^{n}\sum_{j=1}^{m}\left[\left(\Delta x_{i,j},\Delta y_{i,j}\right)^{\mathrm{T}}-\hat{\boldsymbol{\mu}}\right]\left[\left(\Delta x_{i,j},\Delta y_{i,j}\right)^{\mathrm{T}}-\hat{\boldsymbol{\mu}}\right]^{\mathrm{T}} \qquad (6.9)$$

比较式（6.8）和式（6.1），可以求得参数 a 和 c 的估计值。同样，比较式（6.9）和式（6.2），可以求得参数 b、d 和 ρ 的估计值。然而，由于参数 a 和 c 为随机效应参数，利用传统极大似然估计方法很难得到其超参数估计值。因此，本章采用一种基于自助法的退化模型超参数估计方法，具体步骤如下。

步骤 1：对历史退化数据 $\boldsymbol{W}_{2n\times m}$ 中的 n 个样本进行 n 次有放回重采样，利用 n 个重采样样本构建一组与 $\boldsymbol{W}_{2n\times m}$ 结构相同的退化数据自助样本。

步骤 2：重复步骤 1 B 次，得到 B 组退化数据自助样本，记为 $\boldsymbol{W}_{2n\times m}^{1},\boldsymbol{W}_{2n\times m}^{2},\cdots,\boldsymbol{W}_{2n\times m}^{B}$。

步骤 3：用式（6.8）对步骤 2 中的每组退化数据自助样本进行极大似然估计，记由自助样本 $\boldsymbol{W}_{2n\times m}^{s}$ 得到的随机效应参数估计值为 $\hat{a}^{s}$ 和 $\hat{c}^{s}$，其中 $s=1,2,\cdots,B$。

步骤 4：将 $\hat{a}^{1},\hat{a}^{2},\cdots,\hat{a}^{B}$ 和 $\hat{c}^{1},\hat{c}^{2},\cdots,\hat{c}^{B}$ 分别代入随机效应参数 a 和 c 的先验分布（正态分布）似然函数中，从而得到超参数估计值，结果记为 $\hat{\boldsymbol{\gamma}}=(\hat{\mu}_{a},\hat{\sigma}_{a},\hat{\mu}_{c},\hat{\sigma}_{c})^{\mathrm{T}}$。

6.4 基于贝叶斯公式的模型参数在线更新

退化模型初始参数只能用来表示一类产品的总体退化特性。对于工作过程中的某产品个体,需要在初始退化模型的基础上,结合该产品个体在线退化数据实时更新模型参数中的随机效应参数部分,以及时调整模型使之适应产品个体性能参数真实退化规律,从而提高剩余寿命预测精度。

假设某产品个体在实际工作过程中,当前时刻为 t_k,其在 $t_1,t_2,\cdots,t_k$ 时刻对应的两个关键性能参数测量值分别为 $\boldsymbol{X}_{1:k}=\{x_1,x_2,\cdots,x_k\}^\mathrm{T}$ 和 $\boldsymbol{y}_{1:k}=\{y_1,y_2,\cdots,y_k\}^\mathrm{T}$。为简化建模过程,假设两个关键性能参数 X 和 Y 每次都是在相同时刻下测量的,且测量时间等间隔,即 $t_h-t_{h-1}=\Delta t$,其中 $h=1,2,\cdots,k$,并令 $\Delta t=1$ 代表一个单位时间。

现在继续将目标转向如何利用现场数据 $\boldsymbol{X}_{1:k}=\{x_1,x_2,\cdots,x_k\}^\mathrm{T}$ 和 $\boldsymbol{Y}_{1:k}=\{y_1,y_2,\cdots,y_k\}^\mathrm{T}$ 去推导随机效应参数 $\boldsymbol{\theta}=(a,c)$ 在 t_k 时刻的后验分布。给定参数 $\boldsymbol{\theta}$ 下现场退化数据 $\{\boldsymbol{X}_{1:k},\boldsymbol{Y}_{1:k}\}^\mathrm{T}$ 的完全似然函数为

$$p(\boldsymbol{X}_{1:k},\boldsymbol{Y}_{1:k}|\boldsymbol{\theta})=\prod_{h=1}^{k}\frac{1}{2\pi bd\sqrt{1-\rho^2}}$$
$$\exp\left\{-\frac{1}{2(1-\rho^2)}\left[\frac{(\Delta x_h-a)^2}{b^2}-2\rho\frac{(\Delta x_h-a)(\Delta y_h-c)}{bd}+\frac{(\Delta y_h-c)^2}{d^2}\right]\right\}$$
(6.10)

在贝叶斯理论框架下,随机效应参数 $\boldsymbol{\theta}$ 的后验分布 $p(\boldsymbol{\theta}|\boldsymbol{X}_{1:k},\boldsymbol{Y}_{1:k})$ 可以表示为

$$p(\boldsymbol{\theta}|\boldsymbol{X}_{1:k},\boldsymbol{Y}_{1:k})\propto p(\boldsymbol{X}_{1:k},\boldsymbol{Y}_{1:k}|\boldsymbol{\theta})\cdot p(\boldsymbol{\theta})$$
(6.11)

式中,$p(\boldsymbol{\theta})$ 为随机效应参数 $\boldsymbol{\theta}=(a,c)^\mathrm{T}$ 的先验分布,即两个相互独立的正态分布。

可以证明,随机效应参数 $\boldsymbol{\theta}$ 的后验分布 $p(\boldsymbol{\theta}|\boldsymbol{X}_{1:k},\boldsymbol{Y}_{1:k})$ 为二元正态分布,记其期望向量为 $\boldsymbol{\mu}_k=(\mu_{ak},\mu_{ck})^\mathrm{T}$,协方差矩阵为

$$\boldsymbol{\Sigma}_k=\begin{pmatrix}\sigma_{ak}^2 & \rho_k\sigma_{ak}\sigma_{bk}\\ \rho_k\sigma_{ak}\sigma_{bk} & \sigma_{ck}^2\end{pmatrix}$$

具体证明过程如下:

$$p(\boldsymbol{\theta} \mid \boldsymbol{X}_{1:k}, \boldsymbol{Y}_{1:k}) \propto p(\boldsymbol{X}_{1:k}, \boldsymbol{Y}_{1:k} \mid a, c) \cdot p(\boldsymbol{\theta})$$

$$\propto \exp\left\{-\frac{1}{2(1-\rho^2)}\sum_{h=1}^{k}\left[\frac{(\Delta x_h - a)^2}{b^2} - 2\rho\frac{(\Delta x_h - a)(\Delta y_h - c)}{bd} + \frac{(\Delta y_h - c)^2}{d^2}\right]\right\} \cdot \exp\left\{-\frac{(a-\mu_a)^2}{2\sigma_a^2}\right\} \cdot \exp\left\{-\frac{(c-\mu_c)^2}{2\sigma_c^2}\right\}$$

$$\propto \exp\left\{-\frac{1}{2(1-\rho^2)\sigma_a^2\sigma_c^2 b^2 d^2} \cdot [\sigma_c^2 d^2 (\sigma_a^2 k + (1-\rho^2)b^2)a^2 + \sigma_a^2 b^2 (\sigma_c^2 k + (1-\rho^2)d^2)c^2 - 2a\left(\sigma_a^2\sigma_c^2 d^2 \sum_{n=1}^{k}\Delta x_h - \sigma_a^2\sigma_c^2 \rho bd \sum_{h=1}^{k}\Delta y_h + (1-\rho^2)b^2 d^2 \sigma_c^2 \mu_a\right) - 2c(\sigma_a^2\sigma_c^2 b^2 \sum_{h=1}^{k}\Delta y_h - \sigma_a^2\sigma_c^2 \rho bd \sum_{h=1}^{k}\Delta x_h + (1-\rho^2)b^2 d^2 \sigma_a^2 \mu_c) - 2ack\sigma_a^2\sigma_c^2 \rho bd]\right\}$$

（6.12）

显然，式（6.12）最后一项大括号内部分为关于参数 a 和 c 的二次多项式，因此后验分布 $\boldsymbol{\theta} = (a,c)^T$ 的概率密度函数可以表示为二元正态分布概率密度函数的形式。这里为了简化推导过程，令

$$\begin{cases} A = \dfrac{\sigma_c^2 d^2 (\sigma_a^2 k + (1-\rho^2)b^2)}{(1-\rho^2)\sigma_a^2\sigma_c^2 b^2 d^2} \\[6pt] B = \dfrac{\sigma_a^2 b^2 (\sigma_c^2 k + (1-\rho^2)d^2)}{(1-\rho^2)\sigma_a^2\sigma_c^2 b^2 d^2} \\[6pt] C = \dfrac{\sigma_a^2\sigma_c^2 d^2 \sum_{h=1}^{k}\Delta x_h - \sigma_a^2\sigma_c^2 \rho bd \sum_{h=1}^{k}\Delta y_h + (1-\rho^2)b^2 d^2 \sigma_c^2 \mu_a}{(1-\rho^2)\sigma_a^2\sigma_c^2 b^2 d^2} \\[6pt] D = \dfrac{\sigma_a^2\sigma_c^2 d^2 \sum_{h=1}^{k}\Delta y_h - \sigma_a^2\sigma_c^2 \rho bd \sum_{h=1}^{k}\Delta x_h + (1-\rho^2)b^2 d^2 \sigma_a^2 \mu_c}{(1-\rho^2)\sigma_a^2\sigma_c^2 b^2 d^2} \\[6pt] E = \dfrac{k\sigma_a^2\sigma_c^2 \rho bd}{(1-\rho^2)\sigma_a^2\sigma_c^2 b^2 d^2} \end{cases}$$

（6.13）

此时，式（6.12）可以转化为

$$p(\boldsymbol{\theta} \mid \boldsymbol{X}_{1:k}, \boldsymbol{Y}_{1:k}) \propto \exp\left\{-\frac{a^2 A + c^2 B - 2aC - 2cD - 2acE}{2}\right\}$$

$$\propto \frac{1}{2\pi \sigma_{ak} \sigma_{ck}} \exp\left\{-\frac{1}{2(1-\rho_k^2)}\left[\frac{(a-\mu_{ak})^2}{\sigma_{ak}^2} - \right.\right. \quad (6.14)$$

$$\left.\left. 2\rho_k \frac{(a-\mu_{ak})(c-\mu_{ck})}{\sigma_{ak}\sigma_{ck}} + \frac{(a-\mu_{ck})^2}{\sigma_{ck}^2}\right]\right\}$$

其中

$$\begin{cases} \mu_{ak} = \dfrac{BC + DE}{AB - E^2} \\ \mu_{ck} = \dfrac{AD + CE}{AB - E^2} \\ \sigma_{ak}^2 = \dfrac{B}{AB - E^2} \\ \sigma_{ck}^2 = \dfrac{A}{AB - E^2} \\ \rho_k = \dfrac{E}{\sqrt{AB}} \end{cases} \quad (6.15)$$

其中，式（6.14）为二元正态分布概率密度函数标准形式，证明完毕。

值得注意的是，虽然在先验分布中随机效应参数 a 和 c 是两个相互独立的随机变量，但是在后验分布中 a 和 c 具有了相关性（通过相关系数 ρ_k 表征）。导致上述现象的原因在于，a 和 c 代表的是随机过程 $X(t)$ 和 $Y(t)$ 的平均退化速率。由于随机效应参数 a 和 c 的后验分布是基于现场退化数据 $\{\boldsymbol{X}_{1:k}, \boldsymbol{Y}_{1:k}\}$ 更新得到的，而 $\boldsymbol{X}_{1:k}$ 与 $\boldsymbol{Y}_{1:k}$ 之间有一定的相关性，因此 a 和 c 在后验分布中具有相关性是合理的。

6.5 剩余寿命预测

基于现场二元退化数据更新得到随机效应参数后验分布后，即可开展产品剩余寿命分布预测。前面提到，二元退化过程失效的定义是两个关键性能参数中任意一个达到或超过其对应的失效阈值。

假设某产品具有两个关键性能参数，当产品运行到当前时刻 t_k 时，积累的现场退化数据为 $(X_{1:k}, Y_{1:k})$。根据 6.4 节分析，退化模型中的随机效应参数后验分布为二元正态分布，即 $\theta | X_{1:k}, Y_{1:k} \sim \text{BVN}(\mu_{ak}, \sigma_{ak}^2, \mu_{ck}, \sigma_{ck}^2, \rho_k)$。此时，根据失效定义，产品剩余寿命可以定义如下：

$$L_k = \inf\{L_k \mid X(t_k + L_k) > \omega_1 \text{ or } Y(t_k + L_k) > \omega_2\} \tag{6.16}$$

6.2 节讨论表明，即便二元 Wiener 过程模型中不存在随机效应参数，其首达时分布解析表达式都很难得到。通过式（6.16）定义的剩余寿命 L_k 为含随机效应参数的二元 Wiener 过程首达时，因此通过解析方法得到 L_k 的概率密度函数和累积失效分布函数十分困难。基于上述考虑，这里采用蒙特卡罗仿真方法近似估计剩余寿命分布。

蒙特卡罗仿真方法的基本思想是利用计算机采样模拟产品两个性能参数在 t_k 时刻之后的退化轨道直至产品失效，通过多次模拟得到的失效时间样本近似分布，用于逼近产品真实剩余寿命分布，进而得到各感兴趣统计量估计值。

对于一组仿真样本，t_k 时刻之后的 s 步仿真轨道记为 $\{X_{k+1:k+s}, Y_{k+1:k+s}\}^\text{T}$，其具体生成过程如下。

步骤 1：令 $j=1$。

步骤 2：从后验分布 $\text{BVN}(\mu_{ak}, \sigma_{ak}^2, \mu_{ck}, \sigma_{ck}^2, \rho_k)$ 中抽取一组随机效应参数样本 $(a_j, c_j)^\text{T}$。

步骤 3：从二元正态分布 $\text{BVN}(a_j, b^2, c_j, d^2, \rho)$ 中抽取一组退化增量样本 $(\Delta x_j, \Delta y_j)^\text{T}$。

步骤 4：令 $\{x_{k+j}, y_{k+j}\}^\text{T} = \{x_{k+j-1}, y_{k+j-1}\}^\text{T} + \{\Delta x_j, \Delta y_j\}^\text{T}$，$j=1,2,\cdots,s$。

步骤 5：若 $\{x_{k+j}, y_{k+j}\}^\text{T}$ 达到或超过失效阈值，结束本次仿真；否则，令 $j=j+1$，返回第一步。

重复上述过程 N 次（N 为一个较大的正整数，如 $N=1000$），即可得到 t_k 时刻之后 $X(t)$ 和 $Y(t)$ 的仿真轨道各 N 条，进而可以得到 N 个剩余寿命仿真值，记为 $\{\text{RL}_k^1, \text{RL}_k^2, \cdots, \text{RL}_k^N\}$。

得到剩余寿命仿真结果 $\{\text{RL}_k^1, \text{RL}_k^2, \cdots, \text{RL}_k^N\}$ 后，可以通过绘制直方图的方

式近似估计剩余寿命概率密度函数。此外，维修决策中常关注的剩余寿命期望值、中位值、区间估计等特征量同样可以通过 $\{\mathrm{RL}_k^1,\mathrm{RL}_k^2,\cdots,\mathrm{RL}_k^N\}$ 得到，具体方法如下。

（1）将剩余寿命仿真样本 $\{\mathrm{RL}_k^1,\mathrm{RL}_k^2,\cdots,\mathrm{RL}_k^N\}$ 按从小到大顺序排列，即

$$\mathrm{RL}_k^{(1)}<\mathrm{RL}_k^{(2)}<\cdots<\mathrm{RL}_k^{(N)}$$

（2）t_k 时刻剩余寿命期望值近似估计为

$$\frac{1}{N}\sum_{i=1}^{N}\mathrm{RL}_k^{(i)}$$

（3）t_k 时刻剩余寿命中位值近似估计为

$$\begin{cases} \mathrm{RL}_k^{\left(\frac{N+1}{2}\right)}, & N\text{是奇数} \\ \dfrac{\mathrm{RL}_k^{\left(\frac{N}{2}-1\right)}+\mathrm{RL}_k^{\left(\frac{N}{2}+1\right)}}{2}, & N\text{是偶数} \end{cases}$$

（4）t_k 时刻剩余寿命 $100\cdot(1-\alpha)\%$ 置信区间近似估计为：

$$\left[\mathrm{RL}_k^{(\mathrm{BL})},\mathrm{RL}_k^{(\mathrm{BU})}\right]$$

式中，$\mathrm{BL}=\left\lfloor\dfrac{a}{2}\cdot N\right\rfloor$ 且 $\mathrm{BU}=\left\lfloor\left(1-\dfrac{a}{2}\right)\cdot N\right\rfloor$，符号 $\lfloor\cdot\rfloor$ 代表取最近整数。

6.6 案例分析

6.6.1 仿真设计

本节利用一个仿真案例验证本章所提出的方法的有效性。首先，利用仿真生成一批服从二元 Wiener 过程的退化轨道样本。在仿真过程中，模型参数设置如下：$a=0.1$、$b=0.07$、$c=0.2$、$d=0.15$、$\rho=0.9$，上述各参数意义详见式（6.1）和式（6.2）。仿真样本数设置为 20，仿真时间间隔设置为 1，仿真步数设置为 50，具体仿真流程如下。

步骤 1：令 $i=1$。

步骤2：令 $j=0$。

步骤3：从二元正态分布 $\text{BVN}(a,b^2,c,d^2,\rho)$ 中抽取退化增量样本 $(\Delta x_{ij},\Delta y_{ij})^{\text{T}}$。

步骤4：令 $\{x_{i,j+1},y_{i,j+1}\}^{\text{T}}=\{x_{i,j},y_{i,j}\}^{\text{T}}+(\Delta x_{ij},\Delta y_{ij})$，其中 $\{x_{i,0},y_{i,0}\}^{\text{T}}=\{0,0\}^{\text{T}}$。

步骤5：令 $j=j+1$，若 $j\leqslant 50$，返回步骤3，否则进入步骤6。

步骤6：令 $i=i+1$，若 $i\leqslant 20$，返回步骤2，否则结束仿真。

经过上述仿真流程，最终生成20组服从二元线性漂移Wiener过程的退化轨道样本，结果如图6.2所示。由于仿真过程中两个性能参数退化增量服从相关系数 $\rho=0.9$ 的二元正态分布，所以 $X(t)$ 和 $Y(t)$ 之间具有很强的相关性。在后面的分析过程中，将这20组数据作为某类型产品的历史二元退化数据。

首先利用式（6.9）对二元Wiener过程退化模型中的固定效应参数进行极大似然估计，结果为：$\hat{b}=0.0690$、$\hat{d}=0.1505$、$\hat{\rho}=0.9009$，上述估计结果与仿真过程中的固定效应参数设定值非常接近（$b=0.07$、$d=0.15$、$\rho=0.9$）；然后，利用自助法对随机效应参数先验分布中的超参数进行估计。自助法运行结果表明，当自助样本数超过1500个时，超参数估计结果趋于稳定，因此这里选取自助样本数 $B=2000$ 个，此时对应的超参数估计结果为：$\hat{\mu}_a=0.0988$、$\hat{\sigma}_a=0.0084$、$\hat{\mu}_c=0.1917$、$\hat{\sigma}_c=0.0173$。可以看出，随机效应参数的期望估计值 $\hat{\mu}_a$ 和 $\hat{\mu}_c$ 均非常接近仿真过程中的随机效应参数设定值（$a=0.1$、$c=0.2$），而随机效应参数的标准差估计值则可以表征20个仿真样本退化速率的不一致性。

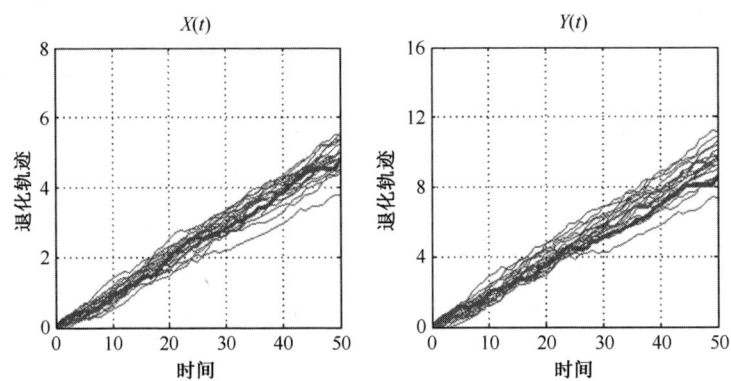

图6.2 基于二元Wiener过程仿真得到的双参数退化轨道样本

从上述经仿真得到的20组退化样本中，随机抽取出一组（如图6.2中粗实线所示),作为个体对象对其进行剩余寿命预测。令退化过程 $X(t)$ 的失效阈值为 $\omega_1 = 4$,退化过程 $Y(t)$ 的失效阈值为 $\omega_2 = 8$。将图 6.2 中被选中的个体样本退化轨道重新绘制在图 6.3 中,可以看出,$X(t)$ 首次超过失效阈值 ω_1 的时间为 $T_1 = 41$,$Y(t)$ 首次超过失效阈值 ω_2 的时间为 $T_2 = 44$。根据二元 Wiener 过程首达时定义,该样本的真实失效时间(首达时)为 $T = 41$。

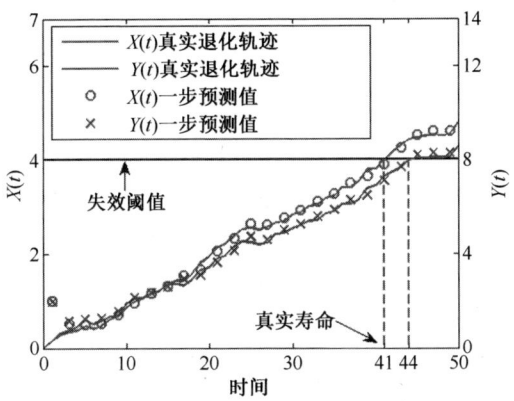

图 6.3 某个体样本退化轨道预测结果

6.6.2 参数更新

产品在线工作过程中,由于受内、外部诸多随机因素影响,个体的退化规律很可能偏离总体平均退化规律。因此,基于现场数据的在线更新算法必须具备较强的退化模型参数纠正能力。只有这样,即使在个体退化轨道偏离总体时,也能够很快地通过更新算法调整模型参数,使之可以准确地描述该个体的真实退化规律。综上所述,退化模型随机效应参数在结合历史数据和现场数据进行更新时,更新算法应保证参数后验分布对先验信息不过于敏感。为了检验 6.4 节参数更新方法的健壮性,在进行参数更新前,故意将超参数设置为远离由 6.6.1 节中自助法得出的估计值,这里取 $\mu_a^* = 1$、$\sigma_a^* = 0.2$、$\mu_c^* = 2$、$\sigma_c^* = 0.4$(超参数真实估计值为 $\hat{\mu}_a = 0.0988$、$\hat{\sigma}_a = 0.0084$、$\hat{\mu}_c = 0.1917$、$\hat{\sigma}_c = 0.0173$),同时令固定效应参数为 6.6.1 节中的极大似然估计值,即 $b^* = \hat{b} = 0.0690$、$d^* = \hat{d} = 0.1505$、$\rho^* = \hat{\rho} = 0.9009$。

以图 6.3 中的样本为例,利用 6.4 节中的方法逐步更新随机效应参数。在时刻 t_k,选择退化数据 $\boldsymbol{X}_{1:k-1}$ 和 $\boldsymbol{Y}_{1:k-1}$ 作为在线数据更新模型参数,然后在观测值 $(x_{k-1}, y_{k-1})^{\mathrm{T}}$ 的基础上预测 t_k 时刻的性能参数,即

$$x_k = x_{k-1} + \mu_{a,k-1} \cdot \Delta t_k$$
$$y_k = y_{k-1} + \mu_{b,k-1} \cdot \Delta t_k$$

由于更新过程中时间间隔均取 1,所以 $\Delta t_k = 1$。

按照上述方法,将两个关键性能参数退化轨道的一步预测结果分别展示在图 6.3 中。结果表明,本章所提出的方法具有很强的参数调整能力和较高的预测精度。在开始阶段,由于给出的随机效应参数先验分布偏离真实分布较多,因此早期预测精度较差,两个关键性能参数预测值和真实值之间均存在较大误差。但随着现场数据的积累(约 5 组观测值之后),基于贝叶斯理论的模型更新算法很快将随机效应参数分布调整了过来,因此退化轨道的一步预测精度也越来越高。

为了进一步洞悉模型更新机制,将随机效应参数后验分布中的参数 μ_{ak} 和 μ_{ck} 随采样次数的逐步更新曲线分别绘制在图 6.4 和图 6.5 中。结果表明,虽然这些参数的初始值偏离真实值较多,但经过几步更新后,参数能够很快地趋近并稳定在真实值附近。上述结果表明,本章给出的退化模型更新算法健壮性好,对参数初设值敏感性低,为保证剩余寿命预测精度奠定了模型基础。

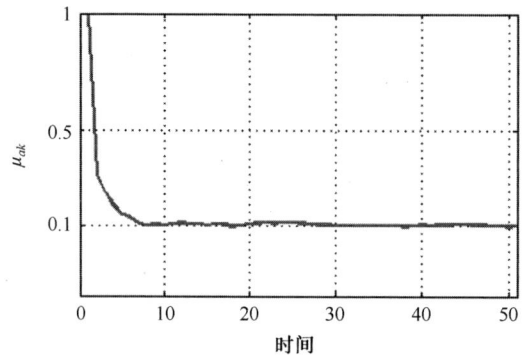

图 6.4 仿真案例中超参数 μ_{ak} 逐步更新曲线

随机效应参数后验分布中的另外三个超参数 σ_{ak}、σ_{ck} 和 ρ_k 随采样次数的逐步更新曲线分别绘制于图 6.6～图 6.8 中。可以明显看出，表征随机效应参数 a 和 c 不确定性的超参数 σ_{ak} 和 σ_{ck} 随着现场退化数据的累积不断减小（接近 0），而表征 a 和 c 相关性的超参数 ρ_k 随着现场退化数据的累积而不断增加（接近 0.9）。上述现象表明，随着现场退化数据的累积，反映被预测对象退化特征的信息量越来越大，因此退化模型的不确定性逐渐降低，而关于两个性能参数之间相关性的证据得到加强。

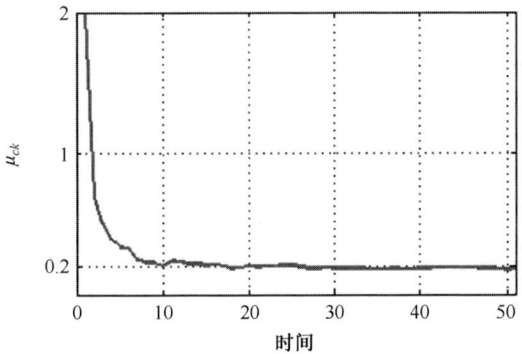

图 6.5 仿真案例中超参数 μ_{ck} 逐步更新曲线

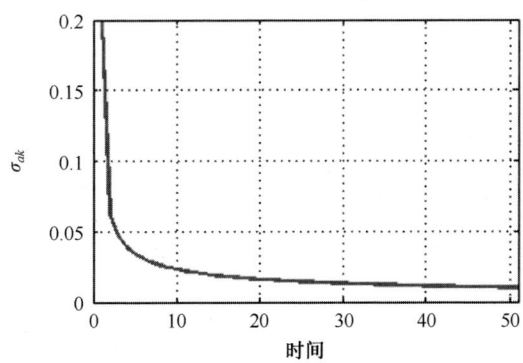

图 6.6 仿真案例中超参数 σ_{ak} 逐步更新曲线

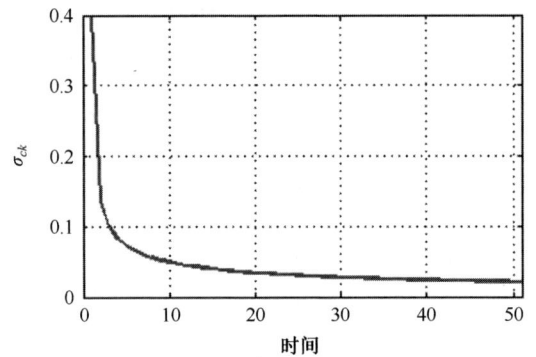

图 6.7 仿真案例中超参数 σ_{ck} 逐步更新曲线

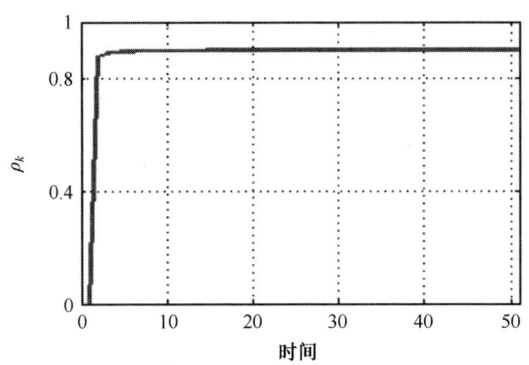

图 6.8 仿真案例中超参数 ρ_k 逐步更新曲线

6.6.3 剩余寿命预测

在 6.6.2 节退化模型参数更新的基础上,利用 6.5 节中的蒙特卡罗仿真方法进一步对该样本进行剩余寿命预测,预测结果如图 6.9 所示。同样,模型参数初始值偏离真实值较远,在最开始几个观测时刻,剩余寿命预测精度较低。但随着现场退化数据的累积,模型得到调整,剩余寿命预测误差也越来越小。从图 6.9 中可以看出,该样本真实剩余寿命基本落在了 80% 置信区间预测范围之内,这说明本章所提出的方法具有较高的预测精度和较强的调整能力。

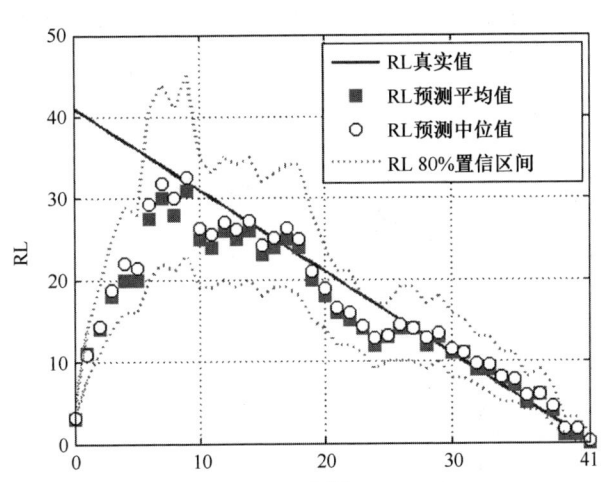

图 6.9 仿真案例样本的剩余寿命预测结果

6.6.2 节分析表明,即使随机效应参数初始值偏离真实值,也可以通过更新算法及时调整回来,从而使模型能够较好地描述个体产品真实退化规律。但是,与随机效应参数不同,退化模型中的固定效应参数 $\varphi=(b,d,\rho)^{\mathrm{T}}$ 是不会随着现场退化数据累积而更新调整的。固定效应参数 φ 是完全通过历史退化数据得到的,其估计值也可能与个体产品 φ 的实际值之间存在一定差异,从而影响剩余寿命预测精度。因此,还需要进一步研究剩余寿命预测结果对固定效应参数的敏感性。

具体方法如下:首先,令随机效应参数先验分布中的超参数初始值为 6.6.1 节中自助法估计值,即 $\hat{\mu}_a=0.0988$、$\hat{\sigma}_a=0.0084$、$\hat{\mu}_c=0.1917$、$\hat{\sigma}_c=0.0173$,令固定效应参数初始值为 6.6.1 节中的极大似然估计值,即 $\hat{b}=0.0690$、$\hat{d}=0.1505$、$\hat{\rho}=0.9009$。在上述参数初始值下,计算剩余寿命平均预测误差 MRE,其定义如下:

$$\mathrm{MRE}=\frac{1}{l}\sum_{k=1}^{l}\frac{\left|\widehat{\mathrm{RL}}_k+t_k-T\right|}{T} \tag{6.17}$$

式中,l 为采样点个数,$\widehat{\mathrm{RL}}_k$ 为 t_k 时刻剩余寿命预测平均值,T 为产品真实寿命。

经过计算,在上述参数初始值下进行剩余寿命预测对应的 MRE 为

0.02839；然后，每次选取三个固定效应参数 $\varphi = (b, d, \rho)^{\mathrm{T}}$ 中的一个，令其分别乘以 4 种变动系数[0.9, 0.95, 1.05, 1.1]，同时令另两个固定效应参数的值为 6.6.1 节中的极大似然估计值，计算相应参数值下的剩余寿命平均预测误差，结果如表 6.1 所示。

表6.1　固定效应参数敏感性分析结果

固定效应参数	变动系数			
	0.9	0.95	1.05	1.1
b	0.02866	0.02823	0.02831	0.02801
d	0.02911	0.02856	0.02815	0.02768
ρ	0.02818	0.02808	0.02924	0.03314

比较发现，当固定效应参数在一定范围内变化时，仍能保证剩余寿命预测结果具有较高精度。上述敏感性检验结果说明，本章所提出的剩余寿命预测方法对固定效应参数的敏感性较低，即使基于历史退化数据得到的固定效应参数估计值与被预测对象固定效应参数真实值存在一定偏差，仍能够较准确地预测出产品剩余寿命。

在文献[72]中，作者 Gebraeel 利用一元线性漂移 Wiener 过程对具有单性能参数的退化型产品剩余寿命预测方法进行了研究。为了进一步说明本章所提出方法的有效性和优越性，我们将本章预测结果与上述只考虑单性能参数的传统方法预测结果进行对比。在图 6.2 中的 20 个仿真样本中，根据失效判据，在第 50 步仿真结束时，19 个样本都失效了。其中，14 个样本是由于性能参数 X 率先到达失效阈值导致的失效，5 个样本是由于性能参数 Y 率先到达失效阈值导致的失效。我们用本章所提方法和 Gebraeel 的方法分别对 19 个失效的样本进行剩余寿命预测，并基于预测结果对两种方法的优劣性进行比较，具体过程如下。

首先，取退化模型参数的初始值为 6.6.1 节中的估计值，即 $\hat{\mu}_a = 0.0988$、$\hat{\sigma}_a = 0.0084$、$\hat{\mu}_c = 0.1917$、$\hat{\sigma}_c = 0.0173$、$\hat{b} = 0.0690$、$\hat{d} = 0.1505$、$\hat{\rho} = 0.9009$。然后，分别利用三种方法（本章方法、Gebraeel 方法只考虑 X、Gebraeel 方法只考虑 Y），对每个样本从 $t_k = 0$ 时刻开始逐步进行剩余寿命预测，并按照

式（6.17）计算三种方法的平均预测误差，结果如图 6.10 所示。

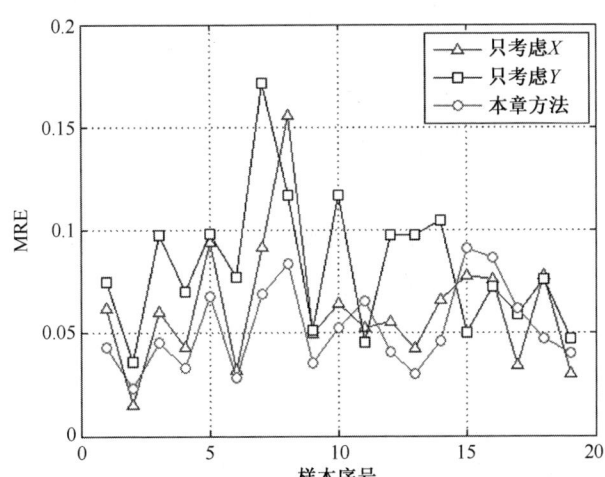

图 6.10　本章方法与 Gebraeel 方法剩余寿命平均预测误差对比图

从图 6.10 中可以看出，对于大多数样本，基于二元 Wiener 过程的剩余寿命预测精度高于只考虑单个性能参数的传统方法得出的预测精度。利用式（6.18）计算 19 个仿真样本的 MRE 平均值，即

$$\overline{\mathrm{MRE}} = \frac{1}{19}\sum_{i=1}^{19} \mathrm{MRE}_i \qquad (6.18)$$

本章方法对应的 $\overline{\mathrm{MRE}}$ 为 0.0522，只考虑性能参数 X 时的 $\overline{\mathrm{MRE}}$ 为 0.0621，只考虑性能参数 Y 时的 $\overline{\mathrm{MRE}}$ 为 0.0822。上述结果同样表明，从统计意义上讲，与只考虑单个性能参数的传统方法相比，本章所提出的剩余寿命预测方法精度更高。

6.7　应用实例

剩余循环寿命预测是锂离子电池使用过程中最受关注的问题之一。众所周知，容量退化是导致锂离子电池失效的主要原因之一，也是传统剩余寿命预测方法最常关注的性能指标。但是，研究发现，除了容量，锂离子电池在工作过程中其他一些性能参数同样会出现明显的退化趋势，且这些性能参数与容量之间存在一定的相关性，比较常见的有可用能量、内阻、功率密度、温度、工作电压等。如上所述，有很多性能参数都可以表征锂离子电池的老化和性能退化，其中可用容量和可用能量是工程人员较为关注的两个指标，因为它们可以直接反映电池的工作能力。

在理想情况下，在充放电过程中锂离子电池中只有锂离子在正极和负极之间往复运动，电池的可用容量和可用能量不会随着充放电循环次数增加而发生退化。但在实际充放电过程中，电池内部会发生很多副反应，如正极材料氧化、负极锂腐蚀、电解质分解、固体电解质界面膜生长等。这些副反应有的会消耗锂离子，导致放电容量下降；有些会造成正负极和电解质的损失，造成工作电压平台下降。因此，电池性能随循环次数增加会不断下降，并集中体现在电池容量、可用能量、电压、内阻、温度等性能参数的衰减上。导致上述性能参数退化的原因有很多是相同或相互影响的，因此各主要性能参数之间会存在一定的相关性。

为了研究某额定容量为 2.4Ah 的 18650 型锂离子电池性能退化规律，我们对该型号某电池单体开展充放电循环测试。一次完整的充放电循环过程包括充电、放电和静置三个步骤。在充电过程中，首先以 1C 恒流充电至电压达到充电终止电压 4.2V，然后转 4.2V 恒压充至电流小于等于 0.01C；放电过程中，以 2C 电流恒流放电至端电压小于等于放电截止电压 2.75V；充电和放电之间电池静置 30 分钟。对于额定容量为 2.4Ah 的电池，1C 对应的电流大小为 2.4A。电池测试系统会实时记录电池电压、电流等信息，并通过内置算法计算出每次循坏电池的可用容量和可用能量等相关数据。

正如上述分析，导致锂离子电池容量退化和能量退化的因素有很多是相同或相互影响的。因此，电池容量退化曲线和能量退化曲线之间有较强的相关性，如图 6.11 所示。图 6.11 中，纵坐标为容量（能量）损失，其定义为当前循环可用容量（可用能量）较初始值衰减量占初始值的百分比。观察发现，该型号锂离子电池容量和能量均随循环次数增加呈现近似线性退化趋势，且两个退化过程之间具有较强的相关性，因此可以用二元线性漂移 Wiener 过程对其进行退化建模。这里，我们取两个退化过程的失效阈值均为 20%，根据二元 Wiener 过程首达时定义，该电池的真实循环寿命为 283 次循环。

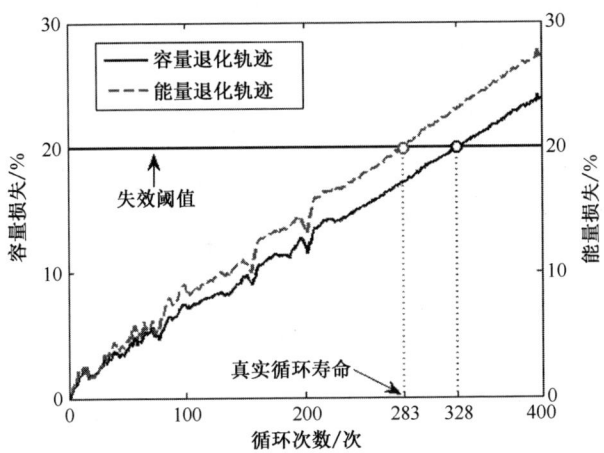

图 6.11　锂离子电池容量-能量二元退化过程

基于同类型产品历史数据，可以得到锂离子电池容量-能量退化模型参数初始值如下：$\mu_a = 0.0485$、$\sigma_a = 0.123$、$\mu_c = 0.0619$、$\sigma_c = 0.212$、$b = 0.35$、$d = 0.20$、$\rho = 0.88$。利用 6.6.2 节中的参数更新算法，结合图 6.11 中的现场退化数据对随机效应参数 $\theta = (a,c)^{\mathrm{T}}$ 进行逐步更新，得到后验分布中各超参数的逐步更新曲线，分别绘制于图 6.12～图 6.16 中。

在剩余寿命预测过程中，利用 6.6 节中的蒙特卡罗仿真方法，取仿真样本数为 1000 个，每隔 10 个循环进行一次剩余寿命预测，预测的锂离子电池剩余寿命期望值、中位值和 80%置信区间如图 6.17 所示。

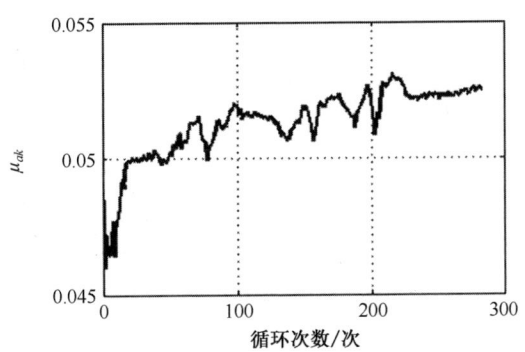

图 6.12　锂离子电池退化模型超参数 μ_{ak} 逐步更新曲线

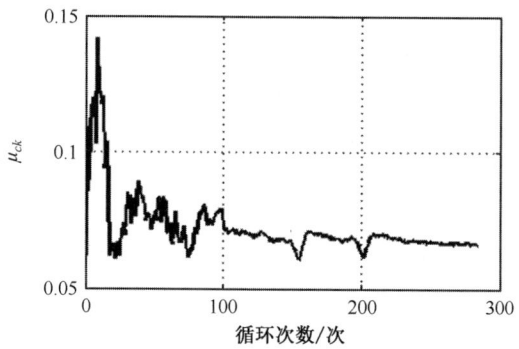

图 6.13 锂离子电池退化模型超参数 μ_{ck} 逐步更新曲线

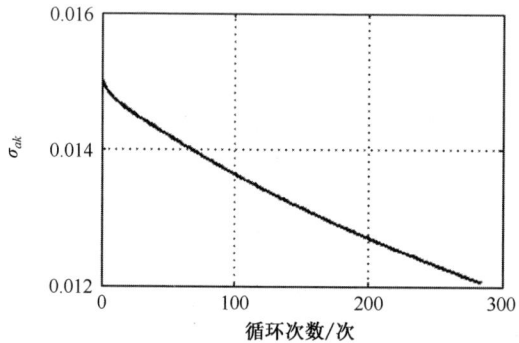

图 6.14 锂离子电池退化模型超参数 σ_{ak} 逐步更新曲线

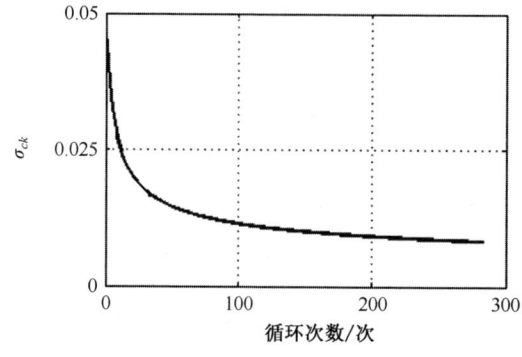

图 6.15 锂离子电池退化模型超参数 σ_{ck} 逐步更新曲线

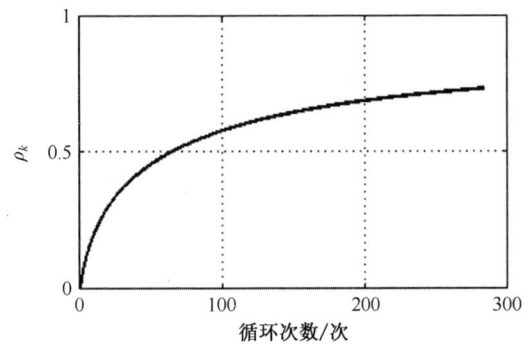

图 6.16　锂离子电池退化模型超参数 ρ_k 逐步更新曲线

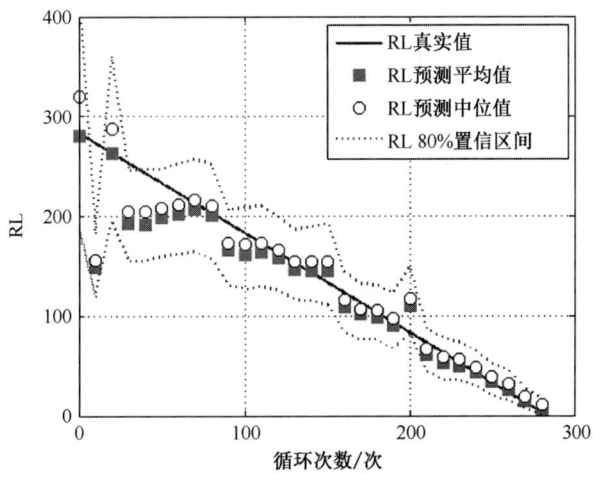

图 6.17　基于二元 Wiener 过程的锂离子电池剩余寿命预测结果

结果表明，由于采用了贝叶斯更新算法，退化模型得以不断调整，模型效果逐渐逼近产品性能参数真实退化规律。因此，在经过几次短暂更新后，剩余寿命预测结果已经具有较高精度。为了进一步观察不同观测时刻的剩余寿命分布情况，图 6.18～图 6.21 给出 $t_k = 0$、50、150、250 四个时刻下通过仿真算法得到的剩余寿命分布直方图，该直方图可以近似描述电池剩余寿命分布概率密度曲线。从图 6.19 中可以看出，在 $t_k = 0$ 时，由于缺乏现场数据，且先验信息存在一定偏差，剩余寿命分布没有很好地覆盖其真实值。但随着循

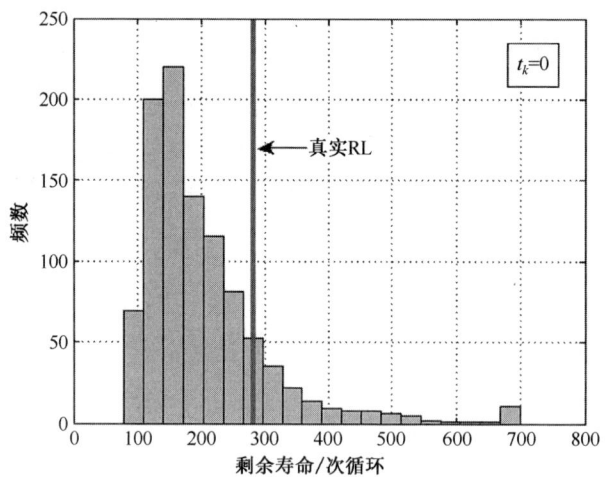

图 6.18 $t_k = 0$ 时刻锂离子电池剩余寿命分布

环次数的增加,越来越多的现场信息被融入更新后的退化模型中,因此剩余寿命预测的精度越来越高。

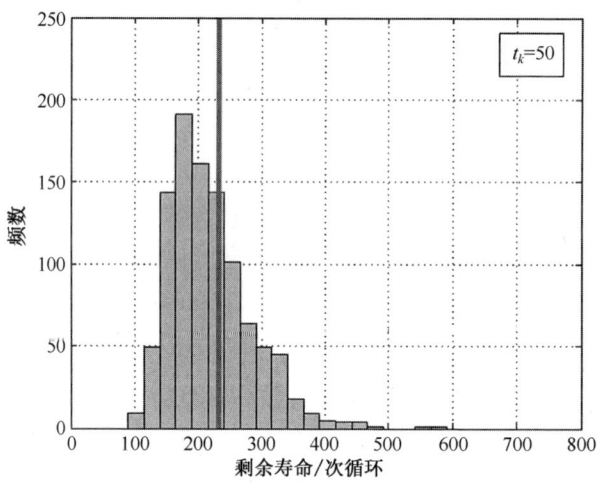

图 6.19 $t_k = 50$ 时刻锂离子电池剩余寿命分布

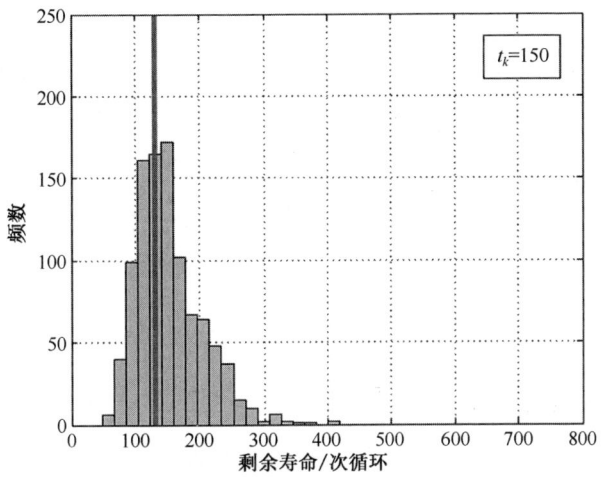

图 6.20　$t_k = 150$ 时刻锂离子电池剩余寿命分布

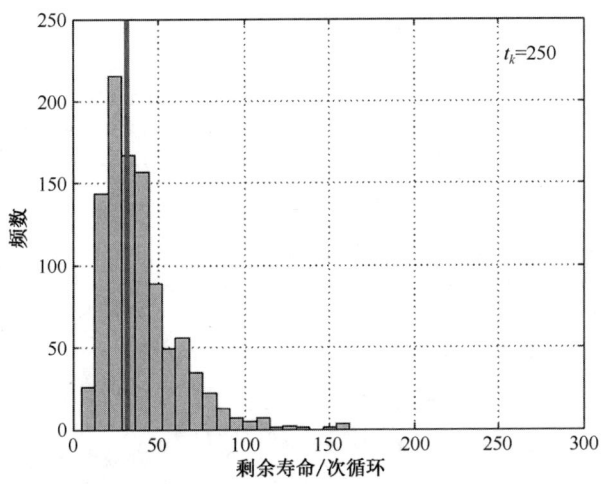

图 6.21　$t_k = 250$ 时刻锂离子电池剩余寿命分布

为了验证本章方法的有效性和优越性，我们将其与 Gebraeel 等[72]基于一元 Wiener 过程的剩余寿命预测方法进行对比。这里定义 t_k 时刻的相对预测误差（RE_k）为

$$\mathrm{RE}_k = \frac{|\widehat{\mathrm{RL}}_k + t_k - T|}{T} \times 100\% \qquad (6.19)$$

式中，$\widehat{RL}_k$ 为 t_k 时刻剩余寿命预测值（取平均值），T 为电池真实寿命。

各观测时刻相对预测误差绘制于图 6.22 中。结果表明，在大多数观测点，基于双参数模型得到的剩余寿命预测结果要比只考虑某单一性能参数得到的预测结果精度更高。

为了突出退化建模阶段考虑相关性对剩余寿命预测结果的重要性，我们将本章所提出的方法与忽略各性能参数之间相关性的传统预测方法做进一步对比，结果如图 6.23 所示。在传统方法中，不考虑性能参数之间的相关性，退化建模时认为两个性能参数相互独立，即看作串联系统进行处理。在此假设下，利用 Gebraeel 的方法分别基于能量和容量进行剩余寿命预测，并取每一时刻预测值中的较小值作为该时刻电池剩余寿命预测值。从图 6.23 中可以明显发现，在大多数观测点考虑相关性的剩余寿命预测精度更高。因此，对于双参数退化型产品，在剩余寿命预测时应充分考虑两个性能参数之间的相关性。

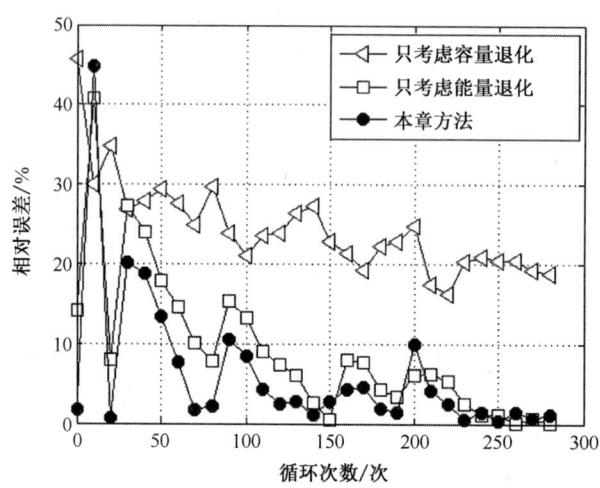

图 6.22 本章方法与传统单一性能参数剩余寿命预测方法预测误差对比图

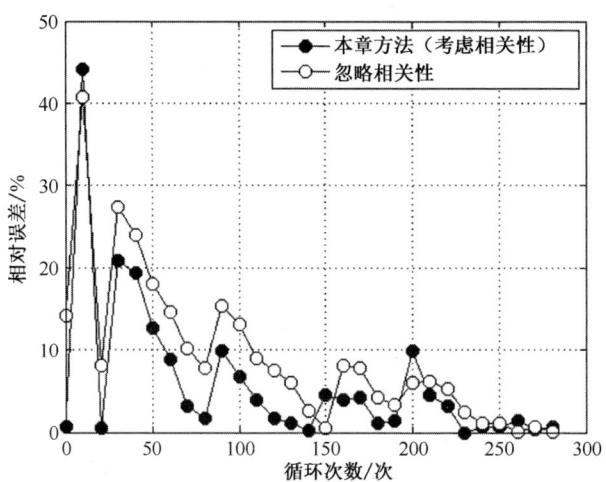

图 6.23　本章方法与传统忽略相关性剩余寿命预测方法预测误差对比图

6.8　本章小结

本章提出了一种考虑相关性的双参数退化型产品剩余寿命预测方法。利用含随机效应参数的二元线性漂移 Wiener 过程建立产品的双性能参数退化模型，通过贝叶斯方法更新模型随机效应参数分布，使用蒙特卡罗仿真方法得到产品剩余寿命近似分布，并通过一个仿真案例和一个工程中的实际案例对该方法的有效性进行了验证。结果表明，该方法具有较强的健壮性，且预测精度高于传统只考虑单个性能参数的剩余寿命预测方法。近年来，随着产品功能的日益复杂化，工程中出现越来越多的双参数乃至多参数退化产品。同时，随着技术的发展，一些先进的传感器和数据采集装置不断出现，为多性能参数在线监测提供了技术保障。在这种背景下，相比传统基于一元退化过程的剩余寿命预测方法，本章所研究的方法具有更广阔的应用范围和更光明的应用前景。

本章只讨论了二元退化型产品的剩余寿命预测问题，但工程实践中存在很多拥有更多关键性能参数的产品或系统。虽然很容易将二元 Wiener 过程扩展到多元 Wiener 过程，以实现对多参数退化型产品的退化建模，但随着性能参数个数的增加，能否基于贝叶斯公式得到随机效应参数后验分布解析表达式是一个值得研究的问题。此外，考虑多个性能参数可以提高剩余寿命预测精度，但与此同时预测算法的复杂度也会增加。如何在模型复杂度和预测精度之间寻求平衡，也是实际应用中需要考虑的问题。

第 7 章

基于 Copula 函数的多元退化建模及寿命预测

7.1 引言

近年来，多参数退化问题逐渐走进可靠性与 PHM 工程技术人员和科研人员的视野。在实际工程应用中，多参数现象广泛存在于具有复杂功能、结构的长寿命产品中。如何建立这些退化特征量的联合退化模型，进而开展产品可靠性评估、寿命分布预测与剩余寿命预测成为大家关心的问题。基于上述原因，本章在第 6 章假设基础上，进一步探讨基于 Copula 函数的二元退化建模及寿命预测方法，以进一步扩展多参数退化建模与寿命预测方法的应用范围。

Copula 函数是一种描述多个变量相关性的有效工具，可以将联合分布函数与它们各自的边际分布函数连接起来。Copula 理论最早可以追溯到 1959 年，Sklar 通过定理形式将多元分布与 Copula 函数联系起来。20 世纪 90 年代后，Copula 相关理论和方法广泛应用于金融、保险等领域，并取得了较好的效果。近年来，一些学者将 Copula 函数引入可靠性领域中的多元退化建模中，取得了一些新颖的研究成果。例如，Sari 等[61,152]利用 Copula 函数将铷灯中铷消耗导致的寿命分布与亮度衰减导致的寿命分布联合起来，并基于此对铷灯开展了可靠性评估。但是，Sari 在其工作中只考虑了两个寿命分布之间的相关性，而没有考虑性能参数自身之间的相关性。于是，在 Sari 工作的基础上，Pan 等[62]首先利用两个独立的线性 Wiener 过程分别描述二元退化特征量的退化过程，然后利用 Copula 函数将两个性能参数的退化增量分布联合起来，进而推导出产品寿命分布。受到 Pan 工作的启发，Hao 等[63]将线性 Wiener 过程扩展为带时间尺度变换的非线性 Wiener 过程，进而研究基于 Copula 函数的二元非线性退化过程建模及寿命评估问题。Liu 等[156]则在前人工作的基础上，将 Wiener 过程替换为逆高斯过程，基于 Copula 函数研究了两个单调退化性能参数的退化建模和产品寿命评估问题。

虽然 PHM 从业者已经意识到多元退化建模的重要意义，但目前二元退化型产品剩余寿命预测问题仍未得到充分重视，相关成果还较少。其中，一个主要的挑战在于，二元退化模型相比一元退化模型更为复杂，模型的参数更新存在较大困难。本章提出了一种二元退化型产品剩余寿命预测的方法框架。产品的两个退化特征量分别用 Wiener 过程进行描述（可扩展至其他随机过程模型），通过 Copula 函数将退化增量分布联系起来，以描述二者之间的相关性。利用粒子滤波技术，基于现场二元退化数据实时更新模型部分关键参数，并推导出二元退化型产品寿命分布模型和剩余寿命分布模型。

7.2 基于 Copula 函数的多元退化建模

7.2.1 一元 Wiener 过程退化建模

众所周知，一元线性 Wiener 过程作为一种最常见的随机过程，广泛应用于退化建模、可靠性评估和剩余寿命预测中。假设某产品存在一个性能参数，其退化规律可由一元线性 Wiener 过程描述，即

$$W(t) = \mu t + \sigma B(t) \tag{7.1}$$

式中，μ 为漂移系数，σ 为扩散系数，$B(t)$ 为标准布朗运动，且满足以下数学性质：

（1）$B(0) = 0$，$B(t) \in (-\infty, +\infty)$。
（2）$B(t + \Delta t) - B(t) \sim N(0, \Delta t)$。
（3）$B(t) \sim N(0, t)$。

记 $\Delta W(t)$ 为时间 t 和 $t + \Delta t$ 之间的性能参数退化增量，即 $\Delta W(t) = W(t + \Delta t) - W(t)$。根据 Wiener 过程独立增量性质，$\Delta W(t)$ 服从期望为 $\mu \Delta t$、方差为 $\sigma^2 \Delta t$ 的正态分布，即

$$W(t + \Delta t) - W(t) \sim N(\mu \Delta t, \sigma^2 \Delta t) \tag{7.2}$$

给定失效阈值 ω，产品失效时间 T 的数学表达式为

$$T = \inf\{t \mid W(t) \geq \omega\} \tag{7.3}$$

利用式（7.3）定义的失效时间，常称为首达时（FPT）。显然，由于 Wiener 过程具有随机性特点，失效时间 T 是一个随机变量。文献已证明，T 服从逆高斯分布，该分布的累积分布函数 $F(t)$、可靠度函数 $R(t)$ 和概率密度函数 $f(t)$ 分别如下：

$$F(t) = P(T \leqslant t) = \Phi\left(\frac{\mu t - \omega}{\sigma\sqrt{t}}\right) + \exp\left(\frac{2\mu\omega}{\sigma^2}\right) \cdot \Phi\left(-\frac{\mu t + \omega}{\sigma\sqrt{t}}\right) \quad (7.4)$$

$$R(t) = P(T \geqslant t) = 1 - F(t) \quad (7.5)$$

$$f(t) = \frac{\mathrm{d}F(t)}{\mathrm{d}t} = \frac{\mathrm{d}R(t)}{\mathrm{d}t} = \frac{\omega}{\sqrt{2\pi t^3 \sigma^2}} \exp\left\{-\frac{(\omega - \mu t)^2}{2t\sigma^2}\right\} \quad (7.6)$$

7.2.2 Copula 函数介绍

Copula 函数是一种可以连接多个一维随机变量边际分布的"相依函数"或"连接函数",其具有很多优良性质,可以起到简化多元随机变量联合分布建模的作用,是一种用于刻画变量相关性的有效工具。Copula 函数的研究工作起源于 1959 年 Sklar 的工作,Nelsen[157,158]则比较系统地介绍了 Copula 函数的定义、构建方法及变换方法等。目前,Copula 函数在生物统计学、风险管理和金融领域等得到了广泛应用,在可靠性、健康预测领域的研究也逐渐起步。下面对 Copula 函数的相关内容做一些简单介绍,由于本章讨论二元退化建模问题,因此重点介绍二维 Copula 函数。

1. Copula 函数定义

函数 $C:[0,1]^2 \to [0,1]$ 称为二维 Copula 函数,满足以下条件:
(1) 对任意的 $u, v \in [0,1]$,有
$$C(u, 0) = 0, C(0, v) = 0$$
$$C(u, 1) = u, C(1, v) = v$$
(2) 对任意的 $u_1, u_2, v_1, v_2 \in [0,1]$,使得 $u_1 \leqslant u_2$, $v_1 \leqslant v_2$,则有
$$C(u_2, v_2) - C(u_1, v_2) - C(u_2, v_1) + C(u_1, v_1) \geqslant 1$$

2. Sklar 定理

设联合分布函数 H 具有边际分布 F 和 G,那么存在一个 Copula 函数 C,对任意的 $x, y \in \mathbf{R}$,有
$$H(x, y) = C(F(x), G(y)) \quad (7.7)$$

如果 F 和 G 连续,则 C 是唯一的;否则, C 的唯一性在 $\text{Ran}F \times \text{Ran}G$ 上确定。反之,如果 C 是 Copula 函数, F 和 G 是分布函数,那么由式(7.7)定义的函数 H 是一个联合分布函数,且它的边际分布为 F 和 G。

3. 相关性度量

概率论中常用协方差和 Spearman 的乘积矩相关系数反映两个随机变量之间的相关性。但由于协方差是一种有量纲的量,其值会受到两个随机变量各自量纲的影响。虽然相关系数消除了这一弊病,但它只能较好地描述线性相关程度,而对于非线性相关的描述则无能为力。下面介绍两种由 Copula 函数导出的相关性度量:Kendall 相关系数和 Spearman 相关系数,分别记为 τ 和 ρ。

设随机变量 X 和 Y 存在相关性,其边际分布函数为 $F(x)$ 和 $G(y)$,Copula 函数为 C。假设 (X_1,Y_1)、(Y_2,Y_2) 和 (X_3,Y_3) 是独立同分布的随机向量,具有相同的联合分布函数 H。

Kendall 相关系数定义为

$$\begin{aligned}\tau &= P[(X_1-X_2)(Y_1-Y_2)>0] - P[(X_1-X_2)(Y_1-Y_2)<0] \\ &= 4\iint_{[0,1]^2} C(u,v)\mathrm{d}C(u,v) - 1\end{aligned} \quad (7.8)$$

Spearman 相关系数定义为

$$\begin{aligned}\rho &= 3(P[(X_1-X_2)(Y_1-Y_3)>0] - P[(X_1-X_2)(Y_1-Y_3)<0]) \\ &= 12\iint_{[0,1]^2} C(u,v)\mathrm{d}u\mathrm{d}v - 3\end{aligned} \quad (7.9)$$

式中, $u = F(x)$, $v = G(y)$, $\mathrm{d}C(u,v) = \dfrac{\partial^2 C(u,v)}{\partial u \partial v}\mathrm{d}u\mathrm{d}v$。

4. 常见的 Copula 函数

典型的 Copula 函数有 Gaussian Copula、t Copula、Clayton Copula、Gumbel Copula、Frank Copula 等。多数 Copula 函数都只有一个模型参数,其取值与随机变量之间的相关性有关。以工程中较为常见且数学性质良好的 Frank Copula 函数为例,其具体形式如下:

$$C(u,v) = -\frac{1}{\alpha}\ln\left\{1 + \frac{[\exp(-\alpha u)-1][\exp(-\alpha v)-1]}{\exp(-\alpha)-1}\right\} \quad (7.10)$$

式中, α 为模型参数。

相应的密度函数由 $C(u,v)$ 对 u、v 求二阶偏导得到，具体如下：

$$C(u,v) = \frac{\partial^2 C}{\partial u \partial v} = \frac{\alpha[1-\exp(-\alpha)][\exp(-\alpha u - \alpha v)]}{\{\exp(-\alpha)-1+[\exp(-\alpha u)-1][\exp(-\alpha v)-1]\}^2} \quad (7.11)$$

此外，容易推导 Kendall 相关系数 τ 与 α 之间的关系为

$$\tau = 1 + \frac{1/\alpha \int_0^\alpha t/(e^t-1)dt - 1}{\alpha} \quad (7.12)$$

式中，$\tau=1$ 表示完全正相关，$\tau=-1$ 表示完全负相关，$\tau=0$ 表示无相关性。

7.2.3 多元退化建模

假设某个退化型产品，在工作过程中存在两个可以测量的性能参数，分别记为 $W_1(t)$ 和 $W_2(t)$。这两个性能参数随时间延长均呈现线性退化趋势，故均可以用 7.2.1 节中的一元线性 Wiener 过程进行退化建模。

令 u_p 和 σ_p 为 $W_p(t)$ 的漂移系数和扩散系数，根据式（7.2），独立增量 $\Delta W_p = W_p(t+\Delta t) - W_p(t)$ 服从正态分布，即

$$\Delta W_p \sim N(\mu_p \Delta t, \sigma_p^2 \Delta t), \ p=1,2 \quad (7.13)$$

于是，ΔW_p 的概率密度函数和累积分布函数分别记为 $g_p(\Delta W_p)$ 和 $G_p(\Delta W_p)$，具体形式如下：

$$g_p(\Delta W_p) = \frac{1}{\sigma_p\sqrt{2\pi\Delta t}}\left\{-\frac{[\Delta W_p - \mu_p \Delta t]^2}{2\sigma_p^2 \Delta t}\right\}, \quad p=1,2 \quad (7.14)$$

$$G_p(\Delta W_p) = \Phi\left(\frac{\Delta W_p - \mu_p \Delta t}{\sigma_p \sqrt{\Delta t}}\right), \quad p=1,2 \quad (7.15)$$

考虑内部失效机理耦合和外部环境应力的共同影响，两个性能参数之间可能存在一定的相关性，所以利用 Frank Copula 函数将两个性能参数退化增量 ΔW_1 和 ΔW_2 的边际分布联系起来，即

$$H(\Delta W_1, \Delta W_2) = C(G_1(\Delta W_1), G_2(\Delta W_2)) \quad (7.16)$$

于是，$(\Delta W_1, \Delta W_2)^T$ 的联合概率密度函数可以表示为

$$h(\Delta W_1, \Delta W_2) = c(G_1(\Delta W_1), G_2(\Delta W_2)) \cdot g_1(\Delta W_1) g_2(\Delta W_2) \quad (7.17)$$

7.3 初始参数估计

退化模型初始参数主要依托可靠性试验及产品日常运行过程中积累的离线退化数据获取。7.2 节建立的二元退化模型共包括五个未知参数，分别为即 μ_1、μ_2、σ_1、σ_2 和 α。为提高在线剩余寿命预测精度，退化模型中的参数一般分为两类：固定效应参数和随机效应参数。前者对于不同产品个体其值固定，用于反映产品某些总体特性；后者对于不同产品个体其值随机变化，用来反映个体间的不一致性，在剩余寿命预测应用中可根据个体在线退化数据实时调整。

目前，很多基于一元 Wiener 过程的文献中，通常假设漂移系数是随机效应参数，原因是其反映的是性能参数退化速率，其值对失效时间预测较为敏感；假设扩散系数是固定效应参数，用于反映该类产品退化过程的总体波动性。由于基于 Copula 函数的二元退化模型较少用于剩余寿命预测，因此没有文献讨论表征模型相关性的 Copula 函数的参数到底是随机效应参数还是固定效应参数。为保守起见，本书将其暂定为随机效应参数，认为其也要随着在线退化数据的增加而不断更新，以提高个体产品退化模型的精度。在后面的 7.6 节中，通过仿真案例和敏感性分析进一步证实了上述假设的合理性。

当得到离线退化数据后，可利用极大似然估计法对参数 σ_1、σ_2 进行估计。假设离线数据共包括 N 个样本，每个样本共记录了 M 个时刻的退化数据。令 $(\Delta W_1^{ij}, \Delta W_2^{ij})^{\mathrm{T}}$（$i=1,2,\cdots,N$；$j=1,2,\cdots,M$）为第 i 个样本在第 $j-1$ 次测量与第 j 次测量间的二元退化增量。将 $(\Delta W_1^{ij}, \Delta W_2^{ij})^{\mathrm{T}}$ 代入式（7.17），可以得到似然函数 L_{ij}。于是，所有离线数据的完全似然函数 L 可以表示为

$$L(\mu_1,\mu_2,\sigma_1,\sigma_2,\alpha) = \sum_{i=1}^{N}\sum_{j=1}^{M} \ln L_{ij} \qquad (7.18)$$

令式（7.18）最大化即可得到五个参数的极大似然估计值。由于式（7.18）较为复杂，难以得到参数极大似然估计的解析表达式，工程上一种常用的替代解决思路是借助马尔可夫链蒙特卡罗方法（MCMC）给出数值解。由于相关技术较为成熟，此处不再赘述。

7.4 可靠性评估

对于二元退化型产品，当其任意一个性能参数超过失效阈值时，产品即发生失效。令 ω_p 为第 p 个性能参数对应的失效阈值。显然，二元退化型产品的失效时间（产品寿命）可定义为

$$T = \min\{T_1, T_2\} \tag{7.19}$$

式中，$T_p = \inf\{t \mid W_p \geqslant p\}, p = 1, 2$ 是第 p 个性能参数在其失效阈值下的首达时。

于是，二元退化型产品可靠度函数可以相应地定义为

$$R(t) = P(T_1 \geqslant t, T_2 \geqslant t) = P\left(\sup_{s \leqslant t} W_1(s) \leqslant \omega_1, \sup_{s \leqslant t} W_2(s) \leqslant \omega_2\right) \tag{7.20}$$

令 $D_p(x \mid t)$ 表示 $\sup_{s \leqslant t} W_p(s)$ 的累积分布函数，此时，式（7.20）可以转换为

$$R(t) = C\big(D_1(\omega_1 \mid t), D_2(\omega_2 \mid t)\big) \tag{7.21}$$

根据累积失效函数定义，有

$$D_p(\omega_p \mid t) = p\left(\sup_{s \leqslant t} W_p(s) \leqslant \omega_p\right) = P(T_p \geqslant t) = R_p(t \mid \omega_p), p = 1, 2 \tag{7.22}$$

式中，$R_p(t \mid \omega_p)$ 为第 p 个性能参数对应的可靠度函数，可根据式（7.5）得到。

于是，式（7.21）可以进一步改写为

$$R(t) = C\big(R_1(t \mid \omega_1), R_2(t \mid \omega_2)\big) \tag{7.23}$$

二元退化型产品失效时间的概率密度函数可以由可靠度函数推导得到，即

$$f(t) = -\frac{\mathrm{d}R(t)}{\mathrm{d}t} = -\sum_{p=1}^{2} \frac{\partial C\big(R_1(t \mid \omega_1), R_2(t \mid \omega_2)\big)}{\partial R_p(\omega_p \mid t)} f_p(t \mid \omega_p), p = 1, 2 \tag{7.24}$$

式中，$f_p(t \mid \omega_p)$ 为随机变量 T_p 的概率密度函数，其可通过式（7.6）计算得到。

如果产品的两个性能参数之间不存在相关性，则产品可靠度函数可以简化为

$$R(t) = R_1(t \mid \omega_1) \cdot R_2(t \mid \omega_2) \tag{7.25}$$

失效时间概率密度函数则为

$$f(t) = -\frac{\mathrm{d}R(t)}{\mathrm{d}t} = -R_2(t \mid \omega_2) f_1(t \mid \omega_1) - R_1(t \mid \omega_1) f_2(t \mid \omega_2) \tag{7.26}$$

上述结果与串联型产品可靠度计算结果一致。因此，基于 Copula 函数的可靠性模型（考虑不同性能参数之间的相关性）可以看作传统串联可靠性模型（忽略性能参数间相关性）的扩展，传统串联可靠性模型则可以看作基于 Copula 函数的可靠性模型在相关系数为零时的特例。

7.5 剩余寿命预测

7.5.1 粒子滤波算法介绍

前面已经讨论过，精确的剩余寿命预测结果不仅依赖准确的退化模型形式，而且需要根据最新收集到的退化数据实时调整模型参数，以使得其能够更好地追踪待预测产品性能参数真实退化规律。粒子滤波是一种基于蒙特卡罗仿真的序贯贝叶斯方法，可以非常方便地实现随机效应参数的更新过程[86,159]。与卡尔曼滤波等传统滤波方法相比，粒子滤波方法凭借其在处理非线性、非高斯噪声系统方面的优势，近年来发展十分迅速。

在粒子滤波框架下，首先需要将退化模型转化为一系列状态方程，以便追踪性能参数测量值和退化模型参数的变化趋势，这里记状态变量组成的向量为 $\boldsymbol{x}$。滤波过程即根据观测值（性能参数测量值）更新状态量 $\boldsymbol{x}$ 的后验分布过程。记 t_k 时刻观测量为 $z_{1:k}$，状态量的后验分布为 $p(\boldsymbol{x}_k|\boldsymbol{z}_{1:k})$，根据贝叶斯定理，则有

$$p(\boldsymbol{x}_k|\boldsymbol{z}_{1:k}) = \frac{p(\boldsymbol{z}_k|\boldsymbol{x}_k)p(\boldsymbol{x}_k|\boldsymbol{x}_{1:k-1})}{\int p(\boldsymbol{z}_k|\boldsymbol{x}_k)p(\boldsymbol{x}_k|\boldsymbol{z}_{1:k-1})\mathrm{d}\boldsymbol{x}_k} \tag{7.27}$$

通常，当状态方程较复杂时，很难直接推导得到 $p(\boldsymbol{x}_k|\boldsymbol{z}_{1:k})$ 的解析表达式。于是，粒子滤波采用了一种近似更新后验分布的数值方法，即用一些通过采样得到的状态变量 $\boldsymbol{x}$ 的离散值（这里称为粒子）$\{\boldsymbol{x}_{0:k}^i, w_k^i\}_{i=1}^{N_s}$ 来表示后验分布 $p(\boldsymbol{x}_{0:k}|\boldsymbol{z}_{1:k})$，其中 w_k^i 为第 i 个粒子的权重，满足 $\sum_{i=1}^{N_s} w_k^i = 1$。$N_s$ 为一个较大的正整数，如 $N_s = 5000$，这里 N_s 表示的是粒子的个数，其值越大，对后验分布

的估计越精确，但计算的复杂度也越高。于是有

$$p(\boldsymbol{x}_k|\boldsymbol{z}_{1:k}) \approx \sum_{i=1}^{N_s} w_k^j \delta(\boldsymbol{x}_k - \boldsymbol{x}_k^i) \tag{7.28}$$

式中，$\delta(\cdot)$ 为 Dirac 函数，记 $\pi_0(\boldsymbol{x})$ 为状态量 $\boldsymbol{x}$ 的初始分布。

工程上有很多从后验分布中对粒子 $\{\boldsymbol{x}_{0:k}^i\}_{i=1}^{N_s}$ 进行采样的方法，其中重要性采样应用最为广泛。重要性采样的思路为：从一个形式较为简单的概率密度 $q(\boldsymbol{x}_{0:k}|\boldsymbol{z}_{1:k})$ 采样得到 $\{\boldsymbol{x}_{0:k}^i\}_{i=1}^{N_s}$，相应的粒子权重可以表示为

$$w_k \propto \frac{p(\boldsymbol{x}_{0:k}|\boldsymbol{z}_{1:k})}{q(\boldsymbol{x}_{0:k}|\boldsymbol{z}_{1:k})} \tag{7.29}$$

根据贝叶斯定理，$p(\boldsymbol{x}_{0:k}|\boldsymbol{z}_{1:k})$ 可以表示为

$$\begin{aligned} p(\boldsymbol{x}_{0:k}|\boldsymbol{z}_{1:k}) &= \frac{p(\boldsymbol{z}_k|\boldsymbol{x}_{0:k},\boldsymbol{z}_{1:k-1})p(\boldsymbol{x}_{0:k}|\boldsymbol{z}_{1:k-1})}{p(\boldsymbol{z}_k|\boldsymbol{z}_{1:k-1})} \\ &= \frac{p(\boldsymbol{z}_k|\boldsymbol{x}_{0:k},\boldsymbol{z}_{1:k-1})p(\boldsymbol{x}_k|\boldsymbol{x}_{0:k-1},\boldsymbol{z}_{1:k-1})}{p(\boldsymbol{z}_k|\boldsymbol{z}_{1:k-1})} p(\boldsymbol{x}_{0:k-1}|\boldsymbol{z}_{1:k-1}) \\ &\propto p(\boldsymbol{z}_k|\boldsymbol{x}_k)p(\boldsymbol{x}_k|\boldsymbol{x}_{k-1})p(\boldsymbol{x}_{0:k-1}|\boldsymbol{z}_{1:k-1}) \end{aligned} \tag{7.30}$$

如果重要性密度函数满足

$$q(\boldsymbol{x}_{0:k}|\boldsymbol{z}_{1:k}) = q(\boldsymbol{x}_k|\boldsymbol{x}_{0:k-1},\boldsymbol{z}_{1:k})q(\boldsymbol{x}_{0:k-1}|\boldsymbol{z}_{1:k-1}) \tag{7.31}$$

则可以将式（7.30）和式（7.31）代入式（7.29）中，进而得到粒子权重的迭代更新公式，即

$$w_k \propto w_{k-1} \frac{p(\boldsymbol{z}_k|\boldsymbol{x}_k)p(\boldsymbol{x}_k|\boldsymbol{x}_{k-1})}{q(\boldsymbol{x}_k|\boldsymbol{x}_{0:k-1},\boldsymbol{z}_{1:k})} \tag{7.32}$$

如何选择合适的重要性密度函数 $q(\boldsymbol{x}_{0:k}|\boldsymbol{z}_{1:k})$ 是粒子滤波的核心。通常，可以令其为状态转移概率函数，即 $q(\boldsymbol{x}_k|\boldsymbol{x}_{0:k-1},\boldsymbol{z}_{1:k}) = p(\boldsymbol{x}_k|\boldsymbol{x}_{k-1})$。$t_k$ 时刻的新粒子 $\boldsymbol{x}_k$ 可以由 t_{k-1} 时刻的粒子 $\boldsymbol{x}_{k-1}$ 乘以概率密度 $p(\boldsymbol{x}_k|\boldsymbol{x}_{k-1})$ 产生。于是，式（7.32）会简化为

$$w_k \propto w_{k-1} \cdot p(\boldsymbol{z}_k|\boldsymbol{x}_k) \tag{7.33}$$

式中，$p(\boldsymbol{z}_k|\boldsymbol{x}_k)$ 可以通过状态转移方程给出。

可以证明，当 $N_s \to \infty$ 时，式（7.27）中的后验分布趋近于真实分布。值得注意的是，随着更新次数的增加，粒子滤波算法会出现粒子退化现象，导致权重集中在少数粒子上，其他大部分粒子的权重都接近零。这样会造成 w_k 的方差过大，进而显著降低后验分布估计精度。因此，粒子滤波中通常会采用重采样技术以减轻粒子退化现象[83]。

7.5.2 在线参数更新与剩余寿命预测

1. 剩余寿命定义

对于某工作中的二元退化型产品，假设其两个性能参数定期观测且观测时刻相同。记性能参数观测时刻为 $t_1,t_2,\cdots,t_k$，相应的测量值为 $W_{1:k}=\{w_1^1,w_1^2,\cdots,w_1^k;w_2^1,w_2^2,\cdots,w_2^k\}$。

记当前时刻为 t_k，剩余寿命为 L_k，从剩余寿命的定义可知，L_k 满足下述方程：

$$L_k = \inf\{t \,|\, W_1(t_k+t) > \omega_1 \text{ 或 } W_2(t_k+t) > \omega_2\} \tag{7.34}$$

根据 Wiener 过程的独立增量性质和齐次马尔可夫性质（Homogeneous Markov），可得

$$L_k = \inf\{t \,|\, W_1(t) > \omega_1 - w_1^k \text{ 或 } W_2(t) > \omega_2 - w_2^k\} \tag{7.35}$$

因此，将式（7.24）中的 ω_i 替换为 $\omega_i^k = \omega_i - w_i^k, i=1,2$，可以得到 L_k 的概率密度函数，即

$$f_{L_k}(t) = -\sum_{i=1}^{2} \frac{\partial R_b(t)}{\partial R_i\left(\omega_i^k \mid t\right)} f_i(t \mid \omega_i^k) \tag{7.36}$$

2. 参数在线更新

为了执行粒子滤波算法，首先将前面建立的基于 Copula 函数的二元退化模型离散成一个状态空间模型。在状态空间模型中，退化模型的随机效应参数被纳入状态变量 x 中，可认为其值在两个测量时间之间保持不变。离散化的状态空间模型可以表示如下。

状态转移函数：

$$\begin{cases} \mu_{1,k+1} = \mu_{1,k} \\ \mu_{2,k+1} = \mu_{2,k} \\ \alpha_{k+1} = \alpha_k \end{cases} \tag{7.37}$$

观测函数：

$$(\Delta W_{1,k}, \Delta W_{2,k})^{\mathrm{T}} \sim h(u,v \mid \mu_{1,k}, \mu_{2,k}, \sigma_1, \sigma_2, \alpha_k) \tag{7.38}$$

式中，状态变量 $x_k = (\mu_{1,k}, \mu_{2,k}, \alpha_k)^{\mathrm{T}}$ 为 t_k 时刻的随机效应参数；观测变量

$z_k = (\Delta W_{1,k}, \Delta W_{2,k})$ 为 t_k 时刻的二元退化增量,其服从的二维随机分布概率密度函数由式(7.17)定义;σ_1 和 σ_2 为固定效应参数,其估计值由离散数据得出,且在更新过程中保持恒定。

在得到观测变量 $z_{1:k}$ 后,设计粒子滤波算法进行参数更新和剩余寿命预测,算法流程如下。

步骤1:粒子初始化($k=0$)。从先验分布 $\pi_0(\boldsymbol{x})$ 中随机抽取初始粒子,记为 $\boldsymbol{x}_0^i, i=1,2,\cdots,N_s$,权重为 $w_0^i = N_s^{-1}$,其中,N_s 为粒子个数。

对于 $k=1,2,\cdots$,重复下述过程。

步骤2:粒子更新。根据状态转移函数 $f(\cdot)$,将每个粒子更新到下一时刻值,即令 $\boldsymbol{x}_k^i = f(\boldsymbol{x}_{k-1}^i)$。

步骤3:权重更新。对于 $i=1,2,\cdots,N_s$,令 $w_k^i = w_{k-1}^i \cdot h(\Delta W_{1,k}, \Delta W_{2,k} | \boldsymbol{x}_k)$。

步骤4:权重归一。对于 $i=1,2,\cdots,N_s$,令 $w_k^i = w_{k-1}^i / \sum_{i=1}^{N_s} w_k^i$。

步骤5:重采样。当 $\dfrac{1}{\sum_{i=1}^{N_s}(w_k^i)^2} < \dfrac{2N_s}{3}$ 时,根据粒子权重,对 $\{\boldsymbol{x}_k^i\}_{i=1}^{N_s}$ 进行重采样,采样后各粒子权重变为 N_s^{-1}。

步骤6:利用式(7.27)计算状态变量的后验近似分布,并将 t_k 的状态变量后验期望值作为其更新后的点估计值,即

$$E(\boldsymbol{x}_k) = \sum_{i=1}^{N_s} w_k^i \boldsymbol{x}_k^i \tag{7.39}$$

将最近一次更新得到的随机效应参数点估计值[式(7.39)给出的"粒子"期望值] μ_1、μ_2、α 代入式(7.36)中,即可得到该时刻下的剩余寿命分布。

7.6 案例分析

7.6.1 案例1

本节首先通过一个仿真案例说明二元退化型产品剩余寿命预测中考虑各

性能参数间相关性的必要性。在该仿真中，利用前面建立的基于二元 Copula 函数和 Wiener 过程的二元退化模型生成多个仿真样本的二元退化轨迹。各样本的失效时间根据式（7.19）确定。文献[129]给出了生成二元退化数据的具体算法，此处不再赘述。我们在仿真中给出 4 种不同的 Frank Copula 函数的参数取值，即 $\alpha=0.1$、1、10 和 20，并保持退化模型中的其他参数相同。在每个 α 下，共生成 1000 组二元退化轨迹，进而得到 1000 个失效时间样本，用以模拟该 α 下的二元退化型产品近似寿命分布。

为了更为直观地描述不同 α 下的两个性能参数之间的相关程度，表 7.1 给出 α 与 Kendall 相关系数 τ 之间的关系。

表 7.1 α 与 τ 对应关系表

α	0.1	1	10	20
τ	0.01	0.11	0.67	0.82

4 组不同 α 下仿真得到的失效时间分布如图 7.1 所示。退化建模时考虑相关性的失效时间概率密度曲线由式（7.24）计算给出，忽略相关性的失效时间概率密度曲线由式（7.26）给出。

从图 7.1 中观察发现，当两个性能参数之间的相关性较低时，退化建模时是否考虑相关性对产品失效时间分布估计结果影响不大，均能较好地反映产品的真实失效时间分布。然而，当两个性能参数之间的相关性较高时，退化建模时忽略相关性会明显低估产品失效时间，即图 7.1 中失效时间概率密度曲线估计结果（下侧两幅图中的实线）较真实情况（直方图）明显偏左。相比之下，如果在退化建模时考虑了性能参数之间的相关性，失效时间概率密度曲线估计结果（下侧两幅图中的虚线）则与真实情况较为吻合。

因此，可以得出如下结论。

（1）为了更精确地对二元退化型产品进行寿命预测和剩余寿命预测，有必要在退化建模过程中考虑两个性能参数之间的相关性。

（2）产品失效时间分布对本章所建立的二元退化模型中的 Copula 函数的参数 α 较为敏感，因此在进行剩余寿命预测时，有必要将 α 设为随机效应参数，基于现场退化数据对其实时更新调整，以提高剩余寿命预测精度。

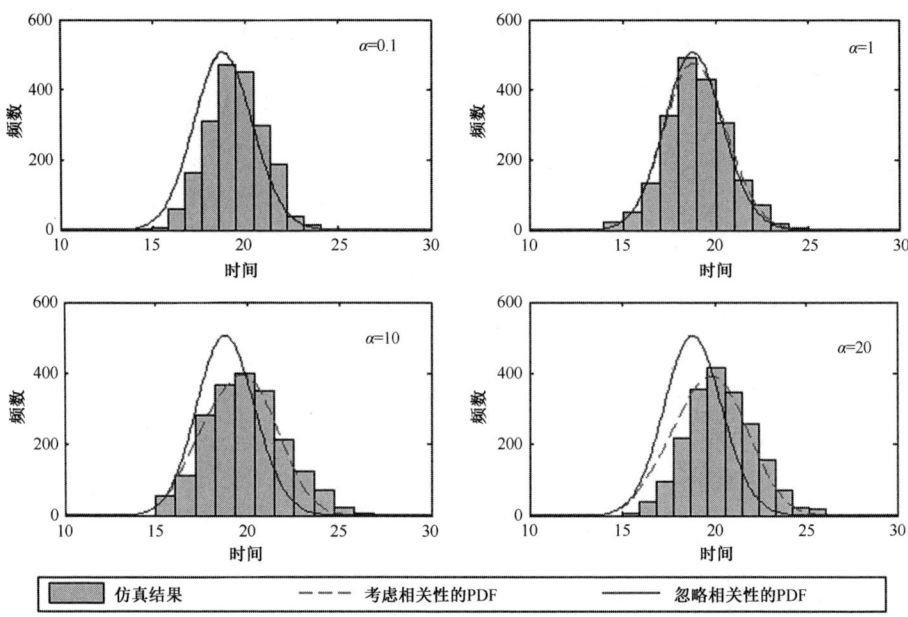

图 7.1 考虑/忽略退化性能参数相关性对寿命分布预测结果的影响

7.6.2 案例 2

本节继续通过仿真得到一组两个性能参数间存在较强相关关系的二元退化数据,并对其开展剩余寿命预测。仿真中退化模型参数设置如下:$\mu_1=6$、$\sigma_1=1.5$、$\mu_2=4$、$\sigma_2=1.2$、$\alpha=8$,二元退化轨迹仿真结果如图 7.2 所示。假设两个性能参数对应的失效阈值分别为:$\omega_1=60$、$\omega_2=40$。如图 7.2 中所示,性能参数 W_1 超过失效阈值的时间为 $T_1=10$,性能参数 W_2 超过失效阈值的时间为 $T_2=9$。根据二元退化型产品失效时间定义,该样本的失效时间(或寿命)为 $T=9$。

在开展剩余寿命预测前,基于历史离线数据得到的模型初始参数估计值(7.3 节)与其真实值之间往往存在一定偏差,有时这种偏差还较大。因此,好的参数更新方法不应对参数的先验值过于敏感。为了验证本章所提出的参数更新方法的有效性,我们有意将随机效应参数的先验分布设置为远离仿真中的设定值。在粒子滤波过程中，状态变量的先验分布通常可以设置为均匀分布。于是，设置粒子的初始分布为 $\mu_1 \sim U(0,20)$、$\mu_2 \sim U(0,20)$、$\alpha \sim U(-20,20)$，初始粒子数为 5000。随着现场观测数据的增加，退化模型中三个随机效应参数的更新过程如图 7.3 所示。结果表明，随着新观测到的退化数据的累积，更新算法具有较快逼近参数真实值的能力。该能力非常重要，其可以保证剩余寿命预测算法在工程中具有更高的可靠性和适应性。

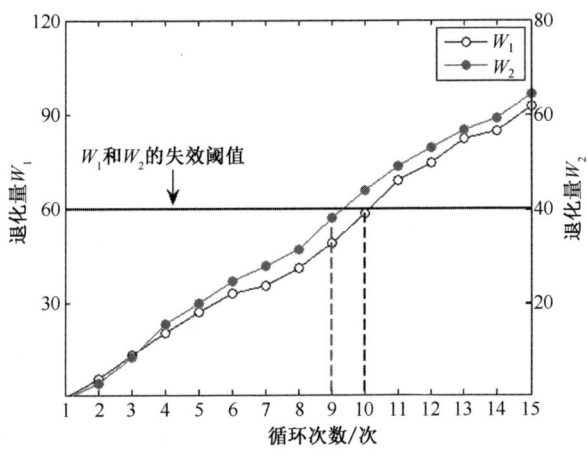

图 7.2 存在一定相关性下的二元退化轨迹仿真图（$\alpha = 8$）

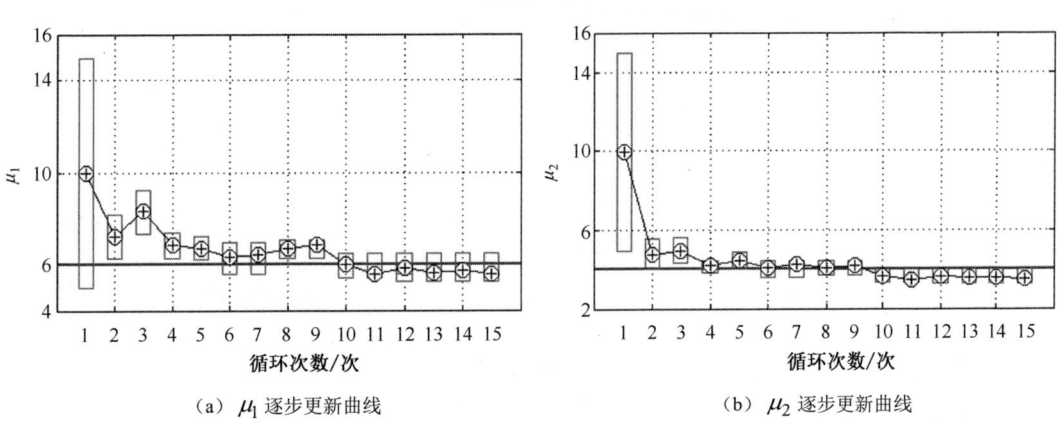

(a) μ_1 逐步更新曲线   (b) μ_2 逐步更新曲线

图 7.3 二元退化模型随机效应参数更新过程（$\mu_1 = 6$，$\mu_2 = 4$，$\alpha = 6$）

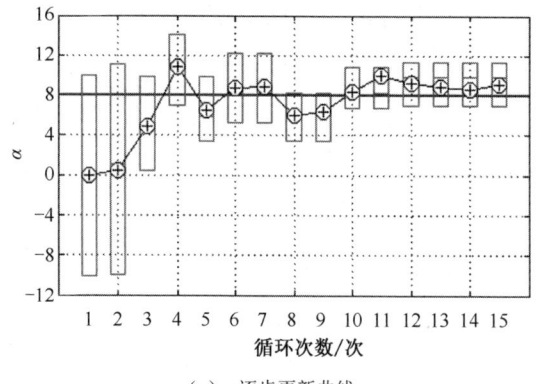

(c) α 逐步更新曲线

图 7.3 二元退化模型随机效应参数更新过程($\mu_1=6, \mu_2=4, \alpha=6$)(续)

相应的剩余寿命预测结果如图 7.4 所示。由于随机效应参数初始分布距离真实值较远,在开始几次循环中,剩余寿命预测精度较低。但是,随着退化数据的累积,参数更新算法可以将剩余寿命预测精度在较短时间内提升到一个较高的水平。图 7.4(a)表明产品各预测时刻的真实剩余寿命较好地落在了其预测分布(PDF 曲线)范围内;从图 7.4(b)可以更直观地发现,剩余寿命的预测均值与真实值在经过几次循环更新后几乎重叠在了一起。

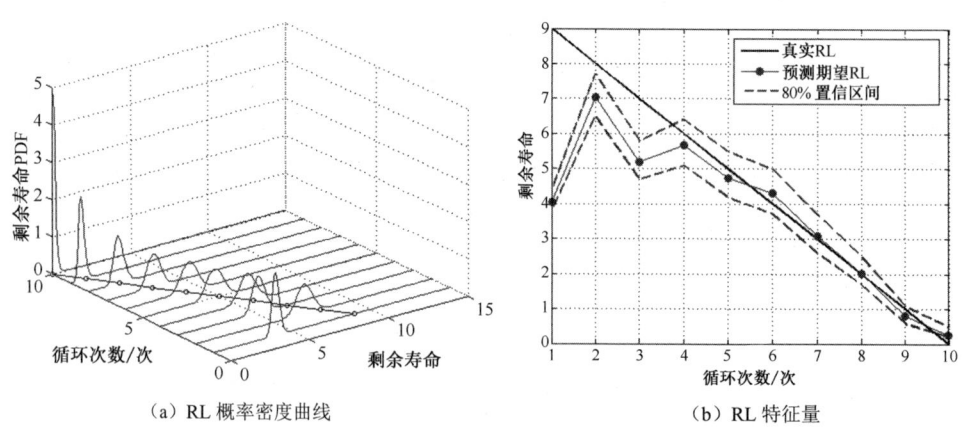

(a) RL 概率密度曲线　　(b) RL 特征量

图 7.4 剩余寿命预测结果($\mu_1=6, \mu_2=4, \alpha=8$)

7.6.3 案例 3

本节通过仿真案例对所提出的算法在低相关情形下的剩余寿命预测效果

进行验证。该案例中,将 Frank Copula 函数的参数设置为 $\alpha=0.5$,其他退化模型参数取值与 7.6.2 节相同。相应的二元退化轨迹仿真结果如图 7.5 所示,根据失效判据,该样本失效时间为 $T=9$(次循环)。同样地,初始粒子从均匀分布中进行抽样,即 $\mu_1 \sim U(0,20)$、$\mu_2 \sim U(0,20)$、$\alpha \sim U(-2,16)$,初始粒子数为 5000 个。初始分布故意选择为远离仿真设定值的分布,以验证更新调整的效果。性能参数在低相关情形下的退化模型随机效应参数更新过程如图 7.6 所示,剩余寿命预测结果如图 7.7 所示。结果表明,本章所建立的剩余寿命预测方法在处理低相关性二元退化型产品时也是十分有效的。

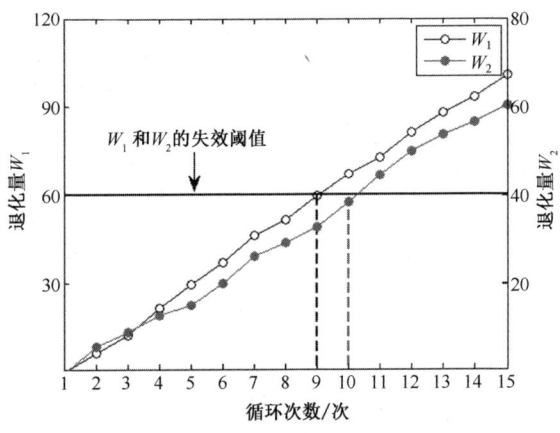

图 7.5 相关性较低情形下的二元退化轨迹仿真图($\alpha=0.5$)

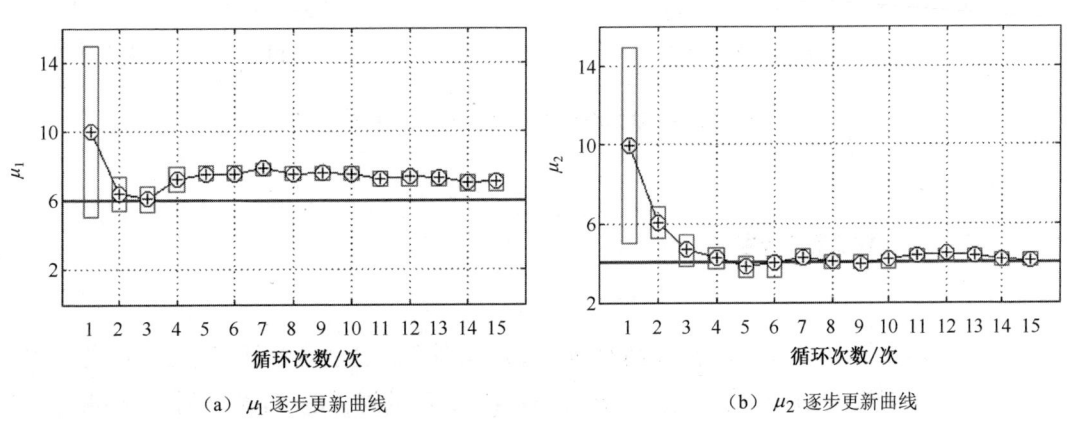

(a) μ_1 逐步更新曲线

(b) μ_2 逐步更新曲线

图 7.6 二元退化模型随机效应参数更新过程($\mu_1=6, \mu_2=4, \alpha=0.5$)

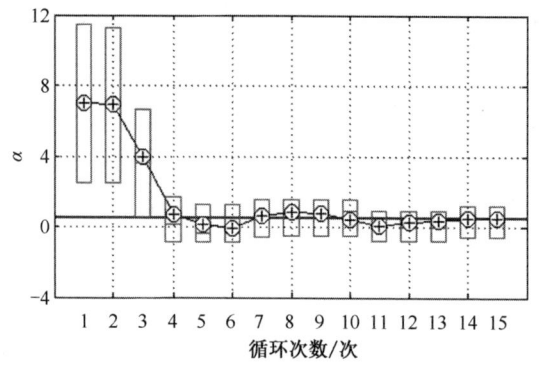

(c) α逐步更新曲线

图7.6 二元退化模型随机效应参数更新过程($\mu_1=6$, $\mu_2=4$, $\alpha=0.5$)(续)

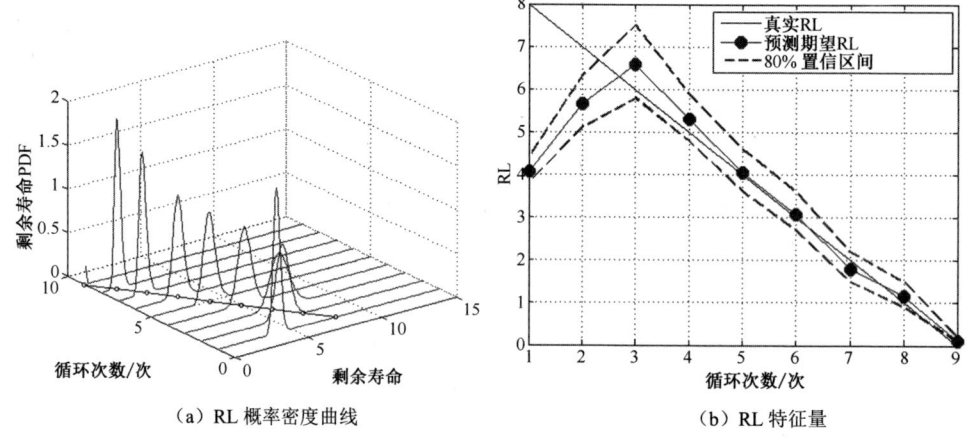

(a) RL概率密度曲线　　　　　　　(b) RL特征量

图7.7 剩余寿命预测结果($\mu_1=6$, $\mu_2=4$, $\alpha=0.5$)

7.7 本章小结

本章给出了基于Copula函数的二元退化型产品剩余寿命预测方法。首先用一元线性Wiener过程描述每个性能参数随时间的退化趋势，然后利用Frank Copula函数将两个性能参数退化增量的随机分布关联起来，以描述两个性能参数之间的相关性。在此基础上，将退化模型中的参数分为固定效应参数和随机效应参数，前者利用历史试验数据进行离线估计，后者结合在线数据通过粒子滤波方法实时更新。更新后的退化模型可以更精确地捕获待预测个体产品的真实二元退化过程，进而确保剩余寿命预测结果随预测时间增加仍能保持较高精度。仿真案例表明，无论两个性能参数存在高相关性还是低相关性，本方法均能取得较好的预测效果。

相较第 6 章基于二元 Wiener 过程的退化建模与寿命预测方法，本章在退化建模时所选取的方法可扩展性更强。例如，结合真实退化数据特征，Frank Copula 函数可替换为其他更适合的 Copula 函数，一元线性 Wiener 过程可扩展为一元非线性 Wiener 过程或其他类型的随机过程。由于粒子滤波算法是一种数值方法，无须推导随机效应参数的解析后验分布，因此上述拓展不会增加方法实现难度。

参考文献

[1] 金光. 基于退化的可靠性技术——模型、方法和应用[M]. 北京：国防工业出版社，2014.

[2] 杨为民. 可靠性维修性保障性总论[M]. 北京：国防工业出版社，1995.

[3] DIEULLE L, BERENGUER C, GRALL A, et al. Sequential Condition-based Maintenance Scheduling for a Deteriorating System[J]. European Journal of Operational Research, 2003, 150(2): 451-461.

[4] 张秀斌. 视情维修决策模型及应用研究[D]. 长沙：国防科技大学，2003.

[5] 梁旭，李行善，张磊，等. 支持视情维修的故障预测技术研究[J]. 测控技术，2007，26（6）：5-8.

[6] WANG W, CHRISTER A. Towards a General Condition Based Maintenance Model for a Stochastic Dynamic System[J]. Journal of the Operational Research Society, 2000, 51(2): 145-155.

[7] WANG W. A Model to Determine the Optimal Critical Level and the Monitoring Intervals in Condition-based Maintenance[J]. International Journal of Production Research, 2010, 48(38): 1425-1436.

[8] 王小林. 基于非线性 Wiener 过程的产品退化建模与剩余寿命预测研究[D]. 长沙：国防科技大学，2013.

[9] MEEK W Q, HAMADA M. Statistical Tools for the Rapid Development & Evaluation of High-Reliability Products[J]. IEEE Transactions on Reliability, 1995, 44(2): 187-198.

[10] CROWDER C, KIMBER A, SWEETING T, et al. Statistical Analysis of Reliability Data[M]. London: Chapman & Hall/CRC, 1994.

[11] MEEKER W Q, ESCOBAR L A. Statistical Methods for Reliability Data[M].

New York: Wiley, 1998.

[12] MCPHERSON J. Reliability Physics and Engineering: Time-To-Failure Modeling[M]. New York: Springer, 2011.

[13] LU C J, MEEKER W Q, ESCOBAR L A. A Comparison of Degradation and Failure-Time Analysis Methods for Estimating a Time-to-Failure Distribution[J]. Statistica Sinica, 1996, 6(3): 531-546.

[14] 孙权, 冯静, 潘正强. 基于性能退化的长寿命产品寿命预测技术[M]. 北京：科学出版社，2015.

[15] YE Z S, XIE M. Stochastic Modelling and Analysis of Degradation for Highly Reliable Products[J]. Applied Stochastic Models in Business and Industry, 2015, 31(1): 16-32.

[16] CAREY M B, KOENIG R H. Reliability Assessment Based on Accelerated Degradation: A Case Study[J]. IEEE Transactions on Reliability, 1991, 40(5): 499-506.

[17] GERTSBACKH I B, KORDONSKIY K B. Models for Failure[M]. New York: Springer Verlag, 1969.

[18] GEBRAEEL N, ELWANTY A, PAN J. Residual Life Predictions in the Absence of Prior Degradation Knowledge[J]. IEEE Transactions on Reliability, 2009, 58(1): 106-117.

[19] 邓爱民, 陈循, 张春华, 等. 基于性能退化数据的可靠性评估[J]. 宇航学报，2006，27(3)：546-552.

[20] SUN Q, TANG Y, FENG J, et al. Reliability Assessment of Metallized Film Capacitors Using Reduced Degradation Test Sample[J]. Quality and Reliability Engineering International, 2012, 29(2): 259-265.

[21] HUANG W, DIETRICH D L. An Alternative Degradation Reliability Modeling Approach Using Maximum Likelihood Estimation[J]. IEEE Transactions on Reliability, 2005, 54(2): 310-317.

[22] SUN Q, ZHOU J L, ZHONG Z, et al. Gauss-Poisson Joint Distribution Model for Degradation Failure[J]. IEEE Transactions on Plasma Science, 2004, 32(5): 1864-1868.

[23] 贺英政，王浩伟，杨坤. 基于退化量分布的可靠性建模方法[J]. 海军航空工程学院学报，2014，29（2）：178-182.

[24] EGHBALI G. Reliability Estimate Using Accelerated Degradation Data[D]. New Brunswick, NJ, USA: Department of Industrial and Systems Engineering of the State University of New Jersey, 2000.

[25] MOHAMMED A H, EBRAHEM J J H. Non-Parametric Analysis of a Proportional Wear Out Model for Accelerated Degradation Data[J]. Applied Mathematics and Computation, 2006, 174(1): 365-373.

[26] 钟强晖，张志华，王磊. 考虑模型选择的退化数据分析方法[J]. 系统工程，2009，27（11）：111-114.

[27] SU C, ZHANG Y, ZHANG H. Product Reliability Assessment Based on Proportional Hazard Degradation Model[J]. Journal of Southeast University, 2010, 26(3): 480-483.

[28] LU C J, MEEKER W Q. Using Degradation Measures to Estimate a Time-to-failure Distribution[J]. Technometrics, 1993, 35: 161-174.

[29] OLIVEIRA V R, COLOSIMO E A. Comparison of Methods to Estimate the Time-to-failure Distribution in Degradation Tests[J]. Quality and Reliability Engineering International, 2004, (20): 363-373.

[30] FREITAS M A, MARIA L G, ENRICO A C, et al. Using Degradation Data to Assess Reliability: A Case Study on Train Wheel Degradation[J]. Quality and Reliability Engineering International, 2009 (25): 607-629.

[31] WEAVER B P, MEEKER W Q, ESCOBARC L A, et al. Methods for Planning Repeated Measures Degradation[J]. Technometrics, 2013, 55(2): 122-134.

[32] PENG C Y, TSENG S T. Mis-specification Analysis of Linear Degradation Models[J]. IEEE Transaction on Reliability, 2009, 58(3): 444-455.

[33] 赵建印，刘芳，孙权，等. 金属化膜脉冲电容器在线可靠性评估与性能预计[J]. 兵工学报，2006，27（2）：265-268.

[34] WANG X. Wiener Processes with Random Effects for Degradation Data[J]. Journal of Multivariate Analysis, 2010, 101: 340-351.

[35] LI H, PAN D H, CHEN C L P. Reliability Modeling and Life Estimation Using an Expectation Maximization Based Wiener Degradation Model for Momentum Wheels[J]. IEEE Transactions on Cybernetics, 2015, 45(5): 955-963.

[36] WHITMORE G A. Estimating Degradation By a Wiener Diffusion Process Subject to Measurement Error[J]. Lifetime Data Analysis, 1995, 1(3): 307-319.

[37] PARK C, PADGETT W J. Accelerated Degradation Models for Failure Based on Geometric Brownian Motion and Gamma Processes[J]. Lifetime Data Analysis, 2005, 11(4): 511-527.

[38] WANG X L, JIANG P, GUO B, et al. Real-time Reliability Evaluation with a General Wiener Process-based Degradation Model[J]. Quality and Reliability Engineering International, 2013(30): 205-220.

[39] FENG J, SUN Q, JIN T D. Storage Life Prediction for a High-Performance Capacitor Using Multi-Phase Wiener Degradation Model[J]. Communications in Statistics-Simulation and Computation, 2012, 41(8): 1317-1335.

[40] LAWLESS J, CROWDER M. Covariates and Random Effects in a Gamma Process Model with Application to Degradation and Failure[J]. Lifetime Data Analysis, 2004, 10(3): 213-227.

[41] YUAN X. Stochastic Modeling of Degradation in Nuclear Power Plant Components[D]. Ontario, Canada: University of Waterloo, 2007.

[42] NOORTWIJK J M V. A Survey of the Application of Gamma Processes in Maintenance[J]. Reliability Engineering and System Safety, 2009, 94(1): 2-21.

[43] TAN L, CHENG Z J, GUO B, et al. Condition-Based Maintenance Policy for Gamma Deteriorating Systems[J]. Systems Engineering and Electronics, Journal of, 2010, 21(1): 57-61.

[44] TSAI C C, TSENG S T, BALAKRISHNAN N. Mis-Specification Analyses of Gamma and Wiener Degradation Processes[J]. Journal of Statistical Planning and Inference, 2011, 141(12): 3725-3735.

[45] WANG X L, JIANG P, GUO B, et al. Real-time Reliability Evaluation for an Individual Product Based on Change-point Gamma and Wiener Process[J].

Quality and Reliability Engineering International, 2014, 30: 513-525.

[46] YE Z S, XIE M, TANG L C, et al. Efficient Semiparametric Estimation of Gamma Processes for Deteriorating Products[J]. Technometrics, 2014, 56(4): 504-513.

[47] YE Z S, CHEN N. The Inverse Gaussian Process as a Degradation Model[J]. Technometrics, 2013, 56(3): 302-311.

[48] WANG X, XU D. An Inverse Gaussian Process Model for Degradation Data[J]. Technometrics, 2012, 52(2): 188-197.

[49] PENG W W, LI Y F, YANG Y J, et al. Inverse Gaussian process models for degradation analysis: a Bayesian perspective[J]. Reliability Engineering & System Safety, 2014, 130(1): 175-189.

[50] YE Z S, CHEN L P, TANG L C, et al. Accelerated Degradation Test Planning Using the Inverse Gaussian Process[J]. IEEE Transactions on Reliability, 2014, 63(63): 750-763.

[51] 潘东辉. 基于退化数据的产品可靠性建模与剩余寿命预测方法研究[D]. 武汉：华中科技大学，2014.

[52] 汤衍真. 长寿命产品退化试验方法研究[D]. 长沙：国防科技大学，2011.

[53] WHITMORE G, SCHENKELBERG F. Modelling Accelerated Degradation Data Using Wiener Diffusion with a Time Scale Transformation[J]. Lifetime Data Analysis, 1997, 3(1): 27-45.

[54] MEEKER W Q, ESCOBAR L A, LU C J. Accelerated Degradation Tests: Modeling and Analysis[J]. Technometrics, 1998, 40(2): 89-99.

[55] TSENG S T, WEN Z C. Step-Stress Accelerated degradation analysis for highly reliable products[J]. Journal of Quality Technology, 2000, 32: 209-216.

[56] HAGHIGHI F, BAE S J. Reliability Estimation from Linear Degradation and Failure Time Data with Competing Risks Under a Step-Stress Accelerated Degradation Test[J]. IEEE Transactions on Reliability, 2015, 64(3): 960-971.

[57] CHEN W H, LIU J, GAO L, et al. Step-Stress Accelerated Degradation Test Modeling and Statistical Analysis Methods[J]. Chinese Journal of

Mechanical Engineering, 2013, 26(6): 1154-1159.

[58] PENG C Y, TSENG S T. Progressive-Stress Accelerated Degradation Test for Highly-Reliable Products[J]. IEEE Transactions on Reliability, 2010, 59(1): 30-37.

[59] LAM C F, GUO H R, LARSON L. Time-Varying Multi-Stress ALT for Modeling Life of Outdoor Optical Products[C]//2007 Reliability and Maintainability Symposium. 22-25 January, Orlando, USA, 2007: 265-270.

[60] HUANG W, ASKIN R G. Reliability Analysis of Electronic Devices with Multiple Competing Failure Modes Involving Performance Aging Degradation[J]. Quality and Reliability Engineering International, 2003, 19(3): 241-254.

[61] SARI J K, NEWBY M J, BROMBACHER C, et al. Bivariate Constant Stress Degradation Model: LED Lighting System Reliability Estimation with Two-stage Modeling[J]. Quality and Reliability Engineering International, 2009, 25(8): 1067-1084.

[62] PAN Z Q, BALAKRISHNAN N, SUN Q, et al. Bivariate Degradation Analysis of Products Based On Wiener Processes and Copulas[J]. Journal of Statistical Computation and Simulation, 2013, 83(7): 1316-1329.

[63] HAO H B, SU C. Bivariate Nonlinear Diffusion Degradation Process Modeling via Copula and MCMC[J]. Mathematical Problems in Engineering, 2014: 1-10.

[64] PAN Z Q, BALAKRISHNAN N. Reliability Modeling of Degradation of Products with Multiple Performance Characteristics Based on Gamma Processes[J]. Reliability Engineer in and System Safety, 2001, 96: 949-957.

[65] PAN Z Q, SUN Q, FENG J. Reliability Modeling of Systems with Two Dependent Degrading Components based on Gamma Processes[J]. Communication in Statistics- Theory and Methods, 2016, 45(7): 1923-1938.

[66] PAN Z Q, SUN Q. Optimal Design for Step-Stress Accelerated Degradation Test with Multiple Performance Characteristics Based on Gamma Processes[J]. Communication in Statistics-Simulation and Computation,

2014, 43(2): 298-314(17).

[67] 潘正强. 加速应力下二元退化可靠性建模及其试验设计方法[D]. 长沙: 国防科技大学, 2011.

[68] WHITMORE G A, CROWDER M J, LAWLESS J F. Failure Inference from a Marker Process Based on a Bivariate Wiener Model[J]. Lifetime Data Analysis, 1998, 4(3): 229-251.

[69] SI X S, WANG W B, HU C H, et al. Remaining Useful Life Estimation-A Review on the Statistical Data Driven Approaches[J]. European Journal of Operational Research, 2011, 213(1): 1-14.

[70] 司小胜, 胡昌华, 周东华. 带测量误差的非线性退化过程建模与剩余寿命估计[J]. 自动化学报, 2013, 39(5): 530-541.

[71] SON J B, ZHOU Q, ZHOU S Y, et al. Evaluation and Comparison of Mixed Effects Model Based Prognosis for Hard Failure[J]. IEEE Transaction on Relibility, 2013, 62(2): 379-394.

[72] GEBRAEEL N, LAWLEY M, LI R, et al. Residual-life Distributions From Component Degradation Signals: A Bayesian Approach[J]. IIE Transactions, 2005, 37: 543-557.

[73] GEBRAEEL N. Sensory-updated Residual Life Distributions for Components with Exponential Degradation Patterns[J]. IEEE Transactions on Automation Science and Engineering, 2006, 3(4): 382-393.

[74] CHAKRABORTY S, GEBRAEEL N, LAWLEY, M, et al. Residual-life Estimation for Components with Non-symmetric Priors[J]. IIE Transactions, 2009, 41: 372-387.

[75] ELWANY A, GEBRAEEL N. Real-time Estimation of Mean Remaining Life Using Sensor-based Degradation Models[J]. Journal of Manufacturing Science and Engineering, 2009, 131(5): 1-9.

[76] SI X S, WANG W B, MAO Y C, et al. A Degradation Path-dependent Approach for Remaining Useful Life Estimation with an Exact and Closed-form Solution[J]. European Journal of Operational Research, 2013, 226(1): 53-66.

[77] SI X S, WANG W B, HU C H, et al. Remaining Useful Life Estimation Based on a Nonlinear Diffusion Degradation Process[J]. IEEE Transactions on Relaibility, 61(1): 50-67.

[78] WANG X L, BALAKRISHNAN N, GUO B. Residual Life Estimation Based on a Generalized Wiener Degradation Process[J]. Reliability Engineering System Safety, 2014, 124: 13-23.

[79] TANG S J, YU C Q, WANG X, et al. Remaining Useful Life Prediction of Lithium-Ion Batteries Based on the Wiener Process with Measurement Error[J]. Energies 2014, 7: 520-547.

[80] 彭宝华，周经伦，孙权，等. 基于退化与寿命数据融合的产品剩余寿命预测[J]. 系统工程与电子技术，2011，33（5）：1073-1078.

[81] 张英波，贾云献，冯添乐，等. 基于Gamma退化过程的直升机主减速器行星架剩余寿命预测模型[J]. 振动与冲击，2012，31（14）：47-51.

[82] SAHA B, QUACH C C, GOEBEL K. Optimizing battery life for electric UAVs using a Bayesian framework[C]// 2012 IEEE Aerospace conference. 3-10 March, Dayton, USA, 2012: 1-7.

[83] ARULAMPALAM S, MASKELL S, GORDON N J, et al. A Tutorial on Particle Filters for Online Nonlinear/Non-Gaussian Bayesian Tracking[J]. IEEE Transaction on Signal Process, 2002, 50(2): 174-188.

[84] XING X J, EDEN W M, KWOK-LEUNG T, et al. An Ensemble Model for Predicting the Remaining Useful Performance of Lithium-ion Batteries[J]. Microelectronics Reliability, 2013, 53: 811-820.

[85] MARINE J, RAFAEL G, DANIEL H, et al. Prognostics of PEM Fuel Cell in a Particle Filtering Framework[J]. International Journal of Hydrogen Energy, 2014, 39: 481-494.

[86] LI D Z, WANG W, ISMAIL F. A Mutated Particle Filter Technique for System State Estimation and Battery Life Prediction[J]. IEEE Transactions on Instrumentation and Measurement, 2014, 63(8): 2034-2043.

[87] ENRICO Z, GIOVANNI P. Particle Filtering Prognostic Estimation of the Remaining Useful Life of Nonlinear Components[J]. Reliability Engineering

and System Safety, 2011, 96: 403-409.

[88] JIN G, MATTHEWS D, ZHOU Z B. A Bayesian Framework for On-line Degradation Assessment and Residual Life Prediction of Secondary Batteries in Spacecraft[J]. Reliability Engineering System Safety, 2013, 113: 7-20.

[89] DAWN A, JOO-HO C, NAM H K. Prognostics 101：A Tutorial for Particle Filter-Based Prognostics Algorithm Using Matlab[J]. Reliability Engineering System Safety, 2013, 115: 161-169.

[90] DELIA M, RAFAEL P. Replacement Times and Costs in a Degrading System with Several Types of Failure: The Case of Phase-type Holding Times[J]. European Journal of Operational Research, 2006, 175: 1193-1201.

[91] DELIA M C, RAFAEL P O. A Maintenance Model with Failures and Inspection Following Markovian Arrival Processes and Two Repair Modes[J]. European Journal of Operational Research, 2008, 186: 694-707.

[92] KHAROUFEH J P, SIPE J A. Evaluating Failure Time Probabilities for a Markovian Wear Process[J]. Computers and Operations Research, 2005, 32: 1131-1145.

[93] KHAROUFEH J P, MIXON D G. On a Markov-modulated Shock and Wear Process[J]. Naval Research Logistics, 2009, 56: 563-576.

[94] GIORGIO M, GUIDA M, PULCINI G. An age-and state-dependent Markov model for degradation processes[J]. IIE Transactions, 2011, 43(9): 621-632.

[95] GORJIAN N, MA L, MITTINTY M, et al. A review on reliability models with covariates[C]//Proceedings of the 4th world congress on engineering asset management. 28-30 September, 2009: 385-397.

[96] VLOK P J, WNEK M, ZYGMUNT M. Utilizing Statistical Residual Life Estimates of Bearings to Quantify the Influence of Preventive Maintenance Actions[J]. Mechanical Systems and Signal Processing, 2004, 18(1): 833-847.

[97] SUN Y, MA L, MATHEW J. Mechanical Systems Hazard Estimation Using Condition Monitoring[J]. Mechanical Systems and Signal Processing, 2006, 20(5): 1189-1201.

[98] 李小波，王宏伟，李良锋，等. 基于 PHM 的发动机旋转部件状态维修决策研究[J]. 科学与技术工程，2011，36（11）：9113-9115.

[99] WANG W. A Two-Stage Prognosis Model in Condition Based Maintenance[J]. European Journal of Operational Research, 2007, 182(1): 1177-1187.

[100] SON J B, ZHANG Y L, SANKAVARAM C, et al. RUL Prediction for Individual Units Based on Condition Monitoring Signals with a Change Point[J]. IEEE Transactions on Reliability, 2014, 64(1): 182-196.

[101] CHEN N, TSUI K L. Condition Monitoring and Remaining Useful Life Prediction Using Degradation Signals: Revisited[J]. IIE Transactions, 2013, 45(9): 939-952.

[102] LIN L. A Two-Stage Failure Model for Bayesian Change Point Analysis[J]. IEEE Transactions on Reliability, 2008, 57(2): 388-394.

[103] WANG Z Q, HU C H, WANG W, et al. A Simulation-Based Remaining Useful Life Prediction Method Considering the Influence of Maintenance Activities[C]// 2014 Prognostics and system health management conference. 24-27 August, 2014: 284-289.

[104] WANG H K, LI Y F, LIU Y, et al. Remaining Useful Life Estimation under Degradation and Shock Damage[J]. Proceedings of the Institution of Mechanical Engineers, Part O: Journal of Risk and Reliability, 2015, 229(3): 200-208.

[105] CHENG Y J, LU C, LI T Y, et al. Residual Lifetime Prediction for Lithium-ion Battery Based on Functional Principal Component Analysis and Bayesian Approach[J]. Energy, 2015, 90: 1983-1993.

[106] VAN H A, PINTELON L. A Dynamic Predictive Maintenance Policy for Complex Multi-Component Systems[J]. Reliability Engineering and System Safety, 2013, 120(12): 39-50.

[107] LIAO H T, TIAN Z G. A Framework for Predicting the Remaining Useful Life of a Single Unit under Time-Varying Operating Conditions[J]. IIE Transactions, 2013, 45: 964-980.

[108] ZHAO F, TIAN Z, BECHHOEFER E. An Integrated Prognostics Method under Time-Varying Operating Conditions[J]. IEEE Transactions on Reliability, 2015, 64(2): 673-686.

[109] WANG D, TSUI K L. Brownian Motion with Adaptive Drift for Remaining Useful Life Prediction: Revisited[J]. Mechanical Systems and Signal Processing, 2018, 99: 691-701.

[110] DUONG P L T, RAGHAVAN N. Heuristic Kalman Optimized Particle Filter for Remaining Useful Life Prediction of Lithium-Ion Battery[J]. Microelectronics Reliability, 2018, 81: 232-243.

[111] SI X S, WANG W B, HU C H, et al. A Wiener Process-Based Degradation Model with a Recursive Filter Algorithm for Remaining Useful Life Estimation[J]. Mechanical Systems and Signal Processing, 2013, 35 (1-2): 219-237.

[112] WEI J, DONG G, CHEN Z. Remaining Useful Life Prediction and State of Health Diagnosis for Lithium-Ion Batteries Using Particle filter and Support Vector Regression[J]. IEEE Transactions on Industrial Electronics, 2018, 65(7): 5634-5643.

[113] HU Y, LI H, SHI P, et al. A Prediction Method for the Real-Time Remaining Useful Life of Wind Turbine Bearings Based on the Wiener Process[J]. Renewable Energy, 2018, 127: 452-460.

[114] LIU T Y, SUN Q, FENG J, et al. Residual Life Estimation under Time-varying Conditions based on a Wiener Process[J]. Journal of Statistical Computation and Simulation, 2017, 87(1-3): 211-226.

[115] PENG W W, LI Y F, MI J H, et al. Reliability of Complex Systems under Dynamic Conditions: A Bayesian Multivariate Degradation Perspective[J]. Reliability Engineering & System Safety, 2016, 153: 75-87.

[116] KHELIF R, CHEBEL-MORELLO B, ZERHOUNI N. Experience Based Approach for Li-ion Batteries RUL Prediction[J]. IFAC-Papers Online, 2015, 48(3): 761-766.

[117] ZHANG Z X, SI X S, HU C H, et al. Degradation Modeling-based

Remaining Useful Life Estimation: A Review on Approaches for Systems with Heterogeneity[J]. Proceedings of the Institution of Mechanical Engineers Part O-Journal of Risk and Reliability, 2015, 229(4): 343-355.

[118] HONG Y, MEEKER W Q. A Model for Field Failure Prediction Using Dynamic Environmental Data[M]//Mathematical and Statistical Models and Methods in Reliability. Birkhäuser Boston, 2010.

[119] GEBRAEEL N, PAN J. Prognostic Degradation Models for Computing and Updating Residual Life Distributions in a Time-Varying Environment[J]. IEEE Transactions on Reliability, 2008, 57(4): 539-550.

[120] BIAN L, GEBRAEEL N. Stochastic Methodology for Prognostics under Continuously Varying Environmental Profiles[J]. Statistical Analysis & Data Mining, 2013, 6(3): 260-270.

[121] MOSALLAM A, MEDJAHER K, ZERHOUNI N. Integrated Bayesian Framework for Remaining Useful Life Prediction[C]//2014 IEEE International Conference on Prognostics and Health Management, 22-25 June 2014, Washington, USA, 2014: 1-6.

[122] YOU M Y, MENG G. Approaches for Component Degradation Modeling in Time-varying Environments with Application to Residual Life Prediction[J]. Proceedings of the Institution of Mechanical Engineers, Part E: Journal of Process Mechanical Engineering, 2012, 226: 117-131.

[123] KHAROUFEH J P, COX S M. Stochastic Models for Degradation-based Reliability[J]. IIE Transaction, 2005, 37(6): 533-542.

[124] FLORY J A, KHAROUFEH J P, GEBRAEEL N Z. A Switching Diffusion Model for Lifetime Estimation in Randomly Varying Environments[J]. IIE Transactions, 2014, 46: 1227-1241.

[125] TANG D Y, JIN R, JIN S. Remaining Useful Life Prediction for Engineering Systems under Dynamic Operational Conditions: A Semi-Markov Decision Process-Based Approach[J]. Chinese Society of Aeronautics and Astronautics, 2019, 32(3): 627-638.

[126] SI X S, HU C H, KONG X Y, et al. A Residual Storage Life Prediction

Approach for Systems with Operation State Switches[J]. IEEE Transactions on Industrial Electronics, 2014, 61(11): 6304-6315.

[127] BIAN L, GEBRAEEL N Z, KHAROUFEH J P. Degradation Modeling for Real-Time Estimation of Residual Lifetimes in Dynamic Environments[J]. IIE Transactions, 2015, 47: 471-486.

[128] LI N P, GEBRAEEL N Z, LEI Y G, et al. Remaining Useful Life Prediction of Machinery under Time-Varying Operating Conditions Based on A Two-Factor State-Space Model[J]. Reliability Engineering & System Safety, 2019, 186: 88-100.

[129] WANG X L, GUO B, CHENG Z J. Residual Life Estimation Based on Bivariate Wiener Degradation Process with Time-scale Transformations[J]. Journal of Statistical Computation and Simulation, 2014, 84(3): 545-563.

[130] WANG X L, GUO B, CHENG Z J, et al. Residual Life Estimation Based on Bivariate Wiener Degradation Process with Measurement Errors[J]. Journal of Central South University, 2013, 20: 1844-1851.

[131] 张建勋，胡昌华，周志杰，等. 多退化变量下基于 Copula 函数的陀螺仪剩余寿命预测方法[J]. 航空学报，2014，35（4）：1111-1121.

[132] 司小胜，胡昌华. 数据驱动的设备剩余寿命预测理论及应用[M]. 北京：国防工业出版社，2016.

[133] NELSON W B. A Survey of Methods for Planning and Analyzing Accelerated Tests[J]. IEEE Transactions on Electrical Insulation, 1974(EI-9): 12-18.

[134] BOULANGER M, ESCOBAR L A. Experimental Design for a Class of Accelerated Degradation Tests[J]. Technometrics, 1994, 36: 260-272.

[135] ESCOBAR L A, MEEKER W Q. A Review of Accelerated Test Models[J]. Statistical Science, 2006(21): 552-577.

[136] LIAO H T, ELSAYED A. Reliability Inference for Field Conditions from Accelerated Degradation Testing[J]. Naval Research Logistics, 2006, 53: 576-587.

[137] OZEKICI S. Optimal Maintenance Policies in Random Environments[J].

European Journal of Operational Research, 1995, 82(2): 283-294.

[138] RAFIEE K, FENG Q M G, DAVID W C. Reliability Modeling for Dependent Competing Failure Processes with Changing Degradation Rate[J]. IIE Transactions, 2014, 46: 483-496.

[139] 王越，阚树林. 非恒定应力加速寿命试验方法及其应用研究[J]. 机械设计与制造，2007，5：46-48.

[140] YANG G B. Evaluation of Components Reliability under Random Stress[J]. Electronic Product Reliability and Environment Testing, 1995, 1: 7-9.

[141] RAMADASS P, HARAN B, WHITE R, et al. Mathematical Modeling of the Capacity Fade of Li-Ion Cells[J]. Journal of Power Sources, 2003, 123: 230-240.

[142] LI Z, HAN X B, LU L G, et al. Temperature Characteristics of Power $LiFePO_4$ Batteries[J]. Journal of Mechanical Engineering, 2011, 18: 115-120.

[143] NELSON W. Accelerated Life Testing Step-Stress Model and Data Analyses[J]. IEEE Transactions on Reliability, 1980, 29: 103-108.

[144] HONG Y L, MA H M, MEEKER W Q. A Tool for Evaluating Time-Varying-stress Accelerated Life Test Plans with Log-Location-Scale Distributions[J]. IEEE Transactions on Reliability 2010, 59(4): 620-627.

[145] LIU D T, PANG J Y, ZHOU J B, et al. Prognostics for State of Health Estimation of Lithium-Ion Batteries Based on Combination Gaussian Process Functional Regression[J]. Microelectronics Reliability, 2013, 53: 832-839.

[146] LONG L, BAUER P. Practical Capacity Fading Model for Li-Ion Battery Cells in Electric Vehicles[J]. IEEE Transactions on Power Electronics, 2013, 28(12): 5910-5918.

[147] 刘天宇. 时变应力下蓄电池循环寿命预测方法研究[D]. 长沙：国防科技大学，2011.

[148] WANG J, LIU P, JOCELYN H, et al. Cycle-Life Model for Graphite-Lifepo4[J]. Journal of Power Sources, 2011, 169: 3942-3948.

[149] MADELEINE E, JOCHEN B, JAN V, et al. Development of a Lifetime Prediction Model for Lithium-Ion Batteries Based on Extended Accelerated

Aging Test Data[J]. Journal of Power Sources, 2012, 215: 248-257.

[150] WANG W B, CARR M, XU W J, et al. A Model for Residual Life Prediction Based on Brownian Motion with an Adaptive Drift[J]. Microelectronics Reliability, 2010, 51(2): 285-293.

[151] JOHN W, JUSTIN P, PING L, et al. Degradation of Lithium Ion Batteries Employing Graphite Negatives and Nickel-Cobalt-Manganese Oxide + Spinel Manganese Oxide Positives: Part 1, Aging Mechanisms and Life Estimation[J]. Journal of Power Sources, 2014, 269: 937-948.

[152] SARI J K. Multivariate Degradation Modeling and Its Application to Reliability Testing[D]. Singapore: National University of Singapore, 2007.

[153] BARKER C T, NEWBY M J. Optimal Non-Periodic Inspection for a Multivariate Degradation Model[J]. Reliability Engineering and System Safety, 2009, 94: 33-43.

[154] JIN G, MATTHEWS D. Measurement Plan Optimization for Degradation Test Design based on the Bivariate Wiener Process[J]. Quality and Reliability Engineering International, 2014, 30: 1215-1231.

[155] DOMINE M, PIEPER V. First Passage Time Distribution of a Two Dimensional Wiener Process with Drift[J]. Probability in the Engineering & Informational Sciences, 1993, 7(4): 545-555.

[156] LIU Z Y, MA X B, JUN Y, et al. Reliability Modeling f or Systems with Multiple Degradation Processes using Inverse Gaussian Process and Copulas[J]. Mathematical Problems in Engineering, 2014; Article ID 829597: 1-10.

[157] NELSEN R B. An Introduction to Copulas[M]. New York: Springer, 1999.

[158] NELSEN R B. An Introduction to Copulas[M] Second Edition. New York: Springer, 2006.

[159] ORCHARD M E, VACHTSEVANOS G J. A particle-filtering approach for on-line fault diagnosis and failure prognosis[J]. Transactions of the Institute of Measurement and Control, 2009, 31(3-4): 221-246.